面向“十四五”的
政府治理创新论集

中共中央党校（国家行政学院）公共管理教研部
组织编写

人民出版社

作者列表

主编：王满传　李江涛

编著者（按姓氏笔画排序）

井　敏	尹艳红	叶响裙	吕洪业	向　恒
刘小康	刘建会	刘德军	齐　虎	杜红旗
李军鹏	李忠军	吴　茵	何　哲	宋世明
金竹青	胡仙芝	钟旋辉	格桑玉珍	顾平安
曹　松	赖先进	雷　刚	臧国平	樊继达
薛　刚				

目　　录

总　　论

专题一:政府职能转变

专题二:公共服务改革

专题三：组织结构优化

专题四：行政运行机制优化

专题五：治理能力创新

专题六：管理方式创新

总　　论

“十四五”时期政府治理创新的总体思路和主要任务[①]

“十四五”是我国经济转型升级与全面实现“两个一百年”奋斗目标的最关键时期，也是一个长期矛盾与短期矛盾、国际严峻环境与国内风险隐患集中碰头的时期。“十四五”期间政府治理创新要以习近平新时代中国特色社会主义思想为指导，贯彻落实党的十九大和十九届三中、四中全会、五中全会精神，坚持问题导向，坚持政治性、人民性和科学性相统一，重点破解行政权力管理属性与服务属性之间的矛盾、经济高质量发展的迫切要求与政府职能转变过于滞后之间的矛盾、事责日趋下沉与基层过弱之间的矛盾这三对主要矛盾，坚持和完善中国特色社会主义行政体制，积极构建职责明确、依法行政的政府治理体系，为在全面建成小康社会后开启全面建设社会主义现代化强国奠定坚实基础。

一、历史逻辑：破解改革开放以来历次中国行政体制改革遗留或尚未彻底解决的重大问题

“人们自己创造自己的历史，但是他们并不是随心所欲地创造，并不是在

① 本文作者宋世明，中央党校（国家行政学院）公共管理教研部副主任、国家“万人计划”哲学社会科学领军人才，教授、博士生导师。原文发表于《中国行政管理》2020 年第 7 期，收入本书时重新做了修订。

他们自己选定的条件下创造,而是在直接碰到的、既定的、从过去继承下来的条件下创造。"①"十四五"期间深化行政体制改革的主要思路与主要任务,是由以往行政体制改革实践的历史遗产、现在以及未来一段时间中国实际面临的客观环境决定的。改革开放以来,我们已经持续进行了八轮行政体制改革。每轮改革都取得了卓有成效的成绩,但同时,基于许多社会条件的限制,思想落后于实际、认识落后于实践的状况是常有的,由此积累了在探究真理的过程中不可避免的教训与缺憾。有些缺憾在后来的实践中弥补了,而有些亟须实践弥补却长期没有来得及弥补。回顾改革开放以来历次行政体制改革的总体过程,抓准历次改革过程中遗留下来的、或未彻底解决的、而实践又亟须解决的重大问题,是"十四五"期间深化行政体制改革的逻辑起点。

(一)以促进人的全面发展作为首要价值选择呼之欲出但尚未明确

长期以来,我们实质上以促进经济增长作为行政体制改革的首要价值选择。行政体制改革必然以经济体制改革为牵引,服从服务于甚至从属于经济增长。一旦不利于经济增长,任何既定的行政体制改革方向与方案都要暂停。

以加快干部队伍年轻化为改革重点的1982年行政体制改革,在于为党的工作重点转移奠定组织人事基础;以政企分开为重点的1988年改革,目的在于适应建立有计划商品经济新体制的需要,促进城乡经济发展;以宏观管好、微观放开为重点的1993年改革,目的在于适应建立社会主义市场经济体制的需要,促进经济快速增长;以撤销工业专业经济部门为重点的1998年改革,在于彻底消解政企不分的组织基础,为社会主义市场经济发展扫清机构障碍;以内外贸统一、加强市场监管为重点的2003年改革,在于适应2001年加入

① 马克思:《路易·波拿巴的雾月十八日》,《马克思恩格斯文集》第2卷,人民出版社2009年版,第470—471页。

WTO之后经济发展的新形势。上述五轮行政体制改革的着力点在于解决不该管、管不好、管不了的问题,一门心思地致力于转变政府经济职能。为解决市场经济发展过程本身带来的社会矛盾与社会差异,1998年、2003年对社会管理、公共服务职能的关注,总体上属于滞后性、被动性战术性调整,目的是减少经济发展过程中、发展之后带来的各种矛盾。

2003年“非典”疫情暴露了经济发展与社会发展“一条腿长一条腿短”带来的严重后果,促进人的全面发展开始升维至价值层面。2003年10月,党的十六届三中全会首次提出科学发展观:“坚持以人为本,树立全面、协调、可持续的发展观,促进经济社会和人的全面发展。”2007年10月,党的十七大进一步将其凝练为“科学发展观第一要义是发展,核心是以人为本,基本要求是全面协调可持续,根本方法是统筹兼顾”。2008年,受世界金融危机影响,以完善公共服务体系为重点的改革并未全面展开,以强有力的政府直接投资拉动经济增长是当时压倒一切的选择。政府直接投资拉动经济增长,带来的是2008年至2012年中国经济出现“风景这边独好”的逆势增长,但全面协调可持续发展的效果不明显,“教育、就业、社会保障、医疗、住房、生态环境、食品药品安全、安全生产、社会治安、执法司法等关系群众切身利益的问题较多”①。以稳步推动大部门制和深化“放管服”改革为重点的2013年改革,面对经济下行压力加大的经济新常态,促进经济高质量发展依然是首要考虑。以“五位一体”为轴线,构建职责明确、依法行政的政府治理体系为重点的2018年改革,旨在加快建设人民满意的服务型政府。以此为标志,行政体制改革不再是单纯以经济体制改革为牵引,而是以“五位一体”实际需求为牵引,但是依然没有旗帜鲜明地提出以促进人的全面发展作为行政体制改革的首要价值选择。

2019年10月31日通过的十九届四中全会决定明确指出,“增进人民福

① 《〈中共中央关于全面深化改革若干重大问题的决定〉辅导读本》,人民出版社2013年版,第63页。

祉、促进人的全面发展是我们党立党为公、执政为民的本质要求”①。2020年10月29日中国共产党第十九届中央委员会第五次全体会议通过的《中共中央关于制定国民经济和社会发展第十四个五年规划和二〇三五年远景目标的建议》，将“人民生活更加美好、人的全面发展、全体人民共同富裕取得更为明显的实质性进展”，作为二〇三五年基本实现社会主义现代化远景目标之一②。该建议关于“加快转变政府职能”的论述是在“全面深化改革，构建高水平社会主义市场经济体制”这个板块下展开的；将“改善人民生活品质，提高社会建设水平”落脚于“促进人的全面发展和社会全面进步”③。可见，促进人的全面发展，已经明确为我们党立党为公、执政为民的本质要求，已经成为基本实现社会主义现代化的一个远景目标，但尚未成为深化行政体制改革首要价值选择。

（二）政府职能转变的历史使命始终没有完成

政府职能转变在机构改革中的地位已经确定。早在1988年我们就提出“转变政府职能是机构机构改革的关键”。2013年2月28日，习近平总书记在党的十八届二中全会上指出：“政府职能转变是深化行政体制的核心，实质上要解决政府应该做什么、不应该做什么，重点是政府、市场、社会的关系，即哪些事应该由市场、社会、政府各自承担，哪些应该由三者共同承担。”④政府职能体系已经逐步饱满，现已基本成型。从1978年将政府职能定位于经济建设职能，到2019年党的十九届四中全会将其定位于“政府经济调节、市场监

① 《中国共产党第十九届中央委员会第四次全体会议文件汇编》，人民出版社2019年版，第46页。

② 《中国共产党第十九届中央委员会第五次全体会议文件汇编》，人民出版社2020年版，第23页。

③ 《中国共产党第十九届中央委员会第五次全体会议文件汇编》，人民出版社2020年版，第56页。

④ 《习近平关于全面深化改革论述摘编》，中央文献出版社2014年版，第52页。

管、社会管理、公共服务、生态环境保护等职能”。党的十八大以来政府职能转变总方向着力于推动政府职能向创造良好发展环境、提供优质公共服务、维护社会公平正义转变，但时至今日，政府职能转变仍然不到位。政府干预过多、市场监管不到位、公共服务不充分不平衡是其集中突出表现。

一是政府干预过多，市场在经济资源配置中还没有完全发挥决定性作用。政府在要素配置方面干预过多，要素价格未完全市场化。劳动力、土地、利率价格呈现“双轨制”特征。政府直接控制土地一级市场，一些地方政府仍然以行政划拨和协议方式出让土地作为招商引资的“杀手锏”。城乡建设用地价格在供给、流转和价格上“同地、不同权、不同价”。能源矿产要素为垄断价格，没有准确反映资源破坏和污染治理成本。技术、数据要素产权规则尚未确定，导致技术、数据要素价格形成机制不完善。政府性引导基金泛滥，依然借助行政权力引进发展产业。国有经济布局仍然分散，据统计，398 个国民经济行业中，国有经济涉足的行业 380 多个。政府部门仍管了很多不该管的事情，该放的权没放到位，以备案、登记、公示、资质认定等搞变相审批①。许可认定标准和程序模糊②。部分重点领域职能转变滞后，制约新动能发展和企业竞争优势提升③。政府在要素配置干预过多，导致要素市场规则不完善，要素配置结构扭曲，要素配置效率下降。要素配置效率 2002 年至 2011 年呈上升态势，2011 年至 2015 年为正值，2015 年之后为负值。国家信息中心研究结果表明，与 2001 年至 2007 年相比，2008 年至 2014 年全要素生产率对经济增长的

---

① 与审批相关的各类年检、年审、年报，各类强制检测、检验、产品目录等，备案、登记、公示、征求意见等形式的变相审批，以及大量非许可类的行政管理措施没有纳入管理。

② 现行法律法规中哪些规定可以被认定成行政许可。新制定法律法规时，应使用什么样的文字或形式明确宣示设定了一项许可。这些都没有统一的标准和操作办法，导致各方存在大量分歧。

③ 例如，我国外经贸政策、知识产权保护、政府采购等领域，有很多审批规则与国际通行规则不接轨，影响多边经贸合作，亟须调整改进。数字经济已经成为我国经济发展最重要的增长点，但相关领域准入事项多——有关方面统计相关证件还有 66 种，条件严且模糊、手续烦琐。

贡献，由43.3%下滑至25%。[1]

二是市场监管不到位，经济互害现象始终存在。主要表现是：监管方式难以适应从短缺经济到消费经济的历史性提升；监管能力难以适应高质量发展的内在要求；监管效能不彰，尚未完全形成宽松便捷的市场准入环境、公平有序的市场竞争环境、安全放心的消费环境。通过持续开展的“放管服”改革，行政审批作为事前监管的传统抓手，现在已经大幅减少，但完善的事中、事后监管却尚未有效建立起来。事中监管方式过度依赖于执法稽查等接触式监管方式，解决不了有限政府监管资源与巨量监管对象之间的尖锐矛盾，以信用为核心的新型监管机制还没有建立起来。监管执法不规范、“一刀切”、行政检查数量多，不公平竞争依然存在。事后监管合力不足，震慑力依然不够。惩罚性赔偿机制尚未全面建立，行政处罚与刑事处罚衔接还不够紧密，违法成本过低。部分消费品质量安全水平仍不容乐观，食品安全问题仍时有发生。另外，还存在行业垄断和地方保护[2]，阻碍全国统一市场形成，弱化了市场活力，降低人民群众获得感。

三是公共服务不充分不平衡，基本公共服务供给水平不够高。首先，基于各种原因，长期以来没有将缩小收入差距排在政府公共服务职能突出位置。当前我国仍存在收入分配差距较大问题，基尼系数偏高[3]，劳动报酬在初次分配中的比重较低等。其次，我国公共服务支出比重相对较低。从世界主要国家发展情况看，人均GDP处于3000—10000美元发展阶段，公共服务支出在政府支出的比重将显著提升；人均GDP处于6000—10000美元发展阶段，教育、医疗卫生和社会保障三项基本公共服务支出之和占政府支出的比重为55.7%。近年来，我国三项基本公共服务支出确实呈现了一定的增长态势。

---

① 刘立峰：《“十四五”规划应把握的方向与重点》，《中国经贸导刊》2020年第1期。

② 例如，2013—2017年，十二个省区市政府在“新居配”建设中滥用行政权力排除限制竞争案。

③ 我国基尼系数2008年为0.491，2020年为0.468。

但2019年我国人均GDP突破1万美元，而三项支出累计占全国财政支出仅为34%（参见表1-1）。再次，基本公共服务水平城乡差距较大。如2017年，城市低保及其他社会救济是农村的3倍（分别为1692.3元、541.2元）。最后，基本公共服务水平还不高。如2018年1月1日起，全国城乡居民养老保险基础养老金最低标准提高至每人每月88元，2018年全国城乡居民养老保险养老金月人均为150元，其中政府支付的基础养老金标准约为134元。①

表1-1　政府用于三项基本公共服务的支出（2011—2020年）

支出项目	2020年	2019年	2018年	2017年	2016年	2015年	2014年	2013年	2012年	2011年
国家财政支出（亿元）	245588.03	238874.02	220904.13	203085.49	187755.21	175877.77	151785.56	140212.1	125952.97	109247.79
国家财政教育支出（亿元）	36337.18	34913.04	32169.47	30153.18	28072.8	26271.88	23041.7	22001.76	21242.1	16497.33
国家财政社会保障和就业支出（亿元）	32580.57	29580.37	27012.09	24611.68	21591.5	19018.69	15968.9	14490.54	12585.52	11109.4
国家财政医疗卫生支出（亿元）	19201.22	16796.77	15623.55	14450.63	13158.8	11953.18	10176.8	8279.9	7245.11	6429.51
三项支出总和	88118.97	81290.18	74805.11	69215.49	62823.1	57243.75	49187.4	44772.2	41072.73	34036.24
三项支出占国家财政支出的比例	0.3588	0.3403	0.3386	0.3408	0.3346	0.3255	0.3241	0.3193	0.3261	0.3116
三项支出的年增长率	0.084	0.0867	0.0808	0.1018	0.0975	0.1638	0.0986	0.0901	0.2067	0.2851

数据来源：国家统计局。

出现上述情况的原因，一是传统经济增长方式使然。政府是经济增长的直接拉动者，一段时间内，对以GDP增加为标志的"增长"过度关注，对以社会全面进步为标志的"发展"相对忽视。二是缺乏测量政府职能转变程度的定量标准。如市场在资源配置中起决定作用的改进指标、公共服务质量改进

① 城乡居民养老保险的养老金包括基础养老金与个人账户养老金。其中，基础养老金由政府全额支付，所需资金由各级财政分担。

指标等都比较模糊，更缺乏对政府职能转变进行系统持续的绩效评估。“放管服”改革中，“放”的力度大，“服”的措施不断推陈出新，特别是群众对“最多跑一次”改革的满意度相对较高，就是因为从中央到地方尽有定量标准。三是建立开放政府、促进开放治理的心理、制度准备不足。社会多元化已经成为不可改变的事实与趋势。拥抱多元化的色彩轻，防范多元化的色彩重，公民、社会组织、各类企业在职能转变中没有发挥应有作用。四是部门职能法定化层次相对较低。体现职能法定的专门法律很少，现有的部门“三定”相对粗疏，具有模糊性。

（三）优化横向部门之间关系过频而优化纵向层级之间关系过少

改革开放以来至2018年以前，我们平均每5年进行一轮行政体制改革。每一轮改革都免不了撤销、合并、重新组建机构，由此，优化部门间关系一直是改革的一条重要主线。2018年国务院组成部门26个，比1982年时减少了17个，其中只有9个组成部门完整保留了1982年时的名字。相比于部门间的关系调整，政府层级之间的关系优化只有2次，且只是在财政、税务、工商、质检、药监、国土和环保等少数领域进行了相应的改革调整。总体而言，历轮行政体制改革的部门间关系改革是成功的；而政府层级间关系（特别是政府层级间事权关系）优化至今没有破题，没有同步提升中央与地方两个积极性。

一是对政府层级间的关系优化缺乏系统设计。例如在监管方面，权力在上下级政府间来回反复、飘忽不定。有的领域在上收，而有的在下放，如环保部门上收对企业的审批权力，而金融监管责任却下放给市县政府；有的领域今天收、明天放，来回反复，缺乏明晰的思路和科学的界定；有的收权不收责，权责脱节，甚至倒置。

二是中央和地方事权划分不明晰。一方面，中央与地方共同事权过多；另一方面，本来由中央承担的知识产权保护、养老保险、跨区域生态环境保护等事权，现多由地方承担。至今政府层级间事权划分也没有明晰的法律化制度安排。

三是系统研究和调整财权优先于调整事权。1994 年分税制改革和 2016 年落地的财政事权与支出责任划分改革(以 2016 年 8 月 16 日颁布的《关于推进中央与地方财政事权与支出责任划分改革的指导意见》为标志),是在没有优化层级间政府事权的前提下对层级间财权进行调整。

政府层级间关系优化滞后导致层级上下之间的扯皮问题突出,这比部门横向之间扯皮对行政效能和事业发展带来的损害严重得多。为充分提升中央与地方两个积极性,党的十九届四中全会提出继续“优化政府间事权和财权划分”之改革任务,目标是“形成稳定的各级政府事权、支出责任和财力相适应的制度”。①

导致这种状况的原因是多方面的,但最直接的原因是,中国政府纵向层级 5 个层级(国际上大多数国家 3 个),加上半行政化的村(社区),实为 6 个层级。基于此,彻底划清 6 级政府之间的事权的工作,往往令人望而却步。

(四)缺乏分层化的行政体制改革设计模式

总体而言,改革开放以来的行政改革实践只有中央模式,没有地方模式,即缺乏分层化行政体制改革模式,实行了“摇头摆尾式”改革模式。从实践安排来看,中央先掉头,地方随后跟上。除 2018 年改革外,从中央层面到地方层面完成既定改革任务,波长最短的 2.5 年(1982 年),最长的 4.5 年(1998 年改革)。1988 年改革由于特殊原因,既定的地方政府改革方案没有实施。2018 年 3 月至 2019 年 3 月,从中央到地方的党和国家机构改革基本完成。从机构设置与职责来看,上下对口且同构,且在指导省级以下改革的中央文件中,通常允许在必设机构之外设置一些因地制宜的机构。基于机构设置限额的刚性限制,地方最终因地制宜设置的机构数量非常有限。从目前公务员数

① 《中国共产党第十九届中央委员会第四次全体会议文件汇编》,人民出版社 2019 年版,第 37 页。

量配置格局来看，中央、省、地、县、乡镇（街道）的比例大体为8∶19∶24∶39∶10。从事宏观决策与一线执行的两头过小、中间偏大。直接面对百姓从事社会管理、公共服务执行事务的乡镇、街道公务员只占全部公务员队伍的10%；包括中央派出机构公务员在内的中央一级公务员看似占到全部公务员队伍的8%，但在京从事重大政策制定的公务员数量不足全部公务员队伍的1%。2018年开启的深化党和国家机构改革，初步提出了分层设计的倾向，但重心还是放在构建从中央到地方运行顺畅、充满活力、令行禁止的工作体系上。①

缺乏分层化的行政体制改革设计模式使得省级以下的管理体制呈现一种“头硬、腰粗、脚软”的格局。“头硬”，指的是省一级队伍整齐（几乎占到全部公务员队伍的20%）、财力相对雄厚、行政权力资源充沛。“腰粗”，指的是地、县级公务员队伍庞大（占到全部公务员队伍的60%）。“脚软”，指的是直接从事社会管理、服务广大人民群众的乡镇、街道基层政府机构，人少财薄权寡，缺少有效履职的法定审批职权、执法职权和必要资源，还要依靠“吹哨报道”等机制来舒缓基层力不从心的尴尬。由此以来，地方治理重心悬浮于基层，不接人民群众的地气，人民群众难以得到足够便利化的政务服务。与此同时，从省到县从事机关内部运转的公务员过多，许多优秀公务员的工作不知道要转多少道弯，才能服务到老百姓。

二、理论逻辑：应当坚持政治性、人民性、科学性相统一的价值取向

“十四五”期间深化行政体制改革，推进政府治理创新，应当坚持政治性、人民性、科学性相统一，这是新时代深化行政体制改革的价值取向。

① 《〈中共中央关于深化党和国家机构改革的决定〉〈深化党和国家机构改革方案〉辅导读本》，人民出版社2018年版，第197页。

（一）政治性

“行政管理是国家的组织活动”①，也是国家政治实践的重要组成部分。政府是国家代表，政治性是行政的根本属性，有什么样的政治制度、政治形态，就有什么样的行政体制。行政体制归根结底是为践行人民意志、贯彻党的施政纲领服务的。只要现代政党政治存在一天，行政的政治属性就不会褪色。20 世纪以来世界各国的大部制改革，都是为了增强执政党的领导权，提升决策中枢的领导力；都是为了弱化“部门行政”。任何一次行政改革实践的启动、进止，都源于执政党谋划、决断、推进。如 2001 年 1 月 6 日完成的日本中央省厅改革，从表面上观察改革重点是将内阁部砍掉了一半，实质为对部门官僚主导的日本行政体制进行“创造性破坏”，强化内阁政治领导作用。中国改革开放以来的历轮行政体制改革都是由中央政治局会议或中央全会原则批准改革方案、全国人民代表大会常委会或全国人民代表大会批准方案后启动的，都是为完成执政党既定的决策部署，始终服从和服务于党的政治路线。党的十九届四中全会将中国特色社会主义行政体制的政治性集中表述为：“国家行政管理承担着按照党和国家决策部署推行经济社会发展、管理社会事务、服务人民群众的重大职责。”②

“十四五”期间深化行政体制改革，推进政府治理创新的政治性主要体现在三个方面。

第一，适应建设国家政权和建构政治秩序的需要，改进党的领导方式和党政关系，落实国家权力分工和监督制约等。不断完善党对国家行政工作的全面领导制度，确保党的领导全覆盖。继续完善党和国家机构职能体系，使党政机构和职能更加优化协调高效。坚持和完善中国特色社会主义行政体制，构

① 《马克思恩格斯文集》第 1 卷，人民出版社 2009 年版，第 479 页。

② 《中国共产党第十九届中央委员会第四次全体会议文件汇编》，人民出版社 2019 年版，第 34 页。

建职责明确、依法行政的政府治理体系，必须以坚持党的领导、巩固党的执政地位为大前提。“中国共产党领导是中国特色社会主义最本质的特征”，①是中国特色社会主义制度的最大优势，党是最高政治领导力量。进一步完善党对重大工作领导的体制机制，强化党中央决策议事协调机构职能作用，进一步完善党中央决策议事协调机构、办事机构与所在职能部门之间的关系。健全完善适应不同层级特点和工作实际的党政议事协调体制机制，着力破除市县和基层行政体制中的碎片化、部门化倾向，确保上下贯通、令行禁止、执行有力。

二是适应实施党的执政方略的需要，调整优化党政机构布局、力量配置和体制机制。立足于实现“两个一百年”奋斗目标，聚焦新时代发展所需、基层所盼、民心所盼，坚持问题导向，针对突出矛盾，抓重点、补短板、强弱项、防风险，从行政体制上为“五位一体”建设提供保障。根据经济基础和外部环境变化，不断优化政府机构设置和职能配置。加强营商环境治理，深化供给侧结构性改革，扎实推进国家创新体系建设，稳步实施乡村振兴战略和新型城镇化战略，推动经济社会发展质量变革、效率变革、动力变革。优先发展教育事业，巩固完善公共卫生体系，提高就业质量和人民收入水平，繁荣发展社会主义文艺和文化事业，加强社会保障体系建设，建立健全相对贫困长效治理机制，打造共建共治共享的社会治理格局，有效维护国家安全。以继续推进国家治理体系和治理能力现代化为导向。在完善国家治理体系这个大局中，以推进国家机构职能优化协同高效为着力点，构建职责明确、依法行政的政府治理体系；在提升国家治理能力的大局中提高政府执行力；在继续完善党和国家机构职能体系的大局中，进一步优化政府职责体系，把党的领导贯彻到政府履行职责的全过程；以制度建设与制度创新为路径，提高行政效能。

三是践行党全心全意为人民服务的根本宗旨，革除行政管理工作中的形

① 《中华人民共和国宪法》，法律出版社 2018 年版，第 60 页。

式主义、官僚主义现象。以国家基本政治制度为基础和依托，进一步明晰落实政府工作权责，严格绩效管理和行政问责，建立科学合理、务求实效的工作考核和奖优惩劣制度。抓住与企业群众直接打交道的重点领域、“窗口”机构和职能环节，改进工作方式，提高服务水平。加大政务公开力度，健全人民群众参与政府管理、决策、落实的制度安排，铲除滋生形式主义、官僚主义的体制土壤。依靠党的领导遏制官僚政治与官僚主义，根除政府治理中的“老大难”问题。如“数据孤岛”的问题久拖不决，数字政府建设从全局看没有实质性进展，政府职能转变三十余年始终没有历史性突破，导致类似困境的思想认识因素、技术因素并不是主因，官僚主义才是主因。

（二）人民性

人民性就是坚持人民至上，紧紧依靠人民、不断造福人民、牢牢根植人民，把以人民为中心的发展思想落实到各项决策部署和实际工作之中。人民性是由党的宗旨和国家权力来源决定的，体现了党的理想信念、性质宗旨、初心使命，是对党的奋斗历程和实践经验的深刻总结。

人民性，对下一步深化行政体制改革，推进政府治理创新的规范要求是，从社会属性、经济属性、政治属性三个维度，高质量建设人民满意的服务型政府。可分为三个层次。一是民生。即基于社会属性，进一步提升民生质量，把为民造福作为最重要的政绩。二是民本。即基于经济属性，进一步增进人民根本利益以及个人合法具体利益。“坚持人民性，就是要把实现好、维护好、发展好最广大人民根本利益作为出发点和落脚点，坚持以民为本、以人为本。”①民本对“十四五”规划时期深化行政体制改革的要求是，提高人民收入水平。三是民主。即基于政治属性，坚持以人民为中心，坚持人民主体地位，把人民的智慧和力量凝聚到党和人民事业中来。民主对“十四五”规划时期

① 习近平：《习近平谈治国理政》第一卷，外文出版社 2018 年版，第 154 页。

深化行政体制改革的要求是，将人民当家做主切实落实到国家行政管理过程之中。

（三）科学性

科学性就是基于新时代社会经济生态环境，遵循国家行政管理主体、行政管理对象、行政运行、行政方式的内在规律，提高政府治理能力，提高行政效能。

第一，就国家行政管理主体来说，推进组织结构的科学化，最终形成高效率组织体系。横向看，走向大部门体制是20世纪以来世界各国政府组织结构演变的一般规律。即实现行政决策中枢核心化、政策制定部门综合化、执行机构专业化。在信息化水平越来越高、社会各部分联动性、紧密性越来越强的情况下，按传统社会分工形成的“条条”管理体制，越来越难以适应社会发展需要。比较国内外在本次新冠肺炎疫情中的应对处置效果，综合研判、集中决策、统一执行的行政组织模式更有利于提升抗疫效果。中国自2008年以来，探索实行大部门体制实践走过了10余年历程。党中央、国务院关于大部门制部署的一个较新文件是2019年1月24日印发的《中共中央国务院关于支持河北雄安新区全面深化改革和扩大开放的指导意见》，文件再次强调“完善大部门制运行模式”。纵向看，以客户需求为中心，走向层级扁平化、服务重心基层化，是信息社会组织架构演变的一般规律。

第二，就国家行政管理对象来说，政府职责配置体系科学化。政府经济调节，应遵循市场经济的一般规律，健全协同发力的宏观调控制度体系。即“健全以国家发展规划为战略导向，以财政政策和货币政策为主要手段，就业、产业、投资、消费、环保、区域等政策紧密配合，目标优化、分工合理、高效协同的宏观经济治理体系。”[①]2013年11月9日，习近平总书记在党的十八届三中全会上强调：“市场决定资源配置是市场经济的一般规律，市场经济本质上就是

① 《中国共产党第十九届中央委员会第五次全体会议文件汇编》，人民出版社2020年版，第39页。

市场决定资源配置的经济。”①市场监管，应以解决政府监管力量有限性与监管对象相对无限之间的基本矛盾为主线，完善以信用监管为基础的非接触式新型监管机制。应遵循以清晰的事权划分为前提、以事权和财权匹配为原则的一般规律，建立权责清晰、财力协调、区域均衡的中央和地方财政关系。社会管理，应尊重新时代中国社会已经多元化的客观现实，遵循社会事务协同共治的一般规律，继续完善共建共治共享的社会治理制度。公共服务，应遵循针对基本公共服务实行均等化制度安排、针对非基本公共服务实行社会化制度安排的一般规律，完善公共服务体系。生态环境保护，应遵循顺应自然、保护优先的一般规律，完善生态文明制度体系。

第三，就国家行政运行而言，实现行政运行机制科学化。即做到决策权、执行权、监督权既相互制约又相互协调。这是权力运行的一般规律。2008 年 2 月 27 日，党的十七届二中全会通过的《关于深化行政管理体制改革的意见》提出：“按照精简统一效能的原则和决策权、执行权、监督权既相互制约又相互协调的要求……完善行政运行机制。”2013 年 11 月 12 日，党的十八届三中全会通过的《中共中央关于全面深化改革若干重大问题的决定》提出：“完善决策权、执行权、监督权既相互制约又相互协调的行政运行机制。”2019 年 10 月 31 日，党的十九届四中全会通过的《中共中央关于坚持和完善中国特色社会主义制度推进国家治理体系和治理能力现代化若干重大问题的决定》提出：“优化行政决策、行政执行、行政组织、行政监督体制。”决策权聚焦于利益的划分，执行权致力于利益的实现，监督权致力于利益的矫正。科学问责是实现三者既相互制约又相互协调的密钥。

第四，就国家行政方式来说，与时俱进实现行政方式科学化。即在进一步推进综合治理、系统治理、源头治理、协同治理的基础上，开启绩效治理，且将其纳入依法行政的轨道。

---

① 《中共中央〈关于全面深化改革若干重大问题的决定〉辅导读本》，人民出版社 2013 年版，第 71 页。

（四）应将促进人的全面发展作为下一步深化行政体制改革、推进政府治理创新的首要价值选择

这是坚持政治性、人民性、科学性相统一的必然归宿。

一是社会主要矛盾发生了根本变化。长期以来以促进经济发展作为行政体制改革的首要价值选择，这是解决当时社会主要矛盾的内在需求。“我国所要解决的主要矛盾，是人民日益增长的物质文化需要同落后的社会生产之间的矛盾。”党的十一届六中全会通过的《中国共产党中央委员会关于建国以来党的若干历史问题的决议》首次提出这一社会主要矛盾论断，历经党的十二大一直到党的十八大，一直没有改变。以经济发展为首要价值选择，大力发展生产力，解决了十几亿人的温饱问题，确保了全面建成小康社会的物质基础。党的十九大报告指出，中国特色社会主义进入新时代，我国社会主要矛盾已经转化为人民日益增长的美好生活需要和不平衡不充分的发展之间的矛盾。与此相适应，必须坚持以人民为中心的发展思想，不断促进人的全面发展。

二是有利于从源头上根治政府治理的一些顽疾。实践证明，以经济发展作为深化行政体制改革的首要价值选择，终结不了“地方政府公司化现象”，难以彻底摆脱地方政府对土地财政的依赖，难以走出地方政府债务居高不下的局面，难以下定决心完善公共服务体系。简而言之，区域间产业梯度转移，把东部一些污染较重、相对落后的产业转移到中西部，倒是短期内能促进中西部的经济发展；但是如果这样做，定是中华民族的灾难。

三是以促进人的全面发展为首要价值选择，并不是要否定以经济建设为中心。推动经济社会发展，归根到底是为了不断满足人民群众对美好生活的需要。1980 年邓小平同志在《目前的形势和任务》一文中指出：“四个现代化，集中起来讲就是经济建设。”①改革开放以来我们一直强调以经济建设为中

① 邓小平：《邓小平文选》第二卷，人民出版社 1994 年版，第 240 页。

心，这与我国长期处于社会主义初级阶段这个最大实际密切相关，与坚持发展仍是解决我国所有问题的关键这个重大战略密切相关。① “十四五”期间依然不会动摇以经济建设为中心。我们强调的是，经济建设、经济发展是手段，促进人的全面发展是目的；经济建设、经济发展是工具，促进人的全面发展是价值；也只有以人的全面发展为首要价值选择进行系统部署，才能使不竭的日趋强劲的消费、后来居上的科技创新成为持续拉动经济高质量增长的动力源泉。

三、实践逻辑：重点破解当前国家行政管理实践的三对基本矛盾

谋划“十四五”时期深化行政体制改革、推进政府治理创新的主要思路和重点任务，不仅要吸取以往改革的经验教训，弥补历史缺憾，还要以政治性、人民性、科学性的有机统一为主轴，重点破解当前国家行政管理实践的三对基本矛盾。

（一）从国家行政体制维度考察，破解行政权力管理属性与服务属性之间的矛盾，实现政治性与人民性的统一

行政权力具有管理和服务双重属性。前者表现为国家行政权力的载体对社会公共事务、社会成员的管理，后者表现为一切行政机关必须坚持为人民服务、对人民负责、受人民监督。促进人的全面发展是人民性的灵魂。基于此，下一步改革重点任务有四项。

一是改进民生质量。首先，适度拓宽服务型政府社会属性的宽度。超越将服务型政府局限在社会管理、公共服务这一传统观念；将服务型政府界定为：在履行所有政府职能的过程中将服务作为价值、目的、结果的政府。其次，

---

① 参见《中共中央〈关于全面深化改革若干重大问题的决定〉辅导读本》，人民出版社 2013 年版，第 3 页。

将提高人民收入水平、扎实推进共同富裕摆在政府公共服务职能的突出位置，纳入政府公共服务制度安排。虽然我国人均年可支配收入3万多元，但中低收入人群规模仍然较大。再次，继续提高基本公共服务的水平。围绕提高民生质量，强化就业优先政策，建设高质量教育体系，健全多层次社会保障体系，强化提高人民健康水平的制度保障、积极实施应对人口老龄化战略。特别是针对所有行政相对人提供无歧视的政务服务。依托大数据技术提供滴灌式精准服务，依托数字政府更多地提供主动式服务推送。在2025年前建成全国一体化政务服务平台，继续提高民众办事便利化水准，更多地把管理纳入服务。

二是夯实民本的利益基础。通过制度安排寻求以国家为代表的公共利益、公民利益、资本利益三者最大公约数。首先，遏制劳动收入在国民收入初次分配中比重持续下降的势头。根据国家统计年鉴，1992年劳动报酬在国民收入初次分配中的比重为59.88%，2017年则降至51.74%。其次，建议将劳动报酬在国民收入初次分配中的比重提高到60%，提高居民可支配收入水平，使改革发展成果更多更公平惠及全体人民。最后，建立“政府创造环境、人民创造财富”的有效制度。进一步夯实激发各类市场主体活力的公平制度平台。继续降低行政成本，继续降低制度性交易成本，进一步降低企业总税收和缴费率（相比于其他世界经济体2018年的39.35%，我国59.2%相对偏高）。摸清政府辅助人员规模底数，严格控制财政供养人员总量，2025年前行政成本较2020年降低10%。优先建成国家财政“钱袋”与中央银行“钱袋”互不相通的现代中央银行制度。完善标准科学、规范透明、约束有力的预算制度。完善以普惠式减税降费长效机制为主要举措的中小企业促进政策体系。

三是简政放权中扩大民主。“调动积极性是最大的民主”。① 首先，在决策环节，继续推进实施《重大行政决策程序暂行条例》，健全重大政策事前评估和事后评价制度，畅通参与政策制定的渠道，提高决策科学化、民主化、法治

① 《邓小平文选》第三卷，人民出版社1993年版，第242页。

化水平。其次，在执行环节，建设职责明确、依法行政的政府治理体系，保障行政权得到正确行使。继续深化简政放权、放管结合、优化服务改革，还权于民、还权于企、还权于社会，赋能人民、赋能企业、赋能社会、赋能基层。健全政府与社会协同共治有效履行政府职责的制度安排。完善共建共治共享的社会治理制度，完善党委领导、政府负责、民主协商、社会协同、公众参与、法治保障、科技支撑的社会治理体系，建设人人有责、人人尽责、人人享有的社会治理共同体。健全充满活力的基层群众自治制度，发挥群众团组织和社会组织在社会治理中的作用，畅通和规范市场主体、新社会阶层、社会工作者和志愿者等参与社会治理的途径。最后，在监督环节，继续完善全国人大常委会备案审查制度，确保行政权在宪法范围内实施，确保行政权在法治轨道正确行使。如，征收民航发展基金，尽管不存在与宪法相抵触的问题，但目前征收民航发展基金的依据与2014年修改后的预算法第九条第一款关于政府性基金依照法律、行政法规的规定征收的规定不符。落实行政执法责任制和责任追究制度，严格规范公正文明执法，规范执法自由裁量权。以建设开放政府为导向，大幅提高政务公开透明程度。探索与创新旨在提高人民满意度的、简约有效的绩效评估制度（如政务好差评制度）。建立全国统一的容错免责机制，激励广大干部履职尽责、干事创业。

（二）从政府职责体系维度考察，破解经济高质量发展的迫切要求与政府职能转变过于滞后之间的矛盾，实现人民性与科学性的统一

从国内看，“十四五”时期我国经济正处在转变发展方式、优化经济结构、转换增长动力的攻关期，经济发展前景向好，即经济发展方式正从规模速度型转向质量效益型。经济结构正从增量扩能为主转向调整存量、做优增量并举的深度调整。经济发展动力正从要素驱动、投资驱动转向创新驱动。但在从“转向”到“转成”过程中，也面临着结构性、体制性、周期性问题相互交织所带

来的困难和挑战。从外部环境来看,我们还要面对世界经济深度衰退、国际贸易和投资大幅萎缩、国际金融市场动荡、国际交往受限、经济全球化遭遇逆流、一些国家保护主义和单边主义盛行、地缘政治风险上升等不利局面,必须在一个更加不稳定、不确定的世界中谋求我国发展。特别是,美国在高科技“卡脖子技术”领域全面施压、围堵,中国实施创新驱动发展的外部环境严峻。然而,我国政府职能转变还没有完全到位,对微观经济事务干预有时仍过多过细,有效市场在资源配置中的决定作用、有为政府的掌舵作用、有机社会的协同作用发挥还不充分。政府投资驱动的冲动始终存在,高质量发展缺乏足够强大的科技创新支撑。“十四五”时期亟须实现政府职能转变根本性突破。基于此,下一步改革重点任务有四项。

一是以“两个清理”为切入点,将市场化改革进行到底。清理政府直接配置市场资源的规模,最大限度减少政府对市场资源的直接配置;清理政府直接配置市场资源的职能,最大限度减少政府对市场活动的直接干预,激发各类市场主体活力。政府直接配置的土地资源、财政资源及其职能,是“两个清理”的重点。“两个清理”的目的是摸清政府直接配置市场资源的“家底”,有的放矢大幅减少政府直接配置市场资源的范围。优先推动土地、劳动力、资本、技术、数据五大要素市场化配置改革。深化国有企业和国有金融机构改革,确保各种所有制主体依法平等使用资源要素,毫不动摇巩固发展公有制经济发展,毫不动摇鼓励、支持、引导非公有制经济发展。切实实施《政府投资条例》。

二是以深化“放管服”改革为抓手,在全国范围内持续改善营商环境。简政放权、放管结合、优化服务是处理好政府与市场关系的重大改革之举,对近几年扩大就业、壮大新动能、经济稳中向好起到了重要支撑作用。“放管服”改革之所以在近几年扩大就业、壮大新动能、经济稳中向好起到了重要支撑作用,归根结底是因为“放管服”优化了营商环境。2018—2020 年是我国营商环境国际排名提升最快的三个年头。我们应全面实施 2020 年 1 月 1 日开始生效的《优化营商环境条例》,特别是在纳税、获得信贷方面大幅改善营商环境。

2013—2015年，大幅削减存量和严格控制增量打响改革“当头炮”。国务院审改办将国务院部门行政许可锁定在1526项。2015—2017年，以投资、中介、资格等重点领域为抓手攻坚改革深水区。“放管服”改革综合效应不断显现，营商环境明显改善，收到了超出预期的重大成效①。2017—2020年，以优化营商环境和提升办事便利度为导向深化综合改革。然而，“放管服”改革依然不彻底，集中表现在简政放权不到位。政府部门仍管了很多不该管的事情，该放的权没放到位；以备案、登记、公示、资质认定等搞变相审批。监管跟不上。监管执法不规范、“一刀切”、行政检查数量多；不公平竞争依然存在。政务服务有待优化。一些政府部门办事依然较为繁琐，政务数据共享不充分；一些地方水电气暖等报装环节多、时间长、收费不合理。

“十四五”期间，推动行政审批标准化、规范化，严格控制新设许可；编制《行政许可事项清单》，清单之外无许可。清理规范行政备案等管理事项，制定《行政备案条例》。深化“证照分离”改革，优化涉企审批服务。强化行政许可实施监督。更多从产业发展全链条、企业发展的全生命周期出发来谋划改革行业管理制度；借鉴RCEP、CPTPP经贸规则，抓住我国加入世界贸易组织之后的又一次重大机遇，推动我国相关领域审批制度改革。特别是积极主动吸收借鉴RCEP提出的200多条非约束性贸易条款，服务高水平对外开放。

围绕事前事中事后各环节全过程加强监管。完善监管规则和标准，守好质量和安全底线，对直接关系到人民群众生命健康安全的领域，依法依规实行全覆盖的重点监管。融合创新监管方式，在市场监管领域全面推行信用风险分类管理，提升信用监管效能；继续推行“互联网+监管”。建立健全跨部门综

① 国务院有关部门全面推进商事制度改革、“证照分离”改革、工程建设项目审批制度改革，清理优化获得电力、财产登记、专利申请、纳税、跨境贸易等领域审批环节，目前全国已基本实现企业开办4个工作日内、不动产抵押登记5个工作日内、工程建设项目施工许可120个工作日内完成，各项指标事项的办理环节、费用均大幅缩减。大幅压减负面清单，全国和自贸区外商投资准入负面清单事项分别从2017年版的48、45项压减到2020年版的33、30项，全国市场准入负面清单从试点版的328项压减至2020年版的123项。

合监管制度，聚焦“管好一件事”，加快建立职责明确、分工协作、科学监管、运转高效的综合监管制度。继续创新包容审慎监管，对新业态要量身定制监管标准，帮助企业拓展应用场景，推动新产品新技术顺利进入市场。严格规范行政执法，研究制定规范行政裁量权基准制度的指导意见。着力维护公平竞争的市场秩序，加强公平竞争审查；清理纠正地方保护、行业分割、所有制歧视等不公平做法。

围绕企业和群众全生命周期优化政务服务。推进政务服务标准化、规范化、便利化。推进更多政务服务事项“跨省通办”。进一步归并优化地方政务服务热线。

三是以全面实行政府权责清单制度为切入口，将职能转变纳入法制化、科学化轨道。首先，将职能转化为职责，将职责纳入法制化轨道。实现机构、职能、权限、程序、责任法定化，是我们不变的理想追求，但部门职能法定化层次相对较低是客观现实。客观分析后可以发现，通过制定行政机构和人员编制法或针对部门职责专门立法，短期内不现实；单纯通过“三定”规定来实现，实践效果不是特别理想；实行政府权责清单制度，厘清政府和市场、政府和社会关系才是现实的选择。其次，对不同层级政府转变职能分别提出可定量测量的指标，甚至转化为企业、人民群众可以直接评判的测量指标，如“最多跑一次”、秒批政策。以绩效测量、绩效治理为手段，借助人民群众力量直接推动政府职能转变。

四是以重组国家实验室体系为抓手，优化政府促进科技创新职能。坚持创新驱动发展，坚持创新在我国现代化建设全局中的核心地位，把科技自立自强作为国家发展的战略支撑，要求优化政府促进科技创新职能。“十四五”期间，政府促进科技创新职能的实现方式应为“放手、出手、换手”。对基础研究组织方式要适度“放手”。对科学家要松绑，学术问题更多应该让科学共同体负责。有了更多的“0 到 1”的原始性创新成果，后续的关键技术突破和产业升级才能有源源不断的“活水”。对于应用目的清晰、目标导向明确的“卡脖子技术”攻关,政府要坚定“出手”,即健全社会主义市场经济条件下新型举国体制,打好关键核心技术攻坚战。实施一批具有前瞻性、战略性的国家重大科技项目。重组国家实验室体系是优化政府科技职能、推进世界科技强国建设的重要一招。作为大国科技创新体系的重要构成,国家实验室体系需要瞄准多领域、多学科“卡脖子技术”进行国家重大战略科技攻关。因此,在组织管理模式上,不应采取单一部门集中管理模式,而应采取多部门协同管理模式。加强党中央对国家实验室建设的统一领导,整合中科院、国防科研机构、高校、行业类国家科研机构之间的创新链条,统筹谋划和布局国家实验室体系。对于重大战略性产品(如大飞机)的研发,政府要善于“换手”。政府要综合运用行政和市场力量,通过灵活高效的方式配置资源。

(三)从政府组织结构维度考察,亟须破解事责日趋下沉与基层过弱之间的矛盾,实现政治性、人民性、科学性的统一

资源配置上大下小、纵向层级过多、权能逐级衰弱,是目前我国政府组织结构面临的突出问题,即治理任务和需求“正三角形”、治理权力和资源供给“倒三角形”。其中最尖锐的问题是事责日趋下沉与基层过弱之间的矛盾。上级包揽了基层干活需要的权力与资源,使得基层经常出现要么没有能力解决问题,要么因对决策后果的预期不明确而贻误解决问题的最佳时机等情况。上级部门把下级工作中容易做的和有权、有利的拿来干(如按照投资额度分配审批权)。把搞不定的抛给基层,导致层层观望,实际的压力型体制色彩有增无减。简约高效的基层管理体制至今没有建立起来,更有甚者,县级部门将分内职责推给乡镇街道承担,一旦追责,往往对无相应行政执法权的乡镇、街道追责反而最重。“十四五”时期,理顺层级政府之间的关系,优先于理顺部门之间关系,且需赋权赋能基层,进一步夯实国家治理体系和治理能力的底座十分重要。基于此,下一步改革重点任务包括四项。

一是分两步走厘清政府层级之间事权与财权关系。“毕其功于一役”,试

图一揽子划清五级政府之间的事权，比较困难。应分两步走。第一步，首先将中央与省一级事权（职责）划分清楚，以此为基础实现财权与事权相匹配，进而实现中央与省级政府事权与财权关系制度化。第二步，首先划分省与省以下各级政府事权（职责），在此基础上实现财权与事权相匹配，进而实现省与省以下事权与财权关系制度化。第二步的重点是，把治理重心下移，将基层直接服务民众必需的权力、资源、财力、人力下沉基层。“健全省以下财政体制，增强基层公共服务保障能力。”①禁止上级政府揽权推责、收财权放事权的做法；禁止上级政府及其部门放弃履行分内职责却与下级政府及其部门层层签“军令状”的做法；禁止只给基层下任务却闭口不提基层能力建设的做法。上述两个层面两步走的做法，都要赋予地方更多自主权，支持地方创造性开展工作。

二是针对全国性公共产品加强中央宏观事务管理。适当加强中央在知识产权保护方面的事权，这有利于更好地支撑创新驱动发展战略；适当加强养老保险方面的事权，这是加快建立基本养老保险全国统筹制度、更好适应老龄化社会的迫切需要；适当加大跨区域生态环境保护方面的事权，这是统筹生态环境保护资源、增强生态环境保护合力的迫切需要。在科学测定基础上，为中央部门选配充实公共政策制定、战略规划、宏观调控、国际谈判等高素质专业化人才队伍，进一步增强中央部门政策制定能力。以权责一致为总原则，规范垂直管理体制和地方分级管理体制。具体而言，规范垂直管理体制，以强化集中统一领导、做实宏观调控、提高执法监管权威为原则。规范地方分级管理，以上级侧重抽象行政行为、下级侧重具体行政行为为原则。

三是实行扁平化管理。有条件的地方有序推进省直管县改革。目前，我国省级财政供养人员与辖区人口之比大致为 1∶25 至 1∶30；而直辖市由于少了一个管理层级，供养人员与辖区人口之比下降为 1∶50 至 1∶60。节约

---

① 《中国共产党第十九届中央委员会第五次全体会议文件汇编》，人民出版社 2020 年版，第 40 页。

出的行政成本可以用于社会事业和民生改善。

首先,优化行政区划设置。统筹省级掌握的行政资源配置权与中心城市掌握的经济资源配置权,提高中心城市和城市群综合承载和资源优化配置能力。我国发展空间结构正在发生深刻变化,中心城市和城市群正在成为承载各种发展要素的重要载体。中心城市和城市群以 20%的国土面积,承载了60%的人口,贡献了 80%的经济总量,将中心城市和城市群打造成中国经济“枢纽区”,已经势在必行。

其次,加快构建简约高效的基层管理体制。着力点在于政府与百姓之间的“两大接口”。第一个接口是百姓找政府的接口,实现行政审批集中化便利化。第二个接口是政府找百姓的接口,推进综合执法,应进一步整合行政执法队伍,继续探索跨领域跨部门综合执法,推动执法重心下移,提高执行执法能力水平。着力解决综合执法过程中专业性与综合性之间的矛盾,执法与服务之间的矛盾,执法形态多样性与执法行为规范统一性之间的矛盾。压缩自由裁量权,扩大执法公开力度,落实行政执法责任制和责任追究制度。为破解上级政府“条”对基层“块”的分割,理顺县级政府部门与乡镇街道的权责关系,鼓励基层把条线力量与资源整合到基层平台。推进数字政府与智能政府建设,运用“云端制”优化基层治理运行机制,促进基层治理从劳动密集型向科技密集型转变。

四是实施分层化的行政改革设计模式。中央根据不同层级政府特点分别确定改革指导意见。下一步应避免部门机构频繁剧烈变动,理顺层级政府间关系优先于部门间关系调整,应该在促成发生“化学反应”上下工夫。“十四五”期间应继续在自由贸易试验区、雄安新区、新型城镇、市县两级政府城市管理领域坚定实现大部门体制,绝不能复制传统组织架构。

没有以促进人的全面发展作为首要价值选择,政府职能转变的历史使命始终没有完成,横向部门之间关系优化过频、纵向层级之间关系优化过少并存,缺乏分层化的行政改革设计模式,这些问题构成了我国“十四五”时期政府治理创新的逻辑起点。为进一步解决这些问题,“十四五”时期的政府治理创新,应坚持政治性、人民性、科学性的有机统一这一理论逻辑和价值取向。具体来讲,应将促进人的全面发展作为政府治理创新的首要价值选择,重点破解当前国家行政管理实践的三对基本矛盾:破解行政权力管理属性与服务属性之间的矛盾,实现政治性与人民性的统一;破解经济高质量发展的迫切要求与政府职能转变相对滞后之间的矛盾,实现人民性与科学性的统一;破解事责日趋下沉与基层治理基础过弱之间的矛盾,实现政治性、人民性、科学性的统一。

专题一：政府职能转变

“十四五”健全宏观经济治理体系*

党的十九届五中全会提出，“健全以国家发展规划为战略导向，以财政政策和货币政策为主要手段，就业、产业、投资、消费、环保、区域等政策紧密配合，目标优化、分工合理、高效协同的宏观经济治理体系”。健全的宏观经济治理体系、强大的宏观经济治理能力，是“有为政府”的逻辑表现。中国的宏观经济治理逻辑，必然不同于西方市场经济国家“‘立足于短期’的宏观经济调控，市场内生‘长期发展’”的一般逻辑。“十四五”加快健全我国宏观经济治理体系，应至少着眼于以下三个方面。

一、强化宏观经济治理体系的完整性和开放性

一个完整的宏观经济治理体系至少要包括指导原则、工具手段、实施机制等方面内容。

（一）关于宏观经济治理体系的“指导原则”

健全我国宏观经济治理体系应遵循“目标优化、分工合理、高效协同”指导原则。习近平总书记在2019年中央经济工作会议上指出，必须从系统论出发优化经济治理方式，加强全局观念，在多重目标中寻求动态平衡。例如，我国已经形成的由长期目标、中期目标、短期目标共同组成的宏观经济治理目标

* 本文作者李江涛，中央党校（国家行政学院）公共管理教研部副主任，教授、博士生导师。

集合中,长中短期目标之间必须要不断优化。要达到2035年基本实现社会主义现代化的远景目标——“我国经济实力、科技实力、综合国力将大幅跃升,经济总量和城乡居民人均收入将再迈上新的大台阶”,就“十四五”时期而言,必须锚定二〇三五年远景目标,坚持目标导向和问题导向相结合,推动“经济发展取得新成效”。而要完成“十四五”的目标——“经济发展取得新成效”,就必须推动各年度GDP的增长均保持在合理区间,实现质量效益明显提升基础上的经济持续健康发展,使增长潜力得到充分发挥。又如,“就业优先”是我国宏观经济治理的主要目标。实现这一目标的最重要途径就是坚持经济发展就业导向,从而扩大就业容量,提升就业质量。也就是说,经济增长目标与就业优先目标之间并不冲突,实现二者协同优化是可能、可行的。为此,我国提出,2021年GDP增速达到6%以上,城镇新增就业预期可实现1100万人以上,城镇调查失业率达到5.5%左右。

(二)更加分工合理的工具手段集合

我国正在形成包含战略导向、主要手段、支撑政策等在内的分工合理的宏观经济治理工具手段集合。

1. 战略导向——国家发展规划

经济史学家亚历山大·格申克龙在总结德国、意大利等国经济追赶成功经验的基础上,于1962年创立的“后发优势理论”为各国制定国家发展规划奠定了理论基础。[①] 社会学者琳达·维斯、约翰·霍布森认为,“‘强经济’必定要‘强国家’”。制定发展规划,已经成为推动经济持续健康发展的重要手段,是国家对中长期经济发展的引导和干预,是国家提供的公共品。[②]

① 21世纪,包括德国、法国、日本、韩国、中国台湾、印度、中国等在内的占世界人口1/3的国家和地区都采用过五年计划,这是人类发展史上的伟大实践,改变了世界经济政治版图。

② 2014年,莫迪为加速印度向自由市场转型,虽然废止了国家计委和五年计划,但实行了15年长期愿景规划,包括15年计划、7年计划及3年滚动计划。参见匡家在:《中国五年计划的演进——制度变迁与经验研究》,人民出版社2020年版。

在实践中，2018 年 9 月，中央全面深化改革委员会第四次会议通过的《关于统一规划体系更好发挥国家发展规划战略导向作用的意见》就已经指出：“以规划引领经济社会发展，是党治国理政的重要方式，是中国特色社会主义发展模式的重要体现”“改革开放特别是党的十八大以来，国家发展规划对创新和完善宏观调控的作用明显增强，对推进国家治理体系和治理能力现代化的作用日益显现”“国家发展规划，即国民经济和社会发展五年规划纲要，是社会主义现代化战略在规划期内的阶段性部署和安排”。这将进一步强化五年规划在宏观经济治理中的战略导向作用。

2. 主要手段——财政政策和货币政策

作为市场经济国家，财政政策和货币政策必然是宏观经济治理的主要手段。基于与世界共同繁荣发展的责任感和自身发展需要，长期以来，我国选择了既适合国情，又有利于促进全球经济进步的财政政策和货币政策。20 世纪 90 年代东南亚金融危机之后，我国选择了“高效协同”的“积极的财政政策”和“稳健的货币政策”组合；从 2005 年到 2007 年，根据重化工业加速发展初期固定资产投资增长过热的形势，我国转向了“稳健的财政政策”和“稳健的货币政策”组合；2008 年，考虑到经济发展的惯性因素和客观实际，我国采取了“稳健的财政政策”和“从紧的货币政策”组合；从 2009 年到 2010 年，在国际金融危机的冲击下，我国不得不转向“积极的财政政策”和“适度宽松的货币政策”组合；2011 年之后，我国长期适用着“积极的财政政策”和“稳健的货币政策”组合。

尤其是，2009 年我国首次提出“要将宏观审慎管理制度纳入宏观调控政策框架”①；“十二五”规划又明确提出“构建逆周期的金融宏观审慎管理制度框架”。

3. 紧密配合的支撑政策——就业、产业、投资、消费、环保、区域等

党的十九届五中全会明确提出了宏观经济治理的六大支撑政策——就业、产业、投资、消费、环保、区域。而无论是在六大支撑政策之间，还是它们与

① 见 2009 年三季度货币政策执行报告。

两大主要手段及战略导向之间,“紧密配合”是宏观经济治理“有效性”的基本要求。例如,为实现“就业优先目标”,需要产业政策的“紧密配合”。“十四五”时期,应“大力完善与就业容量挂钩的产业政策,支持吸纳就业能力强的服务业、中小微企业和劳动密集型企业发展”;“注重发展技能密集型产业,支持和规范发展新就业形态,扩大政府购买基层教育、医疗和专业化社会服务规模”。又如,要实现2035年我国现代化远景目标——“我国经济实力、科技实力、综合国力将大幅跃升,经济总量和城乡居民人均收入将再迈上新的大台阶,关键核心技术实现重大突破,进入创新型国家前列”,“紧密配合”的制造业发展至关重要。为此,我国在《中国制造业发展纲要(2015—2025)》中,已经制定了“制造强国‘三步走’发展战略”:第一步,力争用十年时间(到2025年),迈入制造强国行列;第二步,到2035年,我国制造业整体达到世界制造强国阵营中等水平①,全面实现工业化;第三步,新中国成立一百年时,制造业大国地位更加巩固,综合实力进入世界制造强国前列②。

(三)更有效地实施机制

探索更有效地实施机制,是“宏观经济治理体系”落地生根的基本保证。由于性质和特征的差异,各治理工具和手段之间实施机制存在差异性。例如:

1. 关于“国家发展规划”的有效实施

“国家发展规划”的有效实施,必须加强党中央集中统一领导,建立健全以国家发展规划为统领,以空间规划为基础,以专项规划、区域规划为支撑,由国家、省、市县级规划共同组成,定位准确、边界清晰、功能互补、统一衔接的国家规划体系,建立健全规划实施监测评估、政策保障、考核监督机制。

2. 关于“货币政策”的有效实施

“货币政策”的实施是一个非常复杂的政策制定、执行、传导过程。以“普

① 制造业综合指数超过德、日2012年水平。

② 制造业综合指数达到德、日当期水平。

惠金融”为例,为了以可负担的成本对有金融服务需求的小微企业、低收入人群等弱势群体切实提供适当、有效的金融服务,银监会等十一个部委于2017年5月下发了《关于印发大中型商业银行设立普惠金融事业部实施方案的通知》,要求大中型商业银行设立普惠金融事业部,提出设立专门的综合服务机制、统计核算机制、风险管理机制、资源配置机制和考核评价机制等。这一措施较为有力地促进了普惠金融在我国的全面推广。其他具体货币政策的有效实施,也要探索符合客观实际的运行机制。

3. 关于“财政政策”的有效实施

具体目标的复杂性和手段的多样性,使财政政策实施机制同样变得复杂化。例如,2021年,为进一步以高效能财政资金使用,有效应对前所未有的疫情冲击①,财政部提出“建立常态化直达机制”,完善直达资金管理制度,扩大直达资金范围,健全直达资金监控体系,截至2021年6月底,直达资金已下达92.5%,具备条件的资金全部下达。其他具体财政政策的有效实施,同样要因情进行客观机制探索。

(四)进一步提升宏观经济治理体系的开放性,真正夯实宏观经济治理能力

从十四届三中全会提出“建立健全宏观调控体系”到十九届五中全会“宏观经济治理体系”的形成,是一个不断开放和完善的过程。其间,国家发展规划、就业、产业、投资、消费、环保②、区域等手段和政策逐步被引入,这深刻体现出适宜于新发展阶段构建新发展格局的宏观经济治理的开放性特征要求,

① 努力确保市场主体特别是中小微企业和个体工商户尽可能多地生存下来,从而支撑就业,稳住经济基本盘。

② 一定时期内一些地区在推进生态文明建设和区域经济增速下行压力之间陷入两难选择困境。如何把握好平衡,既防止紧缩效应叠加放大,又不能只顾眼前,放纵损害长期发展的环境污染现象大面积发生的经济高质量增长内生要求是问题的关键所在,使环保政策成为宏观经济治理的重要手段。

也是体现新发展理念的使生态文明建设内化于经济发展全过程的重要创新。同时,依托共建“一带一路”和多双边合作机制,积极主动参与国际宏观经济政策沟通协调,坚定捍卫国家经济主权,提高应对复杂变局的能力,努力在稳步推动更高水平对外开放中营造有利的外部经济环境。宏观经济治理体系开放性的进一步提升,将真正夯实全球化进程中我国宏观经济治理的能力。

二、提高宏观经济治理工具手段的科学性和艺术性

科学性和艺术性是宏观经济治理工具手段有效性的前提。下面以“五年规(计)划”、财政政策、货币政策、消费政策、投资政策等为例进行分析。

(一)进一步增强“五年规(计)划”的科学性

新中国成立以来,特别是改革开放以来,“五年规(计)划”的制定和实施的科学性越来越强。例如,①从“六五”计划开始,从以提高速度为中心向提高效益为中心转变,力图实现速度和效率的统一。②从“十五”计划开始,《计划纲要》的制定公开向社会公众征求意见,增强民主参与度;政府部门开始进行计划执行的中期评估。2014 年,国家发改委首次启动五年规划的后期评估工作。③从“十一五”开始,“计划”改为“规划”,同时,“十一五”规划将增长目标由“约束性”改为“预期性”(22 个指标中,14 个为预期性指标,8 个为约束性指标)。④“九五”计划,首次将产业政策纳入其中,提出要振兴钢铁、煤炭、汽车、建材等产业。[①] 未来的“五年规划”制定和实施将对“科学性”提出更高的要求。

(二)进一步增强财政政策的科学性和艺术性

除了在短期经济运行中的重要作用外,财政政策对经济中长期发展也会

---

① 匡家在:《中国五年计划的演进——制度变迁与经验研究》,人民出版社 2020 年版。

产生不同程度的影响。根据经济形势的变化，适时调整财政政策既是“科学性”表现，也体现出较强的“艺术性”。例如，2009 年，我国及时调高财政赤字率至 2.23%①以应对国际金融危机，比 2008 年增加了 1.83 个百分点，其后，2010 年回调至 1.64%，2011 年降为 1.1%。又如，“中美贸易战”发生后，我国及时再次调高财政赤字率，2018 年为 4.08%，2019 年为 4.91%。受新冠肺炎疫情效应的叠加影响，2020 年财政赤字率为 6.17%。在经济运行持续稳定恢复，稳中加固、稳中向好的情况下，2021 年拟安排财政赤字率回调至 3.2%。

（三）货币政策是一门科学，更是一种艺术

更加明显的“微调”特征，使得货币政策操作对“艺术性”提出了更高的要求，没有“艺术性”就没有“科学性”。如何拿捏好“度”是货币政策“艺术性”的重要体现；切实增强预期管理成为使货币政策更为“科学”的重要途径。

（四）进一步增强消费政策的科学性

“十四五”时期，要通过提升传统消费、培育新型消费、适当增加公共消费，鼓励消费新模式新业态发展，促进线上线下消费融合发展，开拓城乡消费市场，发展服务消费，扩大节假日消费，培育国际消费中心城市等，使“消费政策”更为科学，进一步强化消费对经济增长的基础性作用。

（五）进一步增强投资政策的科学性

“十四五”时期，要通过加快补齐基础设施、市政工程、农业农村、公共安全、生态环保、公共卫生、物资储备、防灾减灾、民生保障等领域短板，扩大战略性新兴产业投资，推进新型基础设施、新型城镇化、交通水利等重大工程建设，支持有利于城乡区域协调发展的重大项目建设，实施川藏铁路、西部陆海新通

① 2008 年财政赤字率为 0.4%。

道、国家水网、雅鲁藏布江下游水电开发、星际探测、北斗产业化等重大工程，推进一批强基础、增功能、利长远的重大项目建设等，使“投资政策”更为科学、合理，切实发挥投资对经济增长的关键作用。

（六）优化跨周期政策设计的原则

跨周期设计是提高宏观经济治理工具手段科学性的重要路径。今后的“跨周期设计”要基于经济周期的不确定性和国内国际经济形势，尽可能延展宏观治理政策的有效期限，稳定社会预期；针对国内国际重大突发事件，健全宏观治理政策的应急评估和灵活调整机制；加强宏观经济治理数据库等建设，提升大数据等现代技术手段辅助治理能力，特别是宏观经济预警能力。

三、强化实施机制的原则性和灵活性

进一步推动规划和政策制定的制度化和开放性、完善评估（考核）机制、强化协同机制，将有助于宏观经济治理能力的有效提升。

（一）进一步推动规划和政策制定的制度化和开放性

要进一步强化中央政府的宏观经济治理职能，完善各宏观管理部门之间的职责分工和相互协调关系。在加强中央政府及相关部门自身宏观经济治理能力建设的同时，积极引入“外脑”，提升宏观经济治理水平。进一步完善五年规划的制度化制定程序——前期研究、制定草案、听取意见、规划衔接、审议批准、公开发布等，以及制度化实施机制——任务分工、年度监测、中期评估、总结评估等。进一步完善货币政策、财政政策等的制度化决策机制，充分发挥专家委员会的作用。

（二）进一步强化规划和政策的协同机制

“十四五”时期，需要编制与国家发展规划相匹配的财政规划和金融领域专项规划，服务于国家发展规划确定的战略目标和任务要求。财政政策和货币政策的具体制定，要在根据经济发展形势，强化逆周期调节的同时，要充分考虑国家发展规划目标等，积极支持国家发展规划确定的重大战略、重大工程、重大项目和重大改革举措，重点支持国家发展规划明确的重点领域和薄弱环节。

要推动年度财政政策与货币政策之间的协同与配合。比如，2021 年，中国宏观经济将更加侧重“稳”和“准”：财政政策强调“更可持续”，即积极的财政政策要提质增效、更可持续，保持适度支出强度；货币政策强调“灵活精准、合理适度”，即稳健的货币政策要灵活精准、合理适度，保持货币供应量和社会融资规模增速同名义经济增速基本匹配。

产业政策的制定要围绕国家发展规划确定的产业发展和结构调整方向展开，合理引导市场预期和市场主体行为。区域政策的制定要围绕国家发展规划确定的区域发展和空间格局优化方向展开，促进形成要素有序自由流动、主体功能约束有效、基本公共服务均等、资源环境可承载的区域协调发展格局。就业、投资、消费、环保等政策均要服从和服务于国家发展规划，强化政策间协调配合，形成政策合力。

（三）进一步完善规划和政策的评估（考核）机制

“十四五”时期，要完善国家发展规划的“多方参与”评估机制；进一步健全“年度监测分析—中期评估—总结评估”的规划评估体系；建立健全适应高质量发展要求的考核评估机制；进一步开展国家发展规划和各类政策的第三方评估；探索面向社会公众的互联网评估方式。

提高国企发展质量
夯实国家治理的经济基础*

党的十九届五中全会首次提出，要“发挥国有经济战略支撑作用”，这是以习近平同志为核心的党中央立足新发展阶段赋予国有经济、国有企业新的光荣使命。发挥国有经济战略支撑作用，必然要求夯实国有企业在国家治理中的经济基础地位。提升国有经济竞争力、创新力、控制力、影响力和抗风险能力，在推进国家治理体系和治理能力现代化进程中彰显国企责任和担当，是国有企业必须回答的时代命题。

一、深刻认识提高国有企业发展质量在推进国家治理能力现代化中的重要作用

党的十八大以来，以习近平同志为核心的党中央着眼于实现“两个一百年”奋斗目标，针对国有企业改革发展和加强党的领导作出系列重要指示批示。习近平总书记强调，国有企业是中国特色社会主义的重要物质基础和政

---

* 本文系中共中央党校（国家行政学院）厅局级干部进修班（第80期）“完善政府治理体系”研究专题一支部第一课题组的课题研究成果。课题组组长刘德军，宁夏回族自治区国资委党委副书记、主任；课题执笔人雷刚，中国航天系统科学与工程研究院党委书记、副院长；课题组成员黄海清，中国光大集团有限公司党委书记、总经理；冯小东，一汽资产经营管理有限公司党委书记、总经理；董莎，国机集团桂林电科院有限公司党委书记、董事长；指导教师：宋世明，中共中央党校公共管理教研部副主任、教授，吕洪业，中共中央党校公共管理教研部教授。

治基础，是我们党执政兴国的重要支柱和依靠力量，是党领导的国家治理体系的重要组成部分，必须坚定不移做强做优做大国有企业和国有资本。这些重要论述深刻阐述了国有企业在推进国家治理体系和治理能力现代化中的战略地位，也为深入推进新时代国有企业高质量发展提供了根本遵循和前进方向。

（一）提高国企发展质量，是始终坚持党的全面领导，成为党和国家最可信赖依靠力量的必然选择

习近平总书记在全国国有企业党的建设工作会议上明确指出，中国特色现代国有企业制度，“特”就特在把党的领导融入公司治理各个环节，把企业党组织内嵌到公司治理结构之中。按照党中央对国企“要成为党和国家最可信赖的依靠力量”的战略要求，首要的就是以提高国企发展质量为根本，做强做优做大国有企业，这是把思想和行动统一到党中央对形势的判断和决策部署上来，把国企打造成为党和国家可信赖依靠力量的必然选择。

（二）提高国企发展质量，是实现治理体系现代化，夯实国家治理能力的重要抓手

国有企业迈向高质量发展既是遵循经济发展规律，不断提升市场竞争力和可持续发展能力的必然选择，也是肩负起建设社会主义现代化强国重任的必然要求。作为我国国家治理体系和治理能力现代化的参与者、实践者和推动者，国有企业必须加快推进高质量发展，尽快在国企改革重要领域和关键环节取得新成效，着力保持国有资本保值增值，持续放大国有资本功能，成为夯实国家治理经济基础的着力点。

（三）提高国企发展质量，是自觉服从服务于国家战略，主动促进经济社会发展的迫切需要

作为践行集中力量办大事、彰显中国特色社会主义制度优势的重要载体，

国有企业特别是中央企业，大多科研基础雄厚、创新资源丰富，在关系国家安全和国民经济命脉的重要行业和关键领域占据重要地位。国有企业大力践行质量变革、效率变革和动力变革，更有助于在发展实体经济、实施科技创新、推动“碳中和”“碳达峰”、提供公共服务和民生保障、实现区域协调发展、构建新发展格局等重大战略中发挥引领和支撑作用。

（四）提高国企发展质量，是有效应对风险挑战，保障国家安全底线的战略前提

当前，以大数据、人工智能、5G等为代表的新技术集群的兴起促使经济体的产业结构发生相应转变，新兴产业发展迅猛，世界格局发生深刻变化，全球产业链重构带来的机遇和挑战，要求国有企业必须胸怀“两个大局”，准确把握国家安全形势变化新特点新趋势，利用现代治理方式推动国有经济高质量发展，增强核心竞争力和技术竞争优势，在解决关键核心技术“卡脖子”问题、打造原创技术策源地、构建安全可控的产业链供应链等方面发挥中流砥柱的作用。

二、准确识别制约国有企业高质量发展的突出问题

党的十八大以来，国有企业高质量发展取得了显著成效，经济规模和综合实力达到新高度。但与立足新发展阶段、贯彻新发展理念、构建新发展格局的要求相比还有一定差距，在推动高质量发展进程中，也暴露出一些突出问题。

（一）中国特色现代企业制度的优势发挥还不够充分

部分国有企业尚未形成有效的法人治理结构，规范的董事会建设尚未完全实现，各治理主体之间关系需要进一步理顺。政企不分、政资不分问题仍然

不同程度存在，部分企业“三重一大”决策管理缺乏有效监督监管，企业活力仍需进一步增强。党的领导融入公司治理的有效方法尚在积极探索中，党建工作服务大局的作用发挥还不够。

（二）国有经济布局和结构还不够合理

当前，国有经济分布仍存在布局分散、产业结构不平衡、高端供给不足等问题。据统计，在 398 个国民经济行业中，国有经济涉足的行业高达 380 多个。中央企业在重化工产业、重型装备制造产业等传统产业资产占比超过 40%，在新能源汽车、人工智能等新兴领域布局尚显不足。大部分产品处于国际产业链中低端，高端设备关键零部件严重依赖进口。

（三）国有企业适应市场竞争的经营机制还不够灵活

适应市场竞争需要的选人用人机制不够完善，企业内部管理人员能上能下、员工能进能出、收入能增能减的机制还没有普遍形成，三项制度改革还需进一步深化落实。现行选任方式与实行分层分类管理、推行市场化选聘、促进人才多元化发展等不匹配的问题没有得到妥善解决。职业经理人制度尚未全面推行，行政任命管理人员偏多，导致干部队伍僵化、消极懈怠等一系列问题。

（四）以管资本为主的国有资产监管体系还不够完善

国有资产监督体制尚不健全，监管有效性、针对性还不够强，国有资产监管中越位、缺位、错位问题依然存在。国资监管各专业领域已经出台的规章、规范性文件还不尽平衡，现行法律法规与改革举措之间还存在一些不衔接、不协调现象。国有资产监管机构对国有企业监管幅度过宽、要求过细，直接管理企业的方式难以适应以公司制股份制为组织形式的深刻变革，严重制约了国有经济主导作用的发挥。

三、深入推进国有企业高质量发展的建议举措

习近平总书记在“七一”重要讲话中强调，要立足新发展阶段，完整、准确、全面贯彻新发展理念，构建新发展格局，推动高质量发展。国有企业要坚持党的全面领导，把制度优势更好转化为国家治理效能，要以更大力度深化国资国企改革，以更实举措推进高质量发展，优化调整布局结构，健全市场化经营机制，完善国资监管体制，充分发挥国资国企稳增长、促发展的“压舱石”“稳定器”作用。

（一）始终坚持“两个一以贯之”，筑牢国企高质量发展的“根”与“魂”

坚持党的领导、加强党的建设，是国有企业的光荣传统和独特优势，是深化国有企业改革的内在要求和现实需要，是国有企业的“根”和“魂”。实现加强党的领导与完善公司治理相统一，是国家治理体系和治理能力的题中应有之义，也是推进国家治理体系和治理能力现代化的内在要求。

一是进一步在完善公司治理中加强党的全面领导。深化落实全国国有企业党的建设工作会议精神，贯彻《关于中央企业在完善公司治理中加强党的领导的意见》，将党建工作总体要求纳入国有企业章程，明确党委（党组）在决策、执行、监督各环节的权责和工作方式，使党组织成为企业法人治理结构的内在的有机组成部分。健全党对国有企业全面领导的体制机制，充分发挥党组织把方向、管大局、促落实的领导作用，明确党委（党组）讨论和决定重大事项的职责范围清单，建立党委（党组）对重大经营事项前置把关的制度机制，规范党委（党组）前置研究讨论重大经营管理事项程序，推动实现党的领导融入公司治理制度化、规范化、程序化。

二是进一步建立和完善中国特色现代企业制度。健全公司法人治理结

构,规范董事会建设,厘清党委(党组)和董事会、监事会、经理层等其他治理主体的职责定位,建立健全权责对等、协调运转、有效制衡的决策执行监督机制。积极探索党管干部原则与董事会依法选择经营管理者、经营管理者依法行使用人权相结合的途径和方法,健全和完善双向进入、交叉任职的领导体制,全面推进党委(党组)书记、董事长"一肩挑",专职副书记应配尽配并进入董事会,充分发挥董事会的决策作用、监事会的监督作用和经理层的经营管理作用,推动中国特色现代企业制度更加成熟定型。

三是进一步推动国有企业全面从严治党向纵深发展。牢固树立"在经济领域为党工作"的理念,将党风廉政建设和反腐败工作与党政中心工作真正融入整体工作大局中。国有企业党委(党组)要履行好管党治党的主体责任,落实新时代党的组织路线,充分发挥国企基层党组织独特党建优势和组织优势,巩固深化"三基"建设,加强党建与业务深度融合,定期召开党委(党组)会专题听取党风廉政建设和反腐败工作汇报、领导班子成员分管领域"一岗双责"落实情况汇报、纪检监察等事项,建立全方位的责任落实体系,推动全面从严治党纵向到底、横向到边,切实提高政治判断力、政治领悟力和政治执行力。

(二)不断健全市场化经营机制,激发国企高质量发展的内生动力

国有企业要尊重市场经济规律和企业发展规律,紧紧围绕激发活力、提高效率,切实深化人事、劳动、分配三项制度改革,加快形成反应灵敏、运行高效、充满活力的市场化经营机制。

一是大力推行高级管理人员任期制和契约化管理。探索"揭榜挂帅""赛马"等机制,稳步推进经理层任期制和契约化管理,探索建设高素质职业经理人队伍,探索推进职业经理人制度。将市场化经营机制覆盖任期管理、目标设置、契约签订到考核兑现、退出管理的各个环节,加快推进传统"身份管理"向

市场化“岗位管理”转变，制度化、常态化推行中层管理人员竞争上岗、末等调整和不胜任退出等市场化用工制度。

二是全面推进劳动用工市场化改革。完善以合同管理为核心、以岗位管理为基础的劳动用工制度，形成与国有企业改革发展相适应的劳动用工市场化机制。优化员工总量与企业经营发展、队伍效能提升等联动机制。建立员工市场化退出机制，依法依规采取多样化的市场化退出方式，持续激发人才队伍活力。

三是健全完善市场化薪酬分配机制。完善与企业效益同向联动的工资总额决定机制，深入推进工资总额分类管理，有序推行工资总额备案制管理。深化内部收入分配制度改革，健全按业绩贡献决定薪酬的分配机制，畅通责任与利益传导机制，完善负责人薪酬决定机制，推动收入分配向对价值创造做出贡献的行业领军人才、高端特聘人才和核心骨干人才等倾斜。

（三）推动优化国有资本布局，提供国企高质量发展的资源保障

《“十四五”全国国资系统国有资本布局优化和结构调整规划》强调，要推动国有资本向关系国家安全、国民经济命脉和国计民生的重要行业、关键领域、重点基础设施集中，向前瞻性战略性产业集中。这为优化国有资本布局结构、做强做优做大国有企业指明了方向。

一是加快实施创新驱动发展战略。聚焦高水平科技自立自强，成为新型举国体制下关键核心技术攻关的中坚力量，围绕工业母机、高端芯片、新能源等加强关键核心技术攻关，着力解决“卡脖子”难题；积极发挥原创技术“策源地”的创新引领作用，加大研发投入力度，加快布局锻造一批基础应用技术、前沿技术和“长板”技术；努力打造创新人才高地，培养一批急需紧缺的科技领军人才和高水平创新团队；努力打造科技创新政策特区，形成“国企+”的创新联合体。

二是积极培育战略性新兴产业。加大国有资本对数字经济、智能制造、生

命健康、新材料等战略性新兴产业的投入力度，为高质量发展集聚势能，使其成为基于创新能力的现代产业链“链长”，实现产业基础高级化、产业链现代化；同时，也要保持战略定力，聚焦主责主业发展实体经济，推动原有支柱产业迈向中高端，提升产业链保障能力和产业体系抗冲击能力。

三是扎实推进战略性重组和专业化整合。进一步聚焦主责主业和国家重大战略，坚持有进有退、有所为有所不为，国有企业在持续推动技术、人才、资金等各类资源要素向主业集中的同时，也要加快完善低效无效资产处置机制，大力推进“两非”剥离，避免盲目投资、盲目扩张、盲目做大。充分借助“一带一路”、国家区域协同发展战略机遇，利用长三角、粤港澳大湾区等重点区域的地方产业发展政策，加强与地方政府、中央企业和先进民企的合作力度，探索合作共赢的资源配置模式，提高产业发展的市场竞争力。

（四）健全以管资本为主的国有资产监管体制，提升国企高质量发展的监管效能

党的十九届四中全会明确要求，深化国有企业改革，完善中国特色现代企业制度，形成以管资本为主的国有资产监管体制。

一是加快转变国资监管机构职能。针对国资监管越位、缺位、错位问题，全方位转变职能。在监管理念上，从管企业转向更加强调基于出资关系的监管；在监管重点上，从关注企业个体发展转向更加注重国有资本整体功能；在监管方式上，从习惯于行政化管理转向更多运用市场化法治化治理；在监管导向上，从关注规模速度转向更加注重提升质量效益，推动国有企业质量变革、效率变革、动力变革。

二是优化管资本为主的手段和方式。针对国资监管行政化色彩浓厚等体制机制僵化问题，坚持授权与监管相结合、放活与管好相统一，聚焦管好资本布局、规范资本运作、提高资本回报、维护资本安全、抓好国企党建重点任务，调整优化监管方式，全面实施清单管理，坚决落实治理主体权责，加强事中事

后监管，加大对国有资产监管制度执行情况的监督检查力度，不断健全监督制度，创新监督手段，严格责任追究，实现监管职能与方式相互融合、相互促进。

三是健全协同高效的国资监督机制。针对国有企业内部无人监督、外部监督不到位的问题，汇集最广泛监督资源，以党内监督为主导，打造纪检监察监督、巡视巡察监督、出资人监督、审计监督、职工民主监督和社会监督的“六位一体”全方位多维度协同监督机制，进一步明晰各自对国企监督职责定位，推动各类监督有机贯通、相互协调，实现监督资源有效整合、监督内容全面覆盖、监督成果及时共享，形成监督闭环，确保不留死角。推动内控措施嵌入业务信息系统，推进信息系统间的集成共享，实现经营管理决策和执行活动可控制、可追溯、可检查。

结　语

适应我国社会主要矛盾变化，不断满足人民对美好生活新期待，战胜前进道路上的各种风险挑战，必须坚持和完善中国特色社会主义制度、推进国家治理体系和治理能力现代化。国有企业作为国民经济的重要载体，未来需进一步提高政治站位，保持战略定力，深入探索实践，持续提高国有企业治理体系和治理能力现代化水平，以国有企业高质量发展助推国家治理体系和治理能力现代化。

普惠金融助力共同富裕：理论逻辑、现实困境与路径选择*

金融治理是国家治理的重要内容。发展普惠金融是我国现阶段和今后较长时期金融治理的重点任务之一。我国全面建成小康社会之后，实现全体人民共同富裕成为党第二个百年奋斗目标的核心内容。在推进共同富裕过程中，普惠金融可以发挥其独特的功能。

一、普惠金融助推共同富裕的理论逻辑

（一）普惠金融与共同富裕的基本内涵

普惠金融的出现源于金融排斥。传统金融由于信奉并盛行“二八定律”，绝大多数金融资源集中在城镇、大企业（企业集团）和富裕人群中，乡村地区、小微企业和低收入阶层的金融需求难以得到有效满足，导致金融服务出现一定程度的排斥性，因此，立足于解决金融排斥、提高金融服务包容性的普惠金

---

* 本文系中共中央党校（国家行政学院）厅局级干部进修班（第 80 期）“完善政府治理体系”研究专题一支部第五课题组的课题研究成果。课题执笔人向恒，中国银行保险监督管理委员会西藏监管局党委书记、局长；课题组成员耿庆庆，中央广播电视总台财务局副局长、总台采购中心主任，郝安平，中央和国家机关纪检监察工委一级巡视员，刘宏海，中国邮政储蓄银行湖南省分行党委书记、行长，石磊，审计署金融司副司长；指导教师，吕洪业，中共中央党校（国家行政学院）公共管理部教授，吴茵，中共中央党校（国家行政学院）公共管理部讲师。

融受到世界各国特别是广大发展中国家的重视,并不断扩展,在实践中丰富其内涵、扩展其外延。普惠金融的“普”反映金融服务的普遍性,它包含服务的普遍性、向弱势群体提供金融服务和产品的多样性以及更加广泛、有效地向弱势群体开展金融知识的宣传普及;“惠”反映“惠民”的意思,包含基础金融服务的便利性、金融服务价格的适当性、建立为弱势群体“增信”的机制及以负责任的方式向消费者提供服务。

共同富裕是社会主义的本质要求和社会公平的重要体现。从经济意义上讲,共同富裕的内涵至少包含以下几个方面:其一,共同富裕是全体人的富裕,不是部分人的富裕,更不是贫富两极分化;其二,共同富裕是有差别的富裕,不是绝对平均主义;其三,共同富裕是一个动态的过程,需要通过经济持续发展来实现和维系;其四,共同富裕不是简单的“劫富济贫”,即穷人变富裕不是靠降低富人的财富水平,而是一个类“帕累托改进”过程。

(二)普惠金融在助推共同富裕中的重要作用

第一,普惠金融可有效促进经济增长,做大全社会财富“蛋糕”。共同富裕的基本前提是富裕。这就要求经济持续稳定增长,社会财富不断增加。推动现代市场经济发展的关键因素之一是资金。金融在资金配置中起着核心作用。普惠金融在较大程度上弥补了传统金融的不足,它通过为传统金融忽视的个人和企业提供针对性服务,来提高他们的金融可获得性,从而提高他们的生产、服务能力,使原本成长缓慢甚至难以成长的客户群体可以更快更好地成长起来。特别是随着大数据、云计算、区块链等新技术的兴起与广泛使用,普惠金融能够让更多的市场主体以更低的成本、更高的效率和更低的门槛获取所需的金融服务,有效提升市场资金配置效率,进而推动投资与消费,促进宏观经济更健康的增长,为共同富裕创造条件。世界银行研究报告显示,“普惠金融对于促进发展……至关重要。大量证据表明,穷人能极大程度地从基本支付、储蓄和保险业务中受益。对于企业,尤其是受到更多约束的小企业和创业企业,获得金融服务的机会与创新、工作岗位的创造和增长密切相关”。从我国的实践看,自 2013 年国家层面正式提出发展普惠金融以来,一系列普支持惠金融发展的政策先后出台,受到各类金融机构(包括正规金融和非正规金融)的积极响应,对小微企业、“三农”领域等的支持力度持续加大,这些领域的经济产出也大幅度增加,对稳增长起到了重要作用。

第二,普惠金融可有效降低经济的不平衡不协调性,促进高质量发展。共同富裕必须建立在经济高质量发展的基础上,而经济高质量的关键是实现充分、平衡、协调发展。宏观经济整体持续增长不意味着经济发展会自动实现平衡和协调,特别是在大的经济体中,资源在空间上存在的天然差异,以及不同地区经济发展的起点不尽一致,甚至不同地区采取的发展策略的差异,导致经济发展中出现区域、城乡、虚拟经济与实体经济等不平衡和不协调的情况,成为共同富裕的“拦路虎”。区域之间的发展差距,主要体现在不同区域之间特别是不同区域乡村之间发展水平的差距;城乡之间的不平衡不协调,主要表现在乡村发展水平普遍低于城市。此种情况不但我国存在,而且从世界银行长期观察的部分代表性发展中国家的情况看,无一例外都存在同样的情况。解决这两类不平衡和不协调问题,关键要解决如何持续稳健提高乡村经济发展水平的问题,而乡村发展最大的要素短板是资金。普惠金融从一开始就把乡村确定为最重要的服务领域,通过建立和完善普惠金融体系,下沉物理网点、创新服务方式、缩短服务链条等办法,使乡村地区能够方便、快捷地获得成本可承受的融资和其他金融服务,促进乡村产业发展,激活广阔的乡村内需。同时,由于发展普惠金融的初衷是打破“二八定律”,让资金进入薄弱领域和弱势群体,成为支持实体经济的源头活水,因此,普惠金融发展得好,有利于缓解资金空转的问题,使虚拟经济和实体经济之间的协调性更好。

第三,普惠金融可实现金融领域的社会公平,为最广大的客户群体提供金融服务。社会公平是共同富裕的本质特征之一,它要求一个社会的各个领域都能够实现公平,包括资源配置、公共服务供给、机会分配等。因此,在顶层制度设计上,必须保证人人享有平等的基本权利。金融公平是普惠金融的主要特点之一。普惠金融的公平性是指金融不能仅仅服务于富人、大企业和发达的城市,而应使所有群体特别是低收入群体、小企业和城市以外的乡村都能有享受合理金融服务的机会,强调金融服务的可得性和平等性。比如在我国广大的乡村地区,大量农民过去长期难以获得良好的金融服务的机会,但在我国大力推进普惠金融建设后,各类金融机构特别是银行机构采取建立可提供低成本、简单业务的实体网点、建立无网点的服务设施(如各种自助机具),或者利用便利店、邮局、超市或其他店铺等建立第三方代理机构,大大扩展了金融产品和服务的可得性,农民普遍可以便捷获得和使用简单金融产品和基础金融服务。受益于技术进步,普惠金融已然进入“数字化时代”,移动互联网、大数据、场景化应用创新及“大数据+人工智能”风控技术等,使广大乡村地区的农民、城市弱势群体和数量众多的小微企业享受更丰富多元、甚至更复杂的金融产品和服务成为可能,将在更高水平上实现金融领域内的社会公平。当然,普惠金融遵循市场原则,对每一个客户的金融资源配置不是简单平均分配,而是根据客户的经营管理情况、财务状况、发展前景、盈利模式、信用状况等,差别化地进行金融资源配置,从而促进弱势群体有差别的财富增长。

第四,普惠金融可为最弱势群体提供有效保障,发挥金融“托底”功能。从国家层面推进共同富裕,一个重要的内容就是从制度和机制上保证社会中最弱势的群体无论在何种情况下,都不会跌入共同富裕的“均线”之下。普惠金融制度中保险机构提供的保险服务,可以有效平滑特殊情况下最弱势群体财富向下的波动幅度。早期普惠金融较少关注保险服务,认为保险对弱势群体提高生产能力和财富水平没有直接促进作用。但事实上保险服务对弱势群体的“保障”意义非常重要。越来越多的人认识到,越是社会中的弱势群体,其承受风险的能力越差,越需要适当的金融产品为其提供风险保障。普惠金融框架下的保险机构,可以为城市低收入群体、农民、小微企业等提供价格适当的保险服务,为弱势群体发挥“托底”功能。

二、普惠金融助推共同富裕的现实困境

(一)对普惠金融的认识存在误区

主要表现在三个方面。第一,认为普惠金融可以同时解决融资难与融资贵问题。这种认识导致在制度设计上,要求普惠金融体系以比较低的资金价格(甚至低于资金的综合成本)加大对弱势群体的融资支持。由于"三农"、城市低收入群体和小微企业本身的还款能力差、财务不规范且缺乏透明度、缺乏担保和抵质押品,为他们提供金融服务特别是信贷服务,将面临远高于传统金融服务的客群的风险。银行机构为了确保其贷款利率能够覆盖贷款成本和风险,必然会提高贷款利率,否则其贷款将面临亏损。为了降低银行的压力,政府通常会为借款人贴息,或者为银行提供补贴,以保证银行的普惠贷款可以长期持续下去。不过,政府往往由于财政的压力而难以长期进行贴息或补贴,银行不得不采取贷款利率风险定价策略,即实施比较高的贷款利率,以保证商业可持续。因此,如果在政策上要求银行机构既为弱势群体持续提供充分的信贷支持,又要求其保持低的贷款利率水平,将使银行难以获得最基本的经济激励,从而可能采取消极应付的行为,减少对弱势群体的金融供给或者降低金融服务质量,极端情况下甚至放弃开展普惠金融业务。第二,简单用融资资金的绝对价格衡量融资成本是否"贵"。这种认识导致各级政府(包括金融监管部门)在制度设计上常常过于关注资金价格,并直接用行政手段干预融资定价。政策制定者通常都希望普惠金融的融资成本向传统金融的融资成本看齐,甚至认为,既然是为弱势群体提供金融服务,那么金融服务的价格最好比传统金融的融资成本更低。这使银行机构在自主贷款定价时面临困难,进而影响信贷决策效率,甚至改变信贷政策。事实上,对弱势群体而言,户均贷款金额通常比较小,且期限也比较短,大多数情况下对贷款利率不敏感,而更关注融资的可得性与时效性，即对客户来说，解决“融资难”问题比解决“融资贵”问题更加重要。第三，认为融资难和融资贵主要是银行体系的问题。这种认识会导致政府在设计和实施政策时容易出现苛责银行的情况，可能引发两种后果，要么银行贷款积极性下降，要么为迎合政府要求而放松信贷标准。其实，在国际上，普惠金融实践已经早已不局限于银行体系，而是扩展到更广泛的银行和非银行金融体系。但在我国，目前无论是政府还是市场，仍习惯于把弱势群体融资难融资贵问题主要归咎于银行。政府部门向银行机构施压，要求加大向“三农”领域、小微企业等的信贷支持的情况仍时常发生。事实上，弱势群体的金融需求特别是融资需求，不应也不能都由银行来满足。比如，一些初创型小微企业，其财务实力弱，管理能力和经验不足，市场前景不易准确判断，就不应当是银行信贷支持的对象，而需要风险投资来支持。

（二）部门间信息分割严重

普惠金融发展需要解决的一个重要问题，是通过便捷掌握充分的信息来为弱势群体客户准确“画像”，从而大幅度降低银行、保险机构“获客成本”，精准为客户匹配产品和服务。弱势群体中的大多数客户接受金融服务少，有些客户甚至从未向银行等正规金融机构申请过融资服务，因此信用积累少，而与信用评级有关的信息分散在政府多个职能部门或公用事业单位，如居民客户的不动产、动产登记信息、违法违规记录、社保与医保账户信息、纳税记录、各类生活缴费等信息，法人客户的工商登记信息、纳税信息、财产登记信息、违法违规信息等，对金融机构评价其信用状况非常重要，但这些信息存在于不同部门，相互之间要实现共享困难重重，银行要方便充分获取信息就更加困难。

（三）新技术的应用不充分

金融排斥或者金融领域的不公平，很大程度上是因为传统的金融技术难以解决为低端客户提供金融服务中的高成本和高风险问题。近年来，以互联网技术为代表的新技术日益广泛的应用，使金融机构在对弱势群体客户授信或者提供保险服务方面，能够极大地提高效率和服务精准度，无论是持牌金融机构还是非持牌的类金融机构，在运用技术方面的成效都是显而易见的。但并不是所有金融机构在技术应用方面都做得比较好，一些"嗅觉灵敏"的银行、保险机构或者类金融机构在运用新技术方面走得较快，且已经取得了成效，而大多数金融机构仍"走在从传统技术到新技术的路上"，刚刚起步的机构也为数不少。另外，与新技术应用相关的一些金融基础设施建设还比较滞后，如乡村地区的互联网应用条件还普遍较差，针对小微企业征信的标准化体系建设尚未起步。

（四）社会信用体系建设不足

普惠金融不是公益行为，也不是慈善捐赠，它必须通过维持适当的盈利水平以保证其商业可持续。如果社会信用体系良好，金融机构的合法权益能够得到充分保护，就可以增强金融机构的信心，促进普惠金融发展；反之，则会抑制普惠金融发展。从我国的实践看，与普惠金融相关的信用体系建设还不充分，一些小微企业、农民、城市低收入群体的信贷违约行为、骗保行为没有得到及时纠正，一些地区的农村还出现群体违约行为，甚至因为政府人员的腐败行为导致普惠型信贷资金被骗，既给开展普惠金融服务的银行、保险机构造成经济损失，也挫伤了金融机构进一步提供服务的积极性。

（五）消费者保护不到位

消费者保护主要包括两个方面的内容。其一是通过对消费者合法权益的有效保护，增强客户对普惠金融服务的信任度，提高客户黏性；其二是对金融消费者进行充分的金融知识宣传教育，提高消费者金融素养。这两个方面做不好，将使消费者的合法权益受到损害，严重影响金融消费体验，也会使普惠金融支持弱势群体提高生产能力和财富增长水平的质量大打折扣。国际货币基金组织监测的情况显示，这一问题在发展中国家普遍没有解决好，我国属于情况相对较好的国家，但离政策目标也还有较大差距。特别是在推进数字普惠金融发展过程中，对消费者保护的内容大大增加，要求更加严格，而各类普惠金融提供机构无论在制度建设、系统建设，还是在机制保障上都远未达到要求。

三、普惠金融助推共同富裕的路径选择

党的十九届五中全会明确了到2035年基本实现社会主义现代化远景目标，提出“全体人民共同富裕取得更为明显的实质性进展”。从现在起到2035年，我国普惠金融发展应围绕促进共同富裕目标来进行，通过科学的顶层设计，为普惠金融助推共同富裕的实现路径做好规划和安排。基于这样的考虑，我们尝试提出如下的推进路径：

（一）制定以助力共同富裕为目标的普惠金融中长期发展规划

在总结2015年发布的《推进普惠金融发展规划（2016—2020）》经验基础上，进一步做好普惠金融中长期发展规划。新的规划应突出三个重点：第一是支持增强经济增长的充分性，即通过对普惠金融质的提升和量的扩张提出明确要求，发挥好对经济增长薄弱领域特别是小微企业的支持作用，从而实现宏观经济整体持续稳健增长，持续提升全社会财富水平；第二是支持增强发展的平衡性，即要更加注重提升普惠金融体系的综合金融服务功能，加大对弱势群体的支持帮扶，特别要注重通过多种金融手段支持乡村振兴，缩小城乡发展差距；第三是支持增强贫富差距的收敛性，即更加注重提高弱势群体的金融服务可得性，提升他们的金融消费意识，通过金融手段帮助他们提升财富水平，缩小收入差距。具体在金融使用方面，应对账户和银行卡的拥有率及安全性、电子支付、普惠小微企业融资产品与服务、农村金融环境建设、绿色金融与普惠金融

的融合发展、保险保障、小微企业和涉农企业资本市场直接融资等进行清晰规划；在金融可得性方面，应对线下服务渠道的稳定畅通和智能化建设、线上（数字）服务渠道建设完善及与线下渠道的协同、融资担保能力建设等进行清晰规划；在金融服务质量方面，应对信用体系建设、金融投诉咨询渠道建设、金融消费纠纷多元化解机制建设、金融知识教育普及、金融消费权益保护法制化建设等进行清晰规划。当然，也必须对普惠金融的商业可持续发展作出科学设计。

（二）发展“数字普惠金融”，大力提高金融服务可得性

传统金融在提高金融服务可得性方面的作用已经发挥得比较充分，进一步提升的空间有限。但基于互联网、大数据、区块链、人工智能技术的“数字普惠金融”在提高服务可得性方面还有巨大潜力。《二十国集团数字普惠金融高级原则》提出了 8 项原则和 66 项行动建议，第一条原则就是强调应用数字技术推动普惠金融发展，改善金融服务可得性。这无疑是我们发展数字普惠金融的良好遵循。从中长期看，应从四个方面着力深化数字技术在普惠金融领域的应用，即稳步提升支付、理财、信贷、保险等各领域智能化、数字化服务水平；加强数字普惠金融风险管理，防控数字技术运用可能带来的算法歧视、诱导不当营销、信息滥用等侵害金融消费者权益的行为；厚植“负责任金融”理念，持续打造数字普惠金融良好生态；推进线上线下服务协调发展，深化银行实体网点服务功能，弥补数字普惠金融的不足和可能出现的失灵，更好地实现功能互补、互促。通过全面提升金融服务可得性，可以极大地增进金融领域的社会公平。当然，强调可得性，也必须强调风险防控，始终注重平衡好运用新技术和防控风险的关系。唯有如此，才能保证普惠金融在支持共同富裕上持续发挥作用。

（三）为普金融发展营造良好的外部环境

要着重在三个方面加大力度。第一是抓紧构建与普惠金融相关的部门间信息共享机制。这一点对传统普惠金融和新兴数字普惠金融都十分重要。只

有把高效且尽可能全面的信息共享机制建立起来，才能大幅度降低银行、保险机构对客户的信用评价成本及全流程风险管控成本。第二是构建数字普惠金融良好生态。逐步完善与数字普惠金融发展相适应的法律法规及监管框架，加强数字普惠金融领域的金融标准建设；加强对大数据、云计算、区块链、人工智能等数字技术的研究运用，构建“生态化、智能化、开放化”的数字普惠金融良好生态，一站式、全方位满足消费者日益增长的多元化金融需求。第三是推进信用体系建设。加强社会信用体系建设，促进信用向资产转变。继续深入开展信用户、信用村、信用乡镇创建活动，培育诚实守信文明风尚。探索对存在不良信用记录的农户和城市低收入家庭开展信用救助和重建，有针对性地帮助其树立正确的信用意识，规范引导其参与借贷和融资活动。

（四）全面加强普惠金融消费者保护

就消费者保护而言，要从两个方面着力：第一是前移关口，做好消费者的金融知识宣传教育。通过主动开展普惠金融知识宣传和教育，提升普惠金融消费者的金融素养，进而提高其自我保护的意识和能力。核心内容包括：宣传普惠金融产品和服务，让消费者充分了解他们可以消费什么，特别要对数字普惠金融产品、服务进行持续深入宣传；开展普惠金融风险知识教育，让消费者具备基本的风险意识，了解金融风险，避免受到欺诈；开展契约意识教育，让借款者诚信消费，维护良好的信用环境。具体工作中，可将金融知识普及教育与德育教育、弘扬社会主义核心价值观相结合，合力推进金融知识纳入国民教育体系。第二是建立健全的消费者权益保护体系。金融监管部门、普惠金融机构都要建立消费者权益保护的组织体系，不断完善消费者投诉处理机制，确保在发生侵害消费者合法权益的行为时，能够迅速做到依法妥善处置。可以预计，随着普惠金融消费者金融素养和依法维权意识的逐步提高，金融纠纷事件会不断增加，给投诉处理带来的压力也会不断加大，因此，需要加快建立和完善多元化金融消费投诉纠纷调解机制，为消费者权益保护提供更多的渠道。

促进全民共同富裕*

一、全民共同富裕的理论渊源、基本内涵、目标及衡量指标

（一）理论渊源

空想社会主义的共同富裕观是科学社会主义共同富裕思想的重要来源之一，这种学说最早见于《乌托邦》一书。经过三百多年的发展，19 世纪的三大空想社会主义者——圣西门、傅里叶、欧文在对新社会的构想中出现了一些共同富裕的成分，成为马克思主义共同富裕思想的直接理论来源。马克思、恩格斯继承空想社会主义合理内核，从唯物史观的视角证明了共同富裕的科学性，科学论证了实现共同富裕的必然性。列宁在继承马恩共同富裕思想的基础上，进一步指出，"在社会主义制度下，全体工人，全体中农，人人都能在决不掠夺他人劳动的情况下完全达到和保障达到富足的程度"①。毛泽东 1955 年

---

* 本文系中共中央党校（国家行政学院）厅局级干部进修班（第 80 期）"完善政府治理体系"研究专题二支部第三课题组的研究成果。课题执笔人臧国平，国家开发银行内蒙古分行党委书记、行长；课题组成员朱学庆，广西壮族自治区民政厅党组书记、厅长，宋胜菊，全国妇联中国妇女活动中心党委书记、主任；指导教师李军鹏，中共中央党校（国家行政学院）公共管理教研部，公共行政教研室主任、教授、博士生导师；井敏，中共中央党校（国家行政学院）公共管理教研部公共行政教研室副主任、副教授。

① 《列宁全集》第 35 卷，人民出版社 1985 年版，第 470 页。

7 月首次明确提出“共同富裕”概念,指出“这个富,是共同的富,这个强,是共同的强,大家都有份”①,并艰苦探索,为实现共同富裕提供了物质基础和宝贵经验。改革开放后,邓小平同志总结经验教训,强调“社会主义的本质是解放生产力,发展生产力,消灭剥削,消除两极分化,最终达到共同富裕”②。江泽民同志指出:“实现共同富裕是社会主义的根本原则和本质特征,绝不能动摇。”③胡锦涛同志也要求:“使全体人民共享改革发展成果,使全体人民朝着共同富裕的方向稳步前进。”④

党的十八大以来,以习近平同志为核心的党中央把逐步实现全体人民共同富裕摆在更加重要的位置,采取有力措施保障和改善民生,打赢脱贫攻坚战,完成了全面建成小康社会的目标,为促进共同富裕创造了良好条件。习近平总书记指出,“共同富裕是社会主义的本质要求,是中国式现代化的重要特征。我们说的共同富裕是全体人民共同富裕,是人民群众物质生活和精神生活都富裕,不是少数人的富裕,也不是整齐划一的平均主义”⑤。这既是对我们党长期以来探索共同富裕之路的科学总结,也为我们党团结带领全国人民朝着共同富裕目标扎实迈进指明了正确方向。

(二)基本内涵

2021 年 8 月 17 日,中央财经委员会第十次会议对共同富裕进行了界定,指出,共同富裕是全体人民的富裕,是人民群众物质生活和精神生活都富裕,不是少数人的富裕,也不是整齐划一的平均主义,要分阶段促进共同富裕,要在高质量发展中促进共同富裕。重点应从以下几个方面把握:

---

① 《毛泽东文集》第六卷,人民出版社 1999 年版,第 495 页。

② 《邓小平文选》第三卷,人民出版社 1993 年版,第 373 页。

③ 《江泽民文选》第一卷,人民出版社 2006 年版,第 466 页。

④ 胡锦涛:《在省部级主要领导干部提高构建社会主义和谐社会能力专题研讨班上的讲话》,人民出版社 2005 年版,第 21 页。

⑤ 习近平:《扎实推动共同富裕》,《求是》2021 年第 20 期。

第一,共同富裕是全体人民都富裕,是全体人民共享发展成果,共同过上幸福美好的生活。第二,共同富裕是高质量的全面富裕,高质量发展与实现共同富裕高度一致,是实现人的全面发展和社会文明进步的全面富裕。第三,共同富裕是有适度差别的共富,是通过科学的公共政策体系,逐步缩小区域、城乡与群体差距并使之处于合理水平。第四,共同富裕是循序渐进的逐步共富,是一项长期艰巨复杂的任务,需要在建设社会主义现代化强国的过程中不断地、逐步地加以解决。同时也是一个从贫穷到富裕再到高层次富裕的过程富裕,应符合历史条件、随着生产力的发展不断充实新内容。

(三)阶段性目标和实现路径

1. 阶段性目标

党的十九大明确提出新时代"三步走"战略,为共同富裕确立了阶段性目标。

(1)"十四五"期间。全体人民共同富裕迈出坚实步伐,居民收入和实际消费水平差距逐步缩小。就业更充分,质量更高,人民生活更富裕,民生福祉达到新水平,城乡人居环境显著改善,人均预期寿命继续提高。初次分配中劳动者报酬占比提高,中等收入群体规模扩大,基本公共服务均等化水平提高,多层次社会保障体系更健全。居民人均可支配收入增长与国内生产总值增长基本同步,劳动报酬提高和劳动生产率提高基本同步,市场主体活力、技术数据等要素潜力、创新创业动力明显增强。脱贫攻坚成果巩固拓展,税收和转移支付体系更合理,户籍改革和社会保障统筹取得实质性进展。

(2)到 2035 年全体人民共同富裕取得更为明显的实质性进展。经济总量和城乡居民人均收入再迈上新的台阶。基本实现国家治理体系和治理能力现代化,人民平等参与、平等发展权利得到充分保障。人均国内生产总值达到中等发达国家水平,中等收入群体显著扩大,基本公共服务实现均等化,城乡区域发展差距和居民生活水平差距显著缩小。

(3)到2050年基本实现全民共同富裕。在基本实现现代化的基础上,再用15年时间,把我国建成富强民主文明和谐美丽的社会主义现代化强国。届时,我国将成为综合国力和国际影响力领先的国家,全民共同富裕基本实现。

2. 实现路径

要实现共同富裕,必须坚持党的全面领导,坚持以人民为中心,坚持基本经济制度,坚持共建共享,坚持改革创新,坚持系统观念,坚持循序渐进,鼓励勤劳创新致富,尽力而为量力而行,深入构建推动共同富裕的体制机制,推动高质量发展。

(四)共同富裕的衡量指标

构建衡量共同富裕的指标体系,需从富裕指标和共同指标两方面着眼,从总体和局部、过程和结果、物质和精神、公平和效率几个方面综合考量。

1. 富裕指标体系:测度总体和效率。具体包括:

(1)总体富裕程度指标。a.人均GDP,客观反映一国(或地区)社会发展水平和发展程度。b.全员劳动生产率,该指标的提高有助于增加劳动报酬。c.劳动人口平均受教育年限,衡量人力资本水平和劳动者素质,是共同富裕的基础要素之一。

(2)物质生活富裕指标。a.恩格尔系数①,该指标越低,说明居民越富裕。b.人均可支配收入,该指标越高,说明居民越富裕。c.劳动报酬占GDP比重,代表劳动者的收入在整体收入中所占比例。

(3)精神生活富足指标。a.文化产业增加值占GDP比重,指标越高,反映国民对文化的消费能力越强。b.国民幸福感指标,重点反映国民的幸福感受与程度。

---

① 恩格尔系数指居民家庭中食物支出占消费总支出的比重。国际上常用恩格尔系数来衡量一个国家和地区人民生活水平的状况。根据联合国粮农组织提出的标准,恩格尔系数在59%以上为贫困,50%—59%为温饱,40%—50%为小康,30%—40%为富裕,低于30%为最富裕。

（4）生活环境宜居指标。a.城镇化率，城镇化能够有效提升全要素生产率，目前我国仍处在城镇化加速阶段，加速城镇化建设是实现共同富裕的重要动力。b.环境质量指数，表征自然环境质量优劣的测度指标。c.单位 GDP 能耗。反映总体能源消费水平，是对经济社会发展可持续的度量。

2. 共同指标体系：测度局部和公平。具体包括：

（1）城乡差距指标。城乡居民收入差距比，能直观反映城市居民与农村居民收入差距程度。

（2）区域差距指标。地区经济发展差异系数，是反映各地区之间经济发展差异情况的指标，能够有效测度地区内差距与地区间差距具体情况。此指标值越大，各地区之间经济发展差异程度越大。

（3）群体收入差距指标。基尼系数①，是衡量居民收入差距的常用指标，越接近 0 表明收入分配越趋向平等。

（4）基本公共服务均等化指标。主要包括基本社会保险参与率、每千人口拥有 3 岁以下婴幼儿托位数、每千人口拥有职业（助理）医师数、义务教育阶段入学率、居民平均受教育年限、居民人均预期寿命等，测度社会基本公共服务情况。

（5）发展成果共享状况指标。重点考虑中等收入群体占比指标、不同行业收入差距指标、最低生活保障与人均收入的比率、人均可支配收入占人均国民总收入比重、相对贫困人口数量占总人口比重，以期反映发展成果的共享程度。

二、全民共同富裕取得的成绩和存在的主要问题

党的十八大以来，我国经济社会发展取得一系列历史性成就，人民生活水

① 基尼系数：是国际上通用的、用以衡量一个国家或地区居民收入差距的常用指标。国际上通常把 0.4 作为收入分配差距的“警戒线”，大于这一数值容易出现社会动荡。

平不断提高,共同富裕也达到较高的水平。

①经济实力大幅提升。我国国内生产总值从2012年的51.9万亿元增长到2020年的101.6万亿元,稳居世界第二。自2010年起连续11年位居世界第一制造业大国。从人类发展指数看,2019年在世界189个国家和地区中,我国排第85位,是联合国引入该指数以来,世界唯一从“低人类发展水平”跃升到“高人类发展水平”的国家。

②脱贫攻坚成果举世瞩目。到2020年底,如期完成新时代脱贫攻坚目标任务,“现行标准下9899万农村贫困人口全部脱贫,832个贫困县全部摘帽,12.8万个贫困村全部出列,区域性整体贫困得到解决,完成了消除绝对贫困的艰巨任务”。[①]

③人民生活水平显著提高。2020年城乡居民人均收入比2010年翻一番,家庭年收入10万元至50万元人口超过4亿,规模世界最大。居民消费水平快速提高,社会消费品零售总额由2012年的20.6万亿元增加到2020年的39.2万亿元,增长90%。住房条件显著改善,2020年我国城镇和农村居民人均住房建筑面积分别为39.9平方米和49.6平方米,高于一些发达国家。

④收入差距持续缩小。城乡居民人均收入差距比从2010年的2.99下降到2020年的2.56。地区之间收入最高省份与最低省份居民人均可支配收入比由2011年的4.62降低到2020年的3.55,是进入新世纪以来的最低水平。不同群体之间居民收入差距总体缩小,我国基尼系数由2008年最高时的0.491,波动下降至2020年的0.468。

⑤区域协调发展呈现新格局。京津冀协同发展迈向更高水平,长江经济带生态环境保护发生转折性变化,粤港澳大湾区建设持续推进,长三角区域一体化进程加快,黄河流域生态保护和高质量发展扎实起步,西部大开发、东北全方位振兴、中部地区崛起、东部率先发展等区域协调发展战略正在深入实

① 习近平:《在全国脱贫攻坚总结表彰大会上的讲话》,《人民日报》2021年2月26日。

施,特色鲜明的高质量发展区域布局正在形成。

⑥城镇化水平持续提高。截至2020年末,我国常住人口城镇化率和户籍人口城镇化率分别超过60%、45%,城市和建制镇数量分别增长到687个、2.1万多个,基本形成以城市群为主体、都市圈为依托,大中小城市和小城镇协调发展的城镇体系。

⑦基本公共服务水平显著提升。九年义务教育全面普及,中西部和农村教育明显加强,高等教育正在由大众化阶段进入普及化阶段,毛入学率2020年达到54.4%。公共卫生服务机构和卫生服务人员数量大幅增加,覆盖城乡居民的社会保障体系基本建立,人均预期寿命2019年达77.3岁,比世界平均水平高4.7岁。农村地区生产生活条件显著改善,行路、吃水、用电、通信、上学、就医等难题得到历史性解决。

在取得巨大发展成就的同时,也必须清醒认识到,推进共同富裕还面临诸多挑战。一是经济发展不平衡不充分问题仍然突出。在不平衡方面,全国31个省市人均GDP,2013年最高是最低的4.27倍,2017年是4.5倍,2020年是4.93倍,正在逐步扩大;超过平均数的省份,2013年14个,2017年11个,2020年10个,正在逐步缩小。在不充分方面,从人均GDP、城镇化率等富裕指标看,我国与发达国家相比还有较大提升空间。二是城乡区域发展和收入分配差距较大。虽然我国基尼系数近年来呈波动下降态势,但仍高于国际警戒线;个体、群体、阶层差异仍然较大,有待进一步缩小。三是民生保障存在短板。义务教育、公共卫生和社会保障等直接关乎基本民生的财政投入与发达国家相比仍有较大差距。四是基本公共服务均等化不足。城乡、区域差别依然较大。五是发展方式还需深入转变。我国2020年环境质量公报显示,全国生态状况指数值51.7,生态质量“一般”。六是精神文明建设还需强化。中华优秀传统文化的传承弘扬机制有待完善,文化资源在区域、城乡、群体之间配置不够均衡,等等。

三、全民共同富裕的政策建议

实现全民共同富裕是一项长期的历史任务。本文立足于促进共同富裕长远目标的实现,针对当前存在的问题,提出要坚持和加强党的领导;要统一思想认识,全面准确把握共同富裕内涵;要持续“做大蛋糕”,更要“分好蛋糕”;要统筹推进物质生活富裕和精神生活富裕协调发展、不可偏废五个政策建议。

(一)坚持和加强党对全民共同富裕的领导

坚持党的集中统一领导,抓住关键核心与难点问题,加大协同推进力度。我们建议,一是成立中央共同富裕专项领导小组,党和国家领导人任组长,强化共同富裕战略的组织领导。二是设立若干工作组,具体包括:促进共同富裕工作组、缩小城乡差距工作组、缩小群体差距工作组、缩小区域差距工作组,可由发改委、乡村振兴局、民政部等部门牵头,也可成立国务院区域协同发展办公室,负责缩小区域差距工作。

(二)统一思想认识,全面准确把握共同富裕内涵

目前社会大众对共同富裕存在不少误读误解,比如,有的认为共富等于均富,有的对“第三次分配”产生忧虑,有的只想搭共同富裕的便车,等等。全面准确理解和认识共同富裕,重点是把握好两个“是”、两个“不是”、一个“要”,即共同富裕是全体人民的共同富裕,是人民群众物质生活和精神生活都富裕,而不是少数人的富裕,也不是整齐划一的平均主义,要分阶段促进共同富裕。针对各种认识误区,要进一步加强舆论引导,为促进共同富裕提供良好舆论环境。

(三)持续把共同富裕的“蛋糕”做大

一是发挥改革创新的重要作用。做好产权保护、要素配置等基础性制度

保障,激发各领域创新活力,不断解放生产力,为促进全要素生产率提高打好基础。二是持续优化营商环境。着力打造公平公正的法治环境、高效便捷的政务环境、诚实守信的信用环境、开放开明的人文环境、优质完善的要素保障环境,其中需要重点建设好诚信环境和法治环境。三是发挥好民营企业的重要作用。为民营企业发展提供更公平、更具活力的市场条件,引导民营企业扩大就业、增加收入、激活市场。四是发挥好开发性金融、政策性金融的重要作用。以合理、差别化的绩效考核机制,鼓励开发性金融针对社会薄弱环节、民生领域提供大额长期低成本的资金支持。

(四)为人民群众分好共同富裕"蛋糕"

1. 着力缩小城乡差距

一是推动城乡公共服务普惠共享。加大农村基本公共服务投入,推动城镇公共服务和社会事业实现乡村全覆盖,推动公共服务配置均等化。二是激活农村土地要素市场。在坚持稳定土地承包关系的基础上,逐步形成所有权、承包权、经营权三权分置,推进农村土地资源流转。三是增强农民参与市场的信心。打造服务"三农"的多层次人才体系,适度超前进行"职业化农民"培训;通过深化农村领域改革,构建长效政策机制,引导农民向土地、知识等要素市场要效益,提高农民增收致富能力。

2. 着力缩小区域差距

一是加强区域联动发展。科学制定产业布局政策,发挥比较优势,推动形成东中西部雁型产业布局,形成良性联动产业发展格局。二是注重完善生态补偿。健全多元化、市场化、动态化生态补偿机制,适时启动生态补偿立法工作,构建多领域生态补偿政策体系。对承担较多生态环境保护责任的地区,建立科学的价格调节和收益补偿制度,增加合理的财政转移资金。三是创新完善土地政策。探索在经济欠发达地区,推动土地政策调整为"以省域自行平衡为主、在对口帮扶省和本省范围内调剂为辅、国家适度统筹为补充,落实补充耕地任务”，逐步建立跨区域的土地补充机制。

3. 着力缩小群体差距

一是提高劳动收入在初次分配中的比重。建立居民收入增长和经济发展同步、劳动报酬增长和全要素生产率提高同步的机制。加大劳动立法和监察力度，加强劳动者法律教育，切实保障劳动者的合法权益。二是加强立法保障二次和三次收入分配。健全直接税体系，进一步减轻中等以下收入者税负。加强对高收入者的税收调节和监管，适时开征遗产税与房产税，依法做到应收尽收。推动社会救助、慈善事业立法，积极培育慈善组织，加大参与慈善捐赠的税收抵扣力度。三是针对不同群体采取不同策略。完善“保低”“扩中”“调高”收入分配机制，保障和激励各类群体参与分享共同富裕。

4. 着力缩小基本公共服务差距

一是加快推进基本公共教育均等化。推动普惠性学前教育基础设施建设，重点保障农村地区和二孩三孩政策新增适龄儿童的学前教育需求。强化继续教育和职业教育，满足社会发展需求。二是完善基本医疗保障制度。逐步扩大城乡医疗保险覆盖面，缩小城乡医保待遇差距。加强基层卫生服务投入和人才培养，大力提高医疗卫生机构标准化建设水平，加快发展远程医疗，提高卫生资源配置均衡性。三是提升基本社会服务水平。探索建立社会福利清单制；逐步扩大社会救助覆盖面；健全养老服务体系建设，应对人口老龄化问题；丰富基本公共文化服务内容，加强基础设施投入。

（五）促进精神生活共同富裕

加强社会主义精神文明建设，推动形成适应新时代要求的思想观念、精神面貌、文明风尚、行为规范。树立主动就业、劳动光荣、勤劳致富、创新致富的价值观，推动理想信念教育常态化、制度化，强化社会主义核心价值观引领，加强爱国主义、集体主义、社会主义教育，持续开展中国特色社会主义和中国梦宣传教育，大力弘扬中国精神。传承弘扬中华优秀传统文化，推动中华优秀传统文化创造性转化、创新性发展，发展社会主义先进文化。大力推进公共文化场馆、公共体育设施等免费开放；广泛开展全民健身运动；深入推进全民阅读；健全现代文化产业体系和市场体系，持续完善覆盖城乡的公共文化设施网络和服务体系，不断满足人民群众多样化、多层次、多方面的精神文化需求。

加快推动能源绿色低碳发展*

应对气候变化已成为国际社会共识和自主行为，目前世界主要国家和地区陆续提出了“零碳”或“碳中和”气候目标。2020年9月22日，习近平总书记在第七十五届联合国大会一般性辩论上宣布，中国将提高国家自主贡献力度，采取更加有力的政策和措施，二氧化碳排放力争于2030年前达到峰值，努力争取于2060年前实现碳中和。习近平主席向世界作出的郑重承诺，彰显了我国应对气候变化、调整产业和能源结构的决心与担当。这是党中央经过深思熟虑作出的重大战略决策，事关中华民族永续发展和构建人类命运共同体。

习近平总书记指示，实现碳达峰、碳中和是一场广泛而深刻的经济社会系统性变革，要把碳达峰、碳中和纳入生态文明建设整体布局，拿出抓铁有痕的劲头，明确时间表、路线图、施工图，如期实现2030年前碳达峰、2060年前碳中和的目标。能源是经济社会发展的动力，是国民经济和社会发展的重要物质基础，能源绿色低碳发展对我国碳达峰、碳中和目标实现意义重大、影响深远，要立足中国国情，统筹好化石能源和非化石能源协同发展，注重核心关键

---

* 本文系中共中央党校（国家行政学院）厅局级干部进修班（第80期）“完善政府治理体系”研究专题二支部第四课题组的研究成果。课题执笔人李忠军，国家能源集团龙源电力集团股份有限公司党委书记、董事长；课题组成员许晓伟，国务院参事室参事业务一司司长；韩芳，中国电信集团有限公司审计部总经理；王志勇，海南电网公司董事、总经理、党委副书记；张刚，华润集团有限公司法律合规部总经理。指导教师：李江涛，中共中央党校（国家行政学院）公共管理教研部副主任、教授。

技术的革命性颠覆性作用,加快构建现代化能源体系,为碳达峰、碳中和的实现贡献能源解决方案。

一、深刻认识能源绿色低碳发展的重要意义

(一)当前世界能源消费结构、碳排放水平

BP世界能源统计年鉴显示,2020年世界能源消耗总量为556.63艾焦(EJ,1EJ=10^{18}J),约190亿吨标煤,石油、天然气和煤炭是世界各国主要的能源消费品种,分别占能源消耗总量的31%、24%和27%,此外,核能、水电和可再生能源等清洁能源总计占能源消耗量的18%左右。从表6-1可以看出,1995年至2020年,除国际金融危机冲击下的2009年和新冠疫情影响下的2020年等个别年份,其余年份能源消耗量总体呈上升态势。

表6-1 1995—2020年世界能源消费情况 (单位:EJ)

年份	油	煤炭	天然气	核能	水电	可再生能源
1995	142.37	93.45	75.99	23.22	24.86	2.00
1996	145.49	95.68	79.79	24.07	25.20	2.03
1997	149.37	95.51	79.32	23.90	25.66	2.19
1998	149.92	94.91	80.78	24.31	25.87	2.31
1999	152.69	95.32	83.07	25.24	26.06	2.46
2000	154.39	98.73	86.38	25.81	26.52	2.64
2001	155.73	100.29	87.54	26.37	25.67	2.74
2002	157.09	104.23	90.13	26.61	25.98	3.12
2003	160.58	113.36	92.63	25.91	25.77	3.39
2004	166.66	121.22	96.19	26.91	27.49	3.88
2005	168.15	130.20	98.83	26.81	28.24	4.38
2006	169.97	137.05	101.42	26.98	29.13	5.02

续表

年份	油	煤炭	天然气	核能	水电	可再生能源
2007	172. 23	144. 81	105. 55	26. 26	29. 45	5. 93
2008	170. 46	146. 78	108. 13	26. 02	30. 96	7. 11
2009	167. 12	144. 57	105. 91	25. 49	30. 72	8. 16
2010	172. 53	151. 21	113. 78	25. 99	32. 25	9. 63
2011	174. 19	158. 47	116. 49	24. 75	32. 66	11. 08
2012	176. 64	159. 08	119. 54	22. 91	33. 84	12. 60
2013	178. 54	161. 97	121. 49	22. 95	34. 99	14. 38
2014	179. 65	162. 50	122. 40	23. 28	35. 68	16. 04
2015	183. 63	158. 64	125. 22	23. 46	35. 38	18. 10
2016	186. 87	156. 61	128. 11	23. 66	36. 38	20. 11
2017	189. 50	157. 40	131. 53	23. 74	36. 60	23. 06
2018	191. 33	159. 26	138. 16	24. 13	37. 37	25. 88
2019	191. 89	157. 64	140. 54	24. 93	37. 69	28. 82
2020	174. 20	151. 42	137. 62	23. 98	38. 16	31. 71

分地区看，如表 6-2 所示，中美洲、南美洲和欧洲的清洁能源利用更多，达到或接近其总能源利用量的三分之一。中东、非洲和亚太地区能源消费以煤炭、石油、天然气等化石燃料为主，化石燃料消费量占其总能源消费量的85%以上。其中，亚太地区的煤炭消耗量最大，煤炭消耗占其总能源消耗量的50%以上。

我国是目前能源消费量最大的国家，2020 年总能源消费量 145. 46 艾焦（49. 64 亿吨标煤），占世界总能源消费量的 26%。我国的能源消费以煤炭为主，2020 年煤炭消费量占全国总能源消费量的 56. 8%。根据国家统计局数据，随着中国持续的能源低碳转型努力，高碳排放的煤炭消费占比由 1980 年的 72. 2%下降到 2020 年的 56. 8%；零碳排放的可再生能源发电占比由 2010 年的 1. 7%提高到 2020 年的 11. 5%。

表 6-2　2020 年全球各地区能源利用情况

地区 能源种类	北美	中、南美	欧洲	独联体	中东	非洲	亚洲和太平洋
油	36. 39%	40. 54%	33. 80%	22. 07%	43. 12%	38. 67%	26. 47%
天然气	34. 40%	20. 02%	25. 25%	52. 20%	54. 56%	29. 63%	12. 23%
煤炭	9. 18%	5. 65%	12. 18%	13. 94%	1. 05%	22. 10%	47. 68%
核能	7. 74%	0. 88%	9. 64%	5. 22%	0. 19%	0. 74%	2. 29%
水电	5. 76%	22. 40%	7. 54%	6. 35%	0. 62%	6. 81%	6. 47%
可再生能源	6. 53%	10. 51%	11. 59%	0. 21%	0. 45%	2. 03%	4. 87%
合计	100. 00%	100. 00%	100. 00%	100. 00%	100. 00%	100. 00%	100. 00%

（二）碳排放对气候和环境的影响

工业革命以来的人类活动导致地球气温异常地快速上升，这已经是主流科学界的共识，根据 NASA 的数据，目前全球地表平均气温相比 1880 年高出约 1. 2℃，远超出此前一万年地球平均气温的正常波动区间。化石燃料燃烧、毁林、土地利用变化等人类活动造成的二氧化碳排放增加是全球变暖的主要原因，全球变暖给气候和环境带来了广泛而巨大的影响。现在每年人类的碳排放还在持续增长，将对自然环境和人类造成普遍、严重且不可逆转的损害。而要限制全球变暖的危害，必须快速降低全球的碳排放。

（三）能源绿色低碳发展的战略意义

碳达峰、碳中和目标愿景的提出将中国的绿色发展之路提升到新的高度，成为中国未来数十年内社会经济发展的主基调之一。近年来，中国正在寻求更具可持续性、包容性和韧性的经济增长方式，碳达峰、碳中和要求中国建立健全绿色低碳循环发展的经济体系，建立清洁、低碳、高效、安全的现代化能源生产和消费体系。总体而言，中国在经济基础、思想认识和技术保障等方面，已经具备了实现2030年前碳排放达峰的客观条件。同时，碳减排有利于中国的国家安全。2020年，我国石油的对外依存度73%，天然气的对外依存度43%，如果未来因为战乱或者其他原因，马六甲海峡进口路线不畅，中国的能源供应和经济发展将受到重大影响。如果中国的能源结构主体从碳基能源变成光伏和风能等新能源，那么马六甲海峡就不再是被控制的咽喉要道。因此，控制碳排放、增加新能源在能源结构中的比重，从长期来讲，是国家安全战略非常重要的考量之一，是维护我国国家利益的重要措施。

二、双碳目标下能源绿色低碳发展面临的挑战和机遇

（一）能源供给结构将面临革命性变革

与我国经济社会发展阶段同步，能源系统经历了“有没有”“够不够”“好不好”的发展阶段，正步入解决“绿不绿”的新型发展阶段。摆脱目前严重依赖石油、天然气、煤炭为主要一次能源来源的能源生产结构，实现能源结构清洁低碳化，需要大力发展新能源、构建以新能源为主体的新型电力系统，这是一项艰巨而复杂的任务。

我国的能源生产结构中煤炭占比是世界平均水平的3倍左右，石油占比不到世界平均的50%，天然气占比不到全球的1/3。未来，可再生能源特别是新能源将大规模开发利用，逐步取代传统化石能源在能源体系中的主导地位。2020年，中国发电装机达到22亿千瓦，发电装机以火电为主，占比达到56.59%，风电、太阳能装机分别占比12.82%和11.55%。但在全年发电量中，火电占比达到70%，风电和太阳能以24%的装机容量仅提供了不到10%的发电量贡献，火电作为基础电源的地位短期不会改变。在推进“碳达峰”“碳中

和”进程中，必须统筹好安全与发展、发展与减排之间的关系，协调好保障国家能源安全和履行碳减排职责之间的关系。

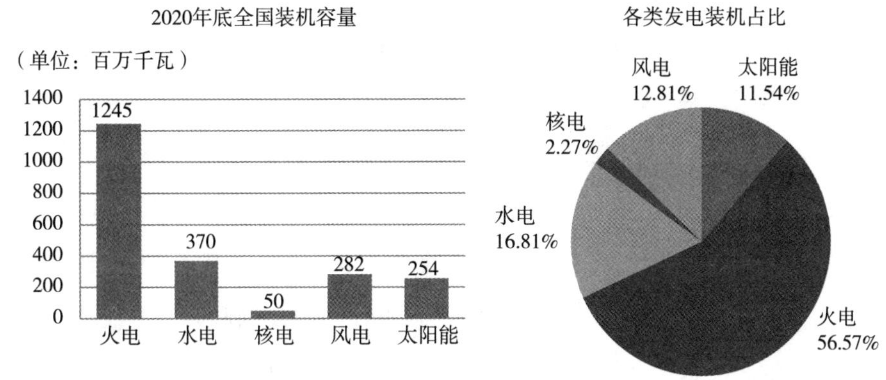

图 6-1　2020 年中国电力装机情况

（二）能源领域绿色低碳相关的关键技术将面临重大挑战

应碳达峰、碳中和要求推进能源绿色低碳发展，需要突破新能源高效开发、多能转换、先进储能、能源系统控制、碳捕集利用与封存等领域的新技术，推动能源系统向着更加智慧、更加开放、更加高效、更加友好的方向演进。从新能源高效开发角度看，新能源技术和装备研发能力与能源发展需要还存在差距，大型海上风电装备、低成本陆上风电与光伏发电利用技术、低成本大容量储能技术、网源荷储一体化分布式城市零碳综合能源工程技术、风光火储一体化大型多能互补综合能源工程技术等需要持续发力。从电力系统建设角度看，传统电力系统是以省和区域为主体的超特高压电力系统，呈现中大机组、特超高压、大型系统的典型特征。未来以新能源为主体的新型电力系统，将更加转向分布式、高比例新能源接入和高比例电力电子设备大量应用，为消纳新能源和确保系统安全，应对随机性、波动性和间歇性问题，需要足够的电力系统以调节灵活性。

（三）推动能源绿色低碳发展的体制机制急需完善

实现“双碳”目标是一场广泛而深刻的经济社会系统性变革，需要强劲的政府推动力和完善的监督体系推动执行，确保低碳发展战略从中央到地方到企业逐级落实。第一，适应双碳战略的制度体系和监督体系尚需完善。“双碳”目标的实现触及多领域多行业主体的利益，利益的冲突与协调需要法治手段，如碳排放规制。从目前情况看，我国现有立法尚未能满足“双碳”目标实现的实际需求。同时，促进低碳发展的监督约束机制尚不完善，如作为经济监督力量的审计监督尚未建立完整的低碳审计组织体制和有效的工作机制，低碳审计的制度依据和标准体系不够健全。第二，适应绿色低碳发展的市场体系需要进一步完善。绿色电力市场交易政策尚不完善，未完全形成市场化定价机制。可再生能源直购电在弃风弃光省份已可以开展交易，但在东部高用电负荷省份仍面临政策障碍。大部分没有弃风弃光的省份，可再生能源仍未获准参与电力直接交易。同时，我国绿色电力证书在政策设计上存在一定缺陷，绿证与绿电并未实行捆绑交易，存在重复计算的问题。

三、加快推进能源绿色低碳发展的实施路径

以习近平生态文明思想为指导，深入贯彻落实党中央、国务院关于“碳达峰”“碳中和”的系列决策部署，全面落实“四个革命、一个合作”能源安全新战略，立足新发展阶段，坚定不移贯彻新发展理念，坚持系统观念，统筹处理好发展和减排、整体和局部、短期和中长期的关系，统筹能源绿色低碳发展和安全保障工作，科学有序和稳妥推动“碳达峰”“碳中和”。

（一）大力发展新能源产业，大力推动电能替代

坚持集中开发与分布式并举，科学开发新能源资源。我国风电和太阳能

的分布极不均衡，优质资源主要集中在三北地区、青藏高原等地区，而负荷中心主要在中东南部地区。因此，一方面要尽可能地发展分布式能源，把屋顶资源充分利用起来，分散开发就地消纳；另一方面，必须规划建设好新能源基地项目，统筹规划好新能源开发格局和电源输送通道，牢固树立全国“一盘棋”理念，协调好中央和地方、整体和局部、东部和西部、能源生产与消费、碳生产与碳排放的关系，加快构建协同高效的新能源开发格局。

科学布局大型风电、太阳能基地。谋划全国风电、太阳能资源开发布局，合理规划跨区域新能源输送通道建设，在东北、内蒙古西部、宁夏、甘肃、青海、新疆、西藏等地区规划大规模新能源基地，同步规划新能源输送通道。稳步开发海上风电资源。加快推进“十四五”规划及2035年远景目标明确建设的广东、福建、浙江、江苏、山东五大海上基地，在海上风电开发上加强规模化、协同化，提高海域资源使用效率，形成规模化开发、建设、运维优势，降低投资成本，促进海上风电事业健康可持续发展。加强系统调节能力建设，大力推进抽水蓄能电站和调峰气电建设，推广应用大规模储能装置，提高系统调节能力。

推进能源消费观念转变，全面推进电能替代和节能提效。一是倡导节能型社会建设，牢固树立生产、生活绿色低碳理念，把节能指标纳入生态文明、绿色发展、绿色生活等评价体系，合理控制能源消费总量。二是加强能效管理，加快高耗能行业用能转型，修订房地产、建筑行业开发规范，提高建筑节能标准，广泛应用冷热电三联供、地源热泵等技术，降低建筑能耗。三是继续深化电能替代，支持“以电代煤”“以电代油”，推动电锅炉、电动汽车、港口岸电等新技术、新设备；积极发展清洁电能取代油和气，有效控制终端油气消费增长速度，推进清洁能源供暖工作，推动电制氢技术应用。

（二）加大科技攻关力度，推动绿色低碳技术实现重大突破

以科技创新为引领，面向世界科技前沿，加大科技投入和攻关力度，加强战略性、颠覆性的先进低碳技术研发攻关，开展“碳达峰”“碳中和”重大软课

题研究,积蓄绿色低碳转型持续动能。

坚持创新驱动发展战略,大力提升电网的灵活性、稳定性和数字化水平,加快推动电力系统向适应大规模高比例新能源方向演进。一是推动电网技术进步。针对新能源技术本身存在的不足和缺陷,推动形成由新能源功率预测专业机构组成的商业领域。二是推动数字化技术在新型电力系统中的广泛应用。建成一体化电网运行智能系统。以数字化手段应对清洁能源比例快速提升、电力电子设备大量接入和用电精细化管理等新挑战,促进能源生产、运输、消费统一调配和协同发展。三是提升储能技术,实现规模化应用。加强电芯性能、电芯一致性、BMS 管理性能、结构设计稳健性、热管理能力、系统机械和电气保护策略等方面的科技投入,建立健全储能技术标准化组织。四是推动新业态、新模式发展。制定和落实鼓励科技创新的各项政策,发挥企业创新主体作用,深化产学研用协同创新。加强电力新方法和新技术标准制定,鼓励火电机组灵活改造、储能、氢能、碳捕集等核心关键技术研发创新,鼓励新模式、新业态发展,为构建新型电力系统提供技术保障。

加大新能源技术和装备研发创新力度。重点突破规模化海上风电、低成本陆上风电与光伏发电利用技术。大力提升新能源工程应用技术能力,研究大型海上风电装备与风电场建设运营技术,开展漂浮式海上风电核心关键技术与开展工程示范,实现漂浮式海上风电样机的设计、建造、运输、安装、并网,推动风机控制系统及风场集控系统全国产化。

(三)建立健全绿色低碳能源政策体系和市场化机制

1. 健全"双碳"目标配套法律法规和政策体系

促进"双碳"目标达成,需要有为政府为市场制定相关法律、订立规则,保障市场信息透明,确保市场的公正、公开性。强化宏观政策机制的战略引领作用,分阶段稳步推进立法工作。首先,制定出台《能源法》,在修订《电力法》、生态环境保护、资源能源利用、国土空间开发、城乡规划建设等领域法律法规时，将实现碳达峰、碳中和目标纳入立法内容，为碳达峰碳中和提供法律保障。其次，以《大气污染防治法》第二条“大气污染物和温室气体协同控制”为依据，制定相关配套办法，回应两类物质协同控制的需求，建立协同控制的具体制度、管控标准、纠纷处理程序。最后，鼓励有条件的省、直辖市、自治区在修改或制定有关植树例、绿化、生态文明建设高地、碳排放权交易管理等方面的条例或规章时，设置促进碳达峰、碳中和实现的倡导性条款。适时启动《气候法》或《气候变化法》的立法工作，对气候变化相关问题进行原则性、统领性规定。

2. 加快完善促进低碳发展的监督约束机制

建立健全覆盖各治理主体，包括督查、审计、纪检监察、巡视巡察等监督方式，涵盖党内监督、政府监督、企业内部监督及社会监督等监督主体的立体监督工作体系。加快低碳监督法律法规和标准体系建设，为依法监督提供制度依据和标准规范。建立由排放环境标准、碳监测计划、碳排放规划、碳核算制度等共同构成的相关监管机制。建立“政府审计+内部审计+社会审计”三位一体的低碳审计体制，加强低碳审计的顶层设计，提高低碳审计能力。

3. 加快构建和完善碳交易、碳金融市场

加快建立电碳市场机制，强化电碳的市场导向作用。一是推动电力市场与绿证市场、碳市场协同发展，通过绿证市场体现新能源环保属性，通过电力市场实现成本的有效疏导，充分反映能源的“碳价值”和“电价值”，规范价格形成机制，畅通成本疏导渠道，利用价格信号引导全社会节能降碳。二是健全新型电力系统容量分摊机制，充分反映不同电源品种对于电力供应保障的支撑作用，确保承担备用容量的常规电源得到有效补偿，推动新能源逐步承担系统备用责任，解决新能源间歇性、波动性带来的容量保障问题。三是加快完善适应现代市场的政策体系，通过合理的碳价格形成机制可引导更多社会资源投入减碳行动。

充分发挥绿色金融作用，助力能力绿色低碳转型。未来 10 年到 15 年时间,我国在可再生能源、能效、零碳技术和储能技术等领域面临巨大资金投入,投资规模超过20万亿元;实现2060年碳中和目标,需要投资70万亿元。要加大绿色金融政策支持力度,加快完善绿色金融制度和标准体系,扩大绿色金融改革创新试验区范围,给予金融机构和实体企业相关贴息、补贴、担保、增信、税优、央行再贷款和业绩评价倾斜等政策便利,激励绿色金融高质量发展。

4. 加快推进适应新能源快速发展的电力市场建设

完善绿色低碳电力调度机制。研究制定适应高比例新能源发展的电力安全供应保障方案,确保电力稳定可靠供应。加快构建新型电力系统,实施电力系统各环节的数字化升级改造,提升复杂电力系统安全水平。完善区域间电力互济机制。加快推进长三角电力市场交易中心建设,为区域性电力市场建设提供先行示范,逐步构建全国统一电力市场,实现电力资源自由流通和优化配置。加快完善电价机制,建立合理的峰谷、尖峰和深谷电价机制,充分反映电力商品时间价值,引导各类用户科学合理用电。进一步深化调峰、调频、备用等辅助服务市场建设,加快容量市场、合约市场等配套市场建设,通过合理补偿进一步激励调峰机组参与辅助服务。研究出台自备电厂参与电力系统辅助服务指导意见,全面承担公用电厂义务,明确可再生能源消纳责任。研究出台储能设施成本疏导机制,鼓励抽水蓄能电站、新型储能投资主体多元化,理顺储能设施运行管理体制和电价形成机制。不断完善需求侧响应激励机制,通过虚拟电厂等方式聚合需求侧可调节资源,引导用户提升用能用电弹性。

四、加快能源绿色低碳发展的思考与建议

(一)坚持全国一盘棋理念,做好能源绿色低碳发展顶层设计

碳达峰、碳中和是一场广泛而深刻的经济社会系统性变革,就中国而言,不是某一个省份、某一个地区的达峰或中和,也不是某一个行业、某一个企业

的达峰或中和，而是国家层面的各地区、各行业总体的、全面的达峰和中和。在推进能源绿色低碳发展中，必须坚持全国一盘棋的观点，任何一个地方、行业、企业，都要在国家总体碳达峰碳中和方案框架下，制订自己的方案，要自觉与国家整体战略目标、步骤合拍、同频，不能自说自话，脱离国家整体战略安排“闭门造车”制订“自家”的碳达峰碳中和方案，泛泛地说提前多少年实现碳达峰和碳中和，于中国总体碳达峰碳中和而言没有实际参考价值。

能源绿色低碳发展在中国碳达峰、碳中和战略中占有极为重要的地位，在此过程中涉及能源供给、消费、技术、体制的革命性变革，需要从国家层面加强顶层设计，在碳达峰、碳中和时的能源消费总量、能源结构、能源布局、系统集成、关键技术攻关、电力市场、碳市场构建等方面，做好战略布局和总体规划。在此基础上，统筹做好各地区、各部门、各行业的能源碳达峰碳中和实施方案，做到目标导向、结果导向。

（二）统筹能源绿色低碳发展与能源安全保障的关系

在当今电气化、信息化、数据化高度发达的时代，电力对经济、社会发展的各方面和人类衣食住行构成了深刻的影响，可以说人类社会一刻也离不开电力支持，电力安全水平关乎国计民生基础，保障能源安全至关重要。风电、太阳能等新能源的随机性、不稳定性、间歇性特点是电力供应安全风险的主要根源。如前所述，能源绿色低碳发展、能源结构调整、以新能源为主体的新型电力系统的构建不是一蹴而就的，当前及今后相当长的一段时间内，化石能源作为能源系统的基础地位和支撑性作用不会改变。近年来，全球能源供应紧张带来的问题和安全威胁，为我们能源绿色低碳转型发展之路敲响了警钟，让我们对能源领域实现碳达峰、碳中和过程的复杂性、艰巨性和长期性有了更为准确、客观的认识，促使我们更加注意统筹处理好能源绿色低碳发展与安全保供的关系。

在绿色低碳发展过程中，能源安全保供方面让人担心的因素来自几个方面:一是对能源安全保供认识不足。有些政策在部门之间、地区之间协调不够,导致某些时段基础能源和燃料供给不足,不能满足经济社会发展的需要,以至于出现拉闸限电问题。在“新鞋子”做好之前,不要急着把“旧鞋子”扔。二是“一刀切”和“运动式”减碳。绿色发展、低碳发展就要不断提高能源效率,降低碳排放强度和单位能耗水平,但减碳、降碳绝不是降低生产能力,或者说为了减碳而减碳。不能为了阶段性指标控制或者满足减排指标要求而拉闸限电、限制用能,这种不切实际、不负责任的做法和倾向要坚决遏止。更不能不顾实际而采取行政命令的手段,层层分解任务目标来实现减碳、降碳。三是对新型能源系统建设盲目乐观,认为能源绿色低碳发展只是简单的由风电、光伏替代煤电,忽视新型能源系统需要的技术支撑和储能系统支撑,从而带来能源安全系统性风险。在新能源发展上要遵循电力系统建设规律和坚持实事求是的原则,合理把握建设和开发节奏,注意电源与电网建设的协调,避免无序发展和盲目扩张,进而给电力系统带安全稳定风险,或者造成弃风弃光等资源浪费。

(三)更好发挥政府在能源绿色低碳发展中的作用

能源绿色低碳发展是一场深刻的革命,涉及面广,牵一发而动全身,在此过程中必须发挥好政府的主导作用,统筹发展与安全,坚持总体规划,有序推进。“有形的手”要在“统筹”上更好发挥作用:一是制定碳达峰碳中和整体时间表、路线图、工程图,减少个体和局部的盲动和冲动,避免一哄而起、一哄而上。如有的地区和单位提出的短期内宏伟的新能源发展目标,拟开发规模超出了上游产业的供给能力,导致上游产品价格飞涨,严重影响了能源绿色低碳发展的进程和效率。二是在能源转化效率研发、智能电网、储能、氢能等关键技术突破上要加以引导和协调,减少不必要的低水平重复投资和资源浪费,实现社会效益最大化。如在氢能、储能的研发上,目前是群雄并起、各自为战,低水平重复项目投资不在少数,如何更好地加以引导和发挥合力,需要深入思考。三是政府要主导资源富集省份的风电、太阳能资源合理有序开发,一方面应避免把资源当成“筹码”“唐僧肉”去“交易”,这样容易导致市场主体的混乱,并影响资源的合理利用。另一方面要充分认识到新能源的开发是传统能源的绿色低碳替代,新能源的大比例消纳是以火电为主要电源提供调峰补偿和辅助服务为前提的,因此,在新能源资源开发上应优先支持传统能源企业的绿色低碳发展。四是要引导发电企业理性对待新能源产业的发展。在当前风电、太阳能平均上网的情况下,按照现有风机和太阳能组件价格测算,投资收益率已大幅降低,对民营企业已没有吸引力,新能源项目投资以国有企业为主。在项目争取过程中,个别国有企业为了扩张规模,不计成本、不计回报地抢占资源或是并购项目,一定程度上破坏了新能源投资的可持续健康发展,扰乱了市场秩序,甚至形成了国有企业之间恶性竞争,这样的现象应引起主管部门的重视并加以协调解决。

结　语

改革开放和电力体制改革以来,能源产业获得了跨越式发展,为中国经济的持续快速发展提供了坚强有力的能源保障。在双碳目标下,能源迎来了绿色低碳转型的战略机遇和挑战,能否成功关系到双碳目标的实现。相信中国能源企业一定能够不负党中央的信任和时代的重托,谱写出更为壮丽的新能源乐章,为碳达峰、碳中和做出应有的贡献!

加快推进国际一流营商环境建设*

优化营商环境，是党中央、国务院根据新形势新发展新要求作出的重大决策部署，是增强微观主体活力、释放全社会创新创业创造动能的重要举措，是健全政府管理体系、推进国家治理体系和治理能力现代化的重要内容，也是进一步扩大对外开放、发展更高层次开放型经济的重要保障。习近平总书记强调，营商环境是企业生存发展的土壤。中国将继续针对制约经济发展的突出矛盾，在关键环节和重要领域加快改革步伐，以国家治理体系和治理能力现代化为高水平开放、高质量发展提供制度保障。要以习近平新时代中国特色社会主义思想为指导，营造国际一流的营商环境，坚持站位全局，深刻认识到优化营商环境是疫后重振和高质量发展的长远之策、制胜之道，切实增强责任感、使命感、紧迫感，推动我国营商环境发生根本性变化，实现整体性好转，成为要素集聚的“磁场”、企业发展的“沃土”、投资兴业的“宝地”、现代治理的“样板”。

一、深化营商环境建设重要性的认识

解放思想没有穷期，深化认识没有止境。学思践悟习近平总书记重要讲话

---

* 本文系中共中央党校（国家行政学院）厅局级干部进修班（第 80 期）“完善政府治理体系”研究专题二支部第九课题组课题成果。课题执笔人曹松，湖北省供销合作总社党组书记、主任；课题组成员；杨海萍，新疆自治区人大常委会副秘书长，指导教师赖先进，中共中央党校（国家行政学院）公共管理教研部副教授。

精神，要有更高站位认识，把习近平总书记重要讲话精神，作为加快打造国际一流优化营商环境的行动指南和具体实践。要充分认识优化营商环境的极端重要性，把优化营商环境作为推进疫后重振的重要抓手、对冲应急性政策调整影响的重要举措、推动高质量发展的必然要求。

——优化营商环境就是育动能，稳增长。“投资环境就像空气，空气清新才能吸引更多外资。”一个地区要发展，短期靠项目，中期靠政策，长期靠环境。当前，外部环境稳中有进，稳中有忧，我国经济社会发展任务仍然很重、困难仍然很多。把握“时”和“势”，有效应对复杂多变国际环境，应对下行压力，做好“六稳”工作，更需要稳住实体经济，加快新旧动能转换，优化营商环境。优化营商环境就是解放生产力、增强竞争力。营商环境是最重要的软实力、核心竞争力。营商环境的好坏，直接影响一个地区经济发展的质量和速度。优化营商环境是建设现代化经济体系、实现新旧动能转换、推动经济高质量发展的重要基础。优化营商环境就是提高投资率，是创新要素快速集聚的“吸铁石”，是激发创新创业的磅礴“众”力量，是引领高质量发展的动力源。世行认为，良好的投资环境可以促进经济增长和创新，好的营商环境可以使经济体投资率增长0.3%，GDP增长率增加0.36%。优化营商环境就是全球竞争的又一主战场。优化营商环境是最重要的软实力、核心竞争力。

——优化营商环境就是突破国际“规”“锁”，扩开放。当今世界正经历百年未有之大变局。疫情之下，全球形势波诡云谲。国际上面临美国拉帮结派搞对华“规则”遏制，疫情下全球经济复苏形势仍然扑朔迷离。美元发行持续无度，大宗原材料商品价格面临上涨压力。在国内，内需动力疲弱，产品和供应链“锁定”在低端领域，短板和风险隐患犹在。在这样一种国内外各种矛盾与问题交错制约下，迫切需要加强体制性、制度性变革，加强与国际通行经贸规则对接，建设国际一流营商环境。

——优化营商环境就是破障碍，促改革。着力解决企业投资经营和群众创业办事门槛多、手续繁、成本高，严重抑制市场活力，制约经济社会发展的痛点、堵点、难点问题,破障碍、去烦苛、筑坦途,为市场主体添活力。响鼓重锤、久久为功,打好优化营商环境的攻坚战和持久战。

——优化营商环境就是增便利,保民生。争取民生更实。为人民群众增便利,享受环境红利。扩大新增就业,促进居民收入与经济同步增长。解决上学难、群众看病难、看病贵,住房难、房价贵的问题。推进服务模式创新。深入推进政务服务标准化、规范化、便利化,实现同一事项无差别受理、同标准办理。推出便民服务举措。着力破解异地就医报销难、车检难、公证难等问题。

二、一流营商环境建设面临的主要问题

近年来,我国持续深入推进“放管服”改革,降低市场运行成本,推动经济高质量发展,营商环境建设取得了显著成效。但与国际一流营商环境建设目标相比,还面临不少问题,主要表现为:

——办事效率低,国际化差距。尽管我国营商环境持续改善,但在《营商环境报告2020》中,有2个指标依然明显靠后,制约了一流国际营商环境建设。2019年,纳税一级指标全球排名105位;获得信贷指标全球排名80位。项目审批难、落地难、推进慢是制约营商环境的一个关键因素。在“办理施工许可”等方面表现不够理想。实行并联审批,推出联合审图、联合竣工验收,立项到审批少则半年,多则一年,有的企业办理项目审批手续,从选址批复开始到开工建设用时达两年之久。深化信用体系、保护投资者、执行合同、办理破产、便利跨境贸易等重点领域的改革。

——思想冰层厚,便利化差距。解放思想不到位,因循守旧,胆子不大,步子不快。我们有的部门虽然提出了“最多跑两次”服务理念,但投资项目审批全方位优化、全流程提速,商事制度改革“商事登记一张网”,公民个人办事“简化办、一证办、网上办、就近办、全时办”不到位。部门实质授权不到位,部门之间工作不协同,部分单位的办事窗口仅仅是“收发室”,办事企业和群众

来回跑，多处跑，“两头受理、体外循环”的现象不同程度存在。

——政策落实难，市场化差距。地方政策多，虽然出台了一系列优惠政策来吸引企业进行项目投资建设，但是，承诺的税费减免等相关优惠政策到兑现时，雷声大，雨点小，存在减少或取消优惠的情况。有的企业家表示，他们并不在乎税费方面的优惠政策，只是希望不要随意承诺，承诺就要践诺，否则就会造成企业对投资环境的担忧，有损企业的发展意愿。

——规制不健全，法治化差距。简政放权触及部门权力时，相关部门抱住法律法规规定说事，“雷池越不得、奶酪动不得”的观念在一些部门领导思想中根深蒂固。有的企业反映“脸好看、门好进、事难办”，“张三推李四，李四推赵五”，互相推诿扯皮情况还不同程度存在。有的能办的拖着办，可办可不办的不给办。遇到问题绕着走、躲着走，下级部门请示工作没有答复、没有音信、装聋作哑。部门派驻窗口人员不符合规定，还存在轮岗、顶岗现象，影响到窗口服务质量的提升，影响了窗口服务的形象。

——干部作风差，现代化差距。一些同志对优化营商环境认识不深，对经济转型发展信心不足，在经济新常态下，还有许多不适应。有的同志消极怠政，不怕不亲，只怕不清，不敢也不愿深入企业，接触企业家；有的同志用会议落实会议，用文件落实文件，用表态代替行动，实则语言上的巨人、行动上的矮子；有的同志也到企业转一转，但蜻蜓点水，走马观花，不解决实际问题。种种表现，归根结底还是作风问题，典型的“中梗阻”。深入企业，需要实实在在、真真正正为企业，为投资者排忧解难，遮风挡雨，保驾护航。

三、加快国际一流营商环境建设的对策措施

学思践悟习近平总书记重要讲话精神，是加快打造国际一流优化营商环境的行动指南和具体实践。要加快打造便利化、法治化、国际化的一流营商环境，让中国继续成为中外企业投资发展、合作共赢的热土。

第一,加快“六转”。即从拼资源、拼政策转向拼环境、拼质效;从重硬件转向重软件;从重“物”转向重“人”;从“政府端菜”转向“企业点菜”,变“政府思维”为“企业视角”;从重制发文件转向重抓政策落实、项目落地;从重自我感受转向重市场主体和群众感受。

第二,对标“三化”。一是全面法治化。建设公开、透明的法治环境,保护合法者权益。特别是知识产权,更需要公平、公正地进行监管,反垄断,反不正当竞争,依法办事。聚焦整顿和规范市场秩序,依法打击侵犯知识产权、制售伪劣商品、恶意欠薪、强买强卖、强揽工程、欺行霸市等破坏投资环境不法行为,为项目建设和企业生产经营创造良好的政商法治服务环境。二是接轨国际化。尊重国际营商惯例,加强同国际经贸规则对接,加快出台外商投资法规,完善公开、透明的涉外法律体系,加快对外开放步伐。主要是国民待遇加负面清单开放环境,内资外资、民营企业一视同仁。为企业国际贸易打造零跑动、零收费、零限制的快速通关渠道。三是实现便利化。全面梳理“马上办、网上办、就近办、一次办”政务服务事项目录,公布省、市、县三级网办事项,“一次办好”事项,让数据多跑路、群众少跑腿。

第三,加快一个供给:以优化制度供给持续推进营商环境革命。打造高效便捷的政务环境,弘扬“店小二”精神,强化服务意识,以企业评价为第一评价,以市场主体感受为第一感受,宁可自己麻烦,也要让市场主体和群众方便,让服务对象从政务服务中感受到营商环境的变化,用“软环境”抵消“硬成本”。

第四,实现一个目标:以高效办成一件事为目标。推进跨部门、跨层级、跨地区的业务流程再造与系统重构,加快“一网通办、一窗通办、一事联办、跨省通办”。

第五,深化一个改革:审批改革。压缩财产登记办理时间,优化用水用电用气服务,促进行业协会、商会等社会组织健康发展。企业开办时间再减一半。推行“互联网+企业登记”,让企业开办“零见面”。项目审批时间再砍一半。在全省工业园区推行“标准地+告知承诺”制改革,工业建设项目50个工作日内取得施工许可。“政务服务一网通办”。深化“一网一门一次”改革。高频便民服务事项,实现从“网上办”到“掌上办”。加快实现“最多跑一次”。推进重点领域全省一套流程通办,不动产登记“一次叫号排队、一次提交材料、一次受理办结”的一窗式集成办结模式,实现房屋交易管理、税收征缴、不动产登记“一窗受理、集中服务”,实现“最多跑一次”,极大提升企业和办事群众的获得感。

第六,减轻企业负担。加快要素价格市场化改革。要打造公平竞争的市场环境,以政府有为,推动市场有效、企业有利、社会有序。市场准入要公平透明,无差别全面实施市场准入负面清单制度,大力营造各类市场主体蓬勃发展的热带雨林式的营商环境。

第七,审慎包容监管。实施容错机制清单化管理,与时俱进提高监管能力,防止资本无序扩张和垄断经营;发挥政府表率作用,扎实推进社会信用体系建设。

第八,依法平等保护产权。“执法司法公平公正,各类产权所有者才能安心经营、放心投资、专心发展。”要打造依法办事的法治环境,推动“找关系”向“讲法治”转变,依法平等保护产权和合法权益。各级政府要做到法无授权不可为、法定职责必须为,坚决切断利益驱动式执法源头;精准把握执法司法力度和温度,最大限度减少执法司法活动对企业正常生产经营的影响;善于运用法治思维和法治方式,抓好地方性法规、规章和规范性文件立改废释工作。要打造循环畅通的开放环境,对标世行标准和国际惯例,借鉴外地好做法好经验,逐项找差距、抓改进。

第九,推进制度型开放,认真贯彻《外商投资法》,加强与国际通行经贸规则对接,健全外商投资促进和服务保护体系;推进大市场、大平台、大通关建设,打造航空“双枢纽、多支线”,引进培育外贸头部企业,持续提升贸易功能、口岸功能、服务功能。

第十,抓住决定性因素。一是抓思想观念。以思想破冰引领发展突围,解放思想、更新观念,向发展聚焦、为发展开路。二是抓干部作风。构建“亲清”政商关系,大力整治不作为、乱作为、慢作为等问题。三是抓社会协同。人人都是环境。“人人都是营商环境,人人都有责任。”各地各部门要各负其责、形成合力,既要招商引资,又要安商、稳商、惠商,把企业服务放在离市场最近的地方,确保优化营商环境各项部署落地见效。要对标国内一流营商环境,攀高附强,全国哪里最优最快,就学习复制哪里经验。

第十一,常态化开展评价。一是明确原则。要立足中国国情,在学习借鉴国际营商环境评价方法的基础上,本着国际可比、对标世行、中国特色原则,抓紧建立营商环境评价机制,加快构建具有中国特色的营商环境评价体系。二是抓正反两典型。经验要复制推广,教训要举一反三。全方位、全领域、全过程对标对表一流,以自我革命的精神、刀刃向内的勇气,推进政府部门业务流程再造和系统重构。要落地落实见效,把市场评价作为第一评价、企业感受作为第一感受、群众满意作为第一标准,一切奔着解决问题去,从企业反映最强烈的问题改起,从企业最不满意的地方抓起。系统介绍中国营商环境评价方法,全方位展现我国优化营商环境工作取得的积极成效,更好总结宣传推广各地区、各部门优化营商环境的典型经验做法,切实发挥中国营商环境评价以评促改、以评促优的积极作用,大力推动全国范围营商环境持续改善,客观反映参评城市深化“放管服”改革、优化营商环境工作的改进提升过程,全面汇聚参评城市一大批实践证明行之有效、人民群众满意、市场主体支持的改革举措和典型经验,集中呈现各重点领域的最佳实践、改革方案和路线图,向社会多角度、多方位展示全国优化营商环境的原创性、差异化探索,充分发挥标杆城市的示范引领作用,促进各地相互学习借鉴,推动改革举措落地生根并复制推广,全面提升我国的营商便利度。三是完善指标体系。着眼“三个维度”。第一个维度衡量企业的全生命周期,第二个维度反映城市的投资吸引力,第三个维度体现城市的高质量发展。紧盯一级指标。七个指标是:开办企业、工程建设项目报建、房产交易登记、用水报装、用电报装、用气报装、获得信贷。同时努力提升反映城市投资吸引力的关键指标(市场开放度、政府采购、获得物流、获得信贷、保护少数投资者、劳动力市场监管);着力提升体现城市高质量发展的企业信心、政务服务、知识产权保护、信用监管、市场环境等指标。关注二级指标。一级指标决定方向,二级指标决定成败,参评指标、观察指标也要同等对待。我省抓二级指标主要是一一对应,落细落效,做到"四减""两增":减流程、减时间、减材料、减成本,增"指数"、增"满意度"。四是定期发布《中国营商环境报告》。在扎实推进中国营商环境评价工作的基础上,每年发布《中国营商环境报告》,能够成为对标对表党中央、国务院决策部署的"政策库",全面展示我国优化营商环境成果的"白皮书",学习复制推广典型经验做法的"经验集",鼓励各地区、各部门勇于探索创新以评促优的"光荣榜",狠抓政策落实、以评促改的"推进器",促进各方交流互鉴,广泛凝聚社会共识,不断增强工作合力,进一步推动形成各地区、各部门竞相优化营商环境的生动局面,加快打造市场化、法治化、国际化、便利化一流的营商环境。

第十二,加强组织协同,加强组织领导。深化"放管服"是一场刀刃向内的自我革命,领导力度决定环境高度。坚持以上率下,实心实政,领衔督战,亲自出征;坚持较真碰硬,层层传导,问题导向,落细落小;坚持严字当头,敢字得先,干字为要,实字托底。推进部门协同。坚持"谁主管谁负责",加强法律"立改废释",做好数据联通,打破信息孤岛,总结典型示范,营造宣传氛围,努力增强基层企业和群众的知晓度、获得感。建立五个机制。要建立部门专题联席制度、现场推进制、季度督查通报制、暗访暗查暗拍制、评价约谈制。

专题二:公共服务改革

健全以基本公共服务为重点的公共服务体系*

健全以基本公共服务为重点的公共服务体系，推进基本公共服务均等化，是我国保障和改善民生的重要内容。党的十九届五中全会决议提出，要“健全基本公共服务体系”。《中华人民共和国国民经济和社会发展第十四个五年规划和2035年远景目标纲要》提出，要“健全基本公共服务体系”，“健全国家公共服务制度体系”，“加快补齐基本公共服务短板”，“提高基本公共服务均等化水平”。

一、基本公共服务体系与基本公共服务均等化的内涵

（一）基本公共服务的内涵与内容

公共服务是政府的主要职能。公共服务是以政府为主的公共部门提供的，满足社会公共需求、供全体公民共同消费与平等享用的公共产品和服务。公共服务可分为基本公共服务和非基本公共服务两大类。

基本公共服务是以政府为主的公共部门为人民群众提供的基本民生保障，是以全体社会成员分享改革发展成果为目标的制度安排，包括保障人的基

---

* 本文作者李军鹏，中共中央党校（国家行政学院）公共管理教研部公共行政教研室主任，教授、博士生导师。

本生存权、基本能力、基本健康需要的公共服务。基本公共服务的主要组成部分是基本教育公共服务、基本医疗公共服务、基本养老公共服务、最低生活保障、基本住房保障等内容。基本公共服务是一定社会经济发展条件下公民应该享有公共服务的“最小范围”的边界,是公共服务最基础与核心、最应得到充分保障的部分。非基本公共服务主要是混合公共服务,或政府为满足更高层次的社会公共需求而提供的公共服务与产品,如高于社会保险水平的社会福利等等。

基本公共服务的特征有以下几点:一是基本权利。基本公共服务属于国家必须保障和满足的基本公共服务权利,包括基本生活水准权利、受教育权、健康权、社会保障权、文化权利、住房权等。二是基本需求。基本公共服务必须满足公民生存权和发展权的基本需求,如基础教育、公共卫生、社会保障需求等。三是正外部性。基本公共服务具有很强的正外部性。四是公平性。五是渐进性。基本公共服务必须与一个国家的经济发展水平和财政承受能力相适应,随着经济社会发展而逐步提升其水平。

基本公共服务体系是在公共服务理念指导下,依据公共服务政策而形成的基本公共服务系统,是由各种保障和实现公民公共服务权利的公共服务组成的完整体系。根据具体领域,基本公共服务体系主要包括基本教育公共服务体系、基本公共医疗卫生服务体系、基本社会保障体系、基本公共住房保障体系、基本就业服务体系、基本文化体育服务体系、基本民政服务体系等内容。

(二)基本公共服务均等化的内涵

基本公共服务的供给以均等化为主要原则。基本公共服务均等化是指全体公民都能公平可及地获得满足基本权利与基本需求的、结果大体均等的基本公共服务。

基本公共服务均等化包括结果均等(水平一致或结果大致均等)、能力均等(又称过程均等,考虑到由于城乡居民个体能力的差异而享受有差异的基本公共服务)、机会均等(保障每个公民都有公平享有基本公共服务的途径与机会)、需求均等(底线均等,基本需求都能满足,又称“标准人需求”)等内涵。

实现基本公共服务均等化的主要手段是财政投入均等化、财政能力均等化、水平公平均等化、公共服务供给标准化、基本公共服务制度规范化与法治化。

二、2035 年基本实现现代化对基本公共服务体系建设提出的新要求

(一)到 2035 年,我国将基本实现现代化、迈向高收入国家和中等发达国家行列的新形势,要求加快健全高质量基本公共服务体系

从国际上已经迈入中等发达国家行列的一些国家来看,除了人均国民生产总值达到 2 万美元之外,中等发达国家一般还具有如下特征:一是经过二次分配之后的贫富差距缩小,基尼系数普遍在 0.26—0.35 左右。二是产业结构多在中高端,科技创新能力普遍较强,全球创新指数普遍在 50.50 左右,研发支出占国民生产总值的比重普遍在 2.5%以上。三是基本公共服务体系完善。人类发展指数处于超高人类发展水平,人文发展指数普遍在 0.85 以上,人均预期寿命、平均受教育年限、健康期望寿命等指标均处于高水平,公共教育服务体系、公共医疗卫生服务体系、社会保障体系健全度与质量很高。四是高度重视现代信息技术与智能技术的运用,推动数字化转型。

(二)美好生活新时代要求完善高质量基本公共服务体系

中国特色社会主义进入新时代,要求根据人民日益增长的美好生活需要健全基本公共服务体系。人民美好生活需要的核心是提升生活品质,让全体国民享有发达生活质量,促进生活品质现代化。要以人民群众的美好生活需求为导向健全高质量基本公共服务体系,加强民生保障,推进基本公共服务均

等化，促进共享发展。

（三）构建新发展格局要求健全高质量基本公共服务体系

构建新发展格局的关键，就是要坚持扩大内需这个战略基点，加快培育完整内需体系，形成强大国内市场。从供给侧管理来看，政府要重视“供给创造需求”的引领作用，推动产业链、价值链完善基础上的产品质量升级，以高质量的产品满足人民群众对品牌、服务、质量、安全等方面的需求；同时要以人民群众生活圈直径和人口覆盖率为可及标准，广泛高质量建设公共服务设施，打通供给制约瓶颈、以优质公共服务供给引领消费。从需求侧管理来看，要健全政府高质量生活管理功能，完善公共服务型消费。同时，要稳定外需，完善政府制度型开放促进功能。

（四）城市文明占主导地位的新时代要求健全高质量基本公共服务体系

城市文明新时代要求政府统筹城乡发展、区域发展，努力实现基本公共服务常住人口全覆盖，将农民工和其他城市常住非户籍人口纳入公共服务需求；完善城市公共服务设施，推动城镇公共服务向农村延伸，推进县乡村公共服务一体化，实现城乡基本公共服务均等化与一体化。

（五）营造国际一流发展环境要求健全高质量基本公共服务体系

营造国际一流发展环境，关键是关注高质量经济社会发展指标匹配性，使经济发展高质量与社会发展高质量、基本公共服务体系高质量相互衔接。我国地方政府竞争日益体现为环境竞争、政府服务竞争与公共服务竞争。

（六）高水平市场经济要求健全高质量基本公共服务体系

在市场决定性作用条件下，基本公共服务均等化有利于实现公平和效率的统一。基本公共服务均等化可以弥补收入分配方面的市场失灵，防止贫富差距过大。

三、基本公共服务体系建设的理论基础与实用分析工具

（一）马克思主义的“社会共同需要论”

马克思主义的“社会共同需要论”揭示了基本公共服务的实质是社会共同需要，核心是以人为本，目标是全体社会成员的全面发展，手段是国家出资对公共服务对象毫无例外地提供普遍服务。

马克思在《哥达纲领批判》一书中批判拉萨尔关于社会主义社会中劳动者应当得到“不折不扣”的“劳动所得”的观点时指出，社会总产品在进行个人分配之前，必须先作六项扣除：一是用来补偿消费掉的生产资料的部分；二是用来扩大再生产的追加部分；三是用来应付不幸事故、自然灾害等的后备基金或保险基金；四是和生产没有直接关系的一般管理费用；五是用来满足共同需要的部分，如学校、保健设施等；六是为丧失劳动能力的人等设立的基金。① 其中，一般管理、学校与保健等共同需要、保险与救灾等方面的支出，是由政府来履行的。

马克思主义理论是以给全社会成员谋福利作为最高宗旨的。社会共同需要首先是全体成员的福利需要、教育需要与发展需要。马克思主义十分强调实现收入分配、受教育等社会权利的公平，恩格斯指出，要“由国家出资对一切儿童毫无例外地实行普遍教育”，这“是一件公平的事情，因为每一个人的无可争辩地有权全面发展自己的才能”②。

---

① 《马克思恩格斯选集》第3卷，人民出版社1995年版，第302—303页。

② 《马克思恩格斯列宁斯大林论共产主义社会》，人民出版社1958年版，第9—11页。

（二）习近平总书记关于健全基本公共服务体系的重要论述

健全基本公共服务体系、推进基本公共服务均等化是习近平新时代中国特色社会主义思想的重要内容。习近平总书记关于健全基本公共服务体系的重要论述继承和发展了马克思主义的“社会共同需要论”，提出要坚持在发展中保障和改善民生、健全基本公共服务体系、推进基本公共服务均等化。

2021 年 2 月 20 日，习近平总书记在党史学习教育动员大会上的讲话中指出：“历史充分证明，江山就是人民，人民就是江山，人心向背关系党的生死存亡。赢得人民信任，得到人民支持，党就能够克服任何困难，就能够无往而不胜。要教育引导全党深刻认识党的性质宗旨，坚持一切为了人民、一切依靠人民，始终把人民放在心中最高位置、把人民对美好生活的向往作为奋斗目标，推动改革发展成果更多更公平惠及全体人民，推动共同富裕取得更为明显的实质性进展。”习近平总书记指出：“政府的职能和作用主要是保持宏观经济稳定，加强和优化公共服务，保障公平竞争，加强市场监管，维护市场秩序，推动可持续发展，促进共同富裕，弥补市场失灵。”要在发展中补齐民生短板，促进社会公平正义；要坚持共享发展理念，推进城乡公共服务全面覆盖，“统筹城乡义务教育资源均衡配置，整合城乡居民基本养老保险制度、基本医疗保险制度，推进城乡最低生活保障制度统筹发展，稳步推进城镇基本公共服务常住人口全覆盖，把进城落户农民完全纳入城镇住房和社会保障体系”。

（三）基本公共服务体系建设的实用分析工具

福利经济学的“最大多数人的最大幸福论”认为，基本公共服务均等化通过转移支付将一定的收入转移到更需要的社会成员手中，可使社会边际效用最优化。

现代政治哲学正义论的“最少受惠者的最大利益论”。正义论要求利益分配上遵循“最少受惠者的最大利益”原则。不平等必须保证能够促使社会中处境最不利的成员获得最大利益,不应使任何人跌落到营养、医疗、教育临界值以下。

阿马蒂亚·森的正义的价值标准有功能性活动与可行能力标准。人类最起码的功能包括接受教育、享有必要的营养、避免早逝、不受可预防疾病的感染等;更复杂的功能包括参与所处社区生活,受人尊重等。人类的可行能力是一种实现各种可能的功能性活动组合的实质的自由,如免受困苦的基本可行能力、享受基本教育、享受政治参与等方面的自由等。

四、我国基本公共服务体系建设的发展过程与目标

(一)基本公共服务体系建设的提出与发展

新中国成立以来,我国高度重视基本公共服务体系建设。改革开放以来特别是党的十八大以后,我国基本公共服务体系建设取得了长足进展。

2005 年,党的十六届五中全会首次提出“公共服务均等化”。2006 年 3 月,《中华人民共和国国民经济和社会发展第十一个五年规划纲要》正式提出“基本公共服务均等化”概念。

2008 年 2 月 27 日,中共十七届二中全会通过《关于深化行政管理体制改革的意见》提出,要建立健全公平公正、惠及全民、水平适度、可持续发展的公共服务体系,推进基本公共服务均等化。2010 年 10 月 18 日,《中共中央关于制定国民经济和社会发展第十二个五年规划的建议》提出,“必须逐步完善符合国情、比较完整、覆盖城乡、可持续的基本公共服务体系,提高政府保障能力,推进基本公共服务均等化”。2012 年 7 月,国务院正式公布《国家基本公共服务体系“十二五”规划》,明确提出:到 2020 年实现全面建设小康社会奋斗目标时,基本公共服务体系比较健全,城乡区域间基本公共服务差距明显缩小,争取基本实现基本公共服务均等化。

2012年11月，党的十八大报告提出，要“加快形成政府主导、覆盖城乡、可持续的基本公共服务体系”。2015年10月，党的十八届五中全会通过的《中共中央关于制定国民经济和社会发展第十三个五年规划的建议》提出，要坚持共享发展理念，增加公共服务供给，完善就业、教育、文化、社保、医疗、住房等公共服务体系。2017年1月23日，国务院印发《“十三五”推进基本公共服务均等化规划》，提出：“到2020年，基本公共服务体系更加完善，体制机制更加健全，在学有所教、劳有所得、病有所医、老有所养、住有所居等方面持续取得新进展，基本公共服务均等化总体实现。”

2017年10月18日，习近平总书记在党的十九大报告中提出，要“完善公共服务体系，保障群众基本生活，不断满足人民日益增长的美好生活需要”。党的十九届五中全会决议提出，要“健全基本公共服务体系”。

（二）我国基本公共服务体系建设的重大成就与存在的主要问题

全面建设小康社会以来，特别是党的十八大以来，我国政府不断完善公共服务职能，加大公共服务投入，在基本公共服务体系建设方面取得了长足进展。我国已构建起覆盖全民的国家基本公共服务制度体系，基本公共服务体系的各个子系统不断完善，基本公共服务均等化取得重要进展，人民群众的获得感幸福感安全感持续增强。我国的社会养老保险覆盖近十亿人，基本医疗保险覆盖13.5亿人，近6000万低保人员和特困群众享受了社会救助，织就了世界上最大的社会保障网。

2020年，我国持续增进民生福祉，健全基本公共服务体系，为经济社会发展保驾护航。保市场主体稳就业保民生，创造了大量就业岗位，城镇新增就业1186万人，年末全国城镇调查失业率降到5.2%。大幅度扩大失业保险保障范围，对因疫情遇困群众及时给予救助，新纳入低保、特困供养近600万人，实施临时救助超过800万人次。年初剩余的551万农村贫困人口全部脱贫，52个贫困县全部摘帽。统一全国义务教育生均公用经费基准定额，将中西部地区标准提高到与东部一致。实现高职院校扩招100万人目标。新冠肺炎患者治疗费用全部由国家承担。居民医保、基本公共卫生服务经费人均财政补助标准分别提高到每人每年550元、74元。按照5%左右的幅度调整退休人员基本养老金水平，城乡居民基础养老金最低标准提高到93元。企业职工基本养老保险基金中央调剂比例进一步提高至4%，22个中西部和老工业基地省份净受益1768.45亿元。各类养老床位数达到823.8万张。

但客观地看，我国基本公共服务体系建设还存在着一些客观矛盾和问题。一是基本公共服务体系尚不完善，难以满足人民群众日益增长的美好生活需求与公共服务需求。二是基本公共服务一体化的进程有待加速。三是基本公共服务体系的各个组成部分之间发展不均衡，特别是公共住房保障、养老保险体系发展滞后。四是基本公共服务离惠及全民还有一定距离。五是基本公共服务财政投入与高收入国家的平均水平相比，仍有较大差距。

（三）我国健全基本公共服务体系的目标与总体思路

1. 健全基本公共服务体系的目标

我国健全基本公共服务体系的近期目标是：在"十四五"期间，民生福祉达到新水平。实现更加充分更高质量就业，居民收入增长和经济增长基本同步，分配结构明显改善，基本公共服务均等化水平明显提高，全民受教育程度不断提升，多层次社会保障体系更加健全，卫生健康体系更加完善，等等。

我国健全基本公共服务体系的中期目标为：到2035年基本实现社会主义现代化时，城乡区域发展差距和居民生活水平差距显著缩小，基本公共服务均等化基本实现，全体人民共同富裕迈出坚实步伐。

我国健全基本公共服务体系的长期目标为：到2050年成为富强民主文明和谐美丽的社会主义现代化强国时，全体人民共同富裕基本实现，我国人民将享有更加幸福安康的生活。

2. 健全基本公共服务体系的总体思路

健全基本公共服务体系要采取分类分层次健全基本公共服务体系的策略。①从满足高质量需求的角度,要以高质量供给引领基本公共服务体系建设。②从满足一般性基本需求的角度,要巩固现有基本公共服务并提升质量。③从满足维持生存需求的角度,要坚决兜牢基本民生底线。

采取职能转变、体系建设、标准引导、补齐短板、全面覆盖、财政保障、制度规范的综合措施,切实健全基本公共服务体系。

五、“十四五”及基本实现现代化期间进一步健全基本公共服务体系的重点任务与对策措施

(一)加快政府职能向基本公共服务领域聚焦转变

我国政府职能要实现根本转变,必须聚焦基本公共服务领域;基本公共服务关系到公民基本权利、基本需求、底线要求,属于具有正的外部性、市场严重失灵的领域,需要政府主导持续投入;随着基本公共服务均等化水平的不断提升,政府职能也将逐步转移到弥补市场严重失灵、维护社会公平正义、提供优质高效服务等领域。

(二)以满足人民群众日益增长的美好生活需要为导向,加快完善基本公共服务体系

1. 发展更加公平更有质量的教育

推进基本公共教育均等化,促进教育公平,推进城乡义务教育一体化发展,全面实行城乡免费义务教育。保障进城务工人员随迁子女教育,解决农民工子女在输入地免费接受义务教育问题。发展“互联网+教育”,促进优质资源共享。办好学前教育,多渠道扩大学前教育供给。推进高中阶段教育普及。

增强职业技术教育适应性。

2. 保障基本医疗卫生服务

要完善国民健康政策，全面推进健康中国建设，为人民群众提供全方位全周期健康服务。构建强大公共卫生体系。继续提高基本公共卫生服务经费人均财政补助标准。加强重大疾病防治。坚持公共医疗卫生的公益性质，建成覆盖全国城乡的基本医疗卫生制度，实现人人享有基本医疗卫生服务。解决好低价药、救命药的生产供应问题。实施健康老年化工程，健全医疗卫生机构与养老机构合作机制。加快优质医疗资源扩容和区域均衡布局。启动实施优质高效医疗卫生服务体系建设工程。健全全民医疗保障制度。继续提高城乡居民基本医保和大病保险保障水平。全面推进与完善居民大病保险制度。稳步建立长期护理保险制度。加强城乡医疗救助，推进建立疾病应急救助制度。

3. 加快完善公共就业服务体系

坚持积极就业政策，实现更高质量和更充分就业。提供全方位公共就业服务，大规模开展职业技能培训。扶持小微企业和服务业发展。建立全国统一的互联网+公共就业创业服务平台，加强公共招聘网建设。鼓励创业带动就业。完善失业保险制度，完善就业失业监测统计制度。政府购买基层公共管理和社会服务岗位更多用于就业。

4. 完善社会保障制度和政策

坚持全面覆盖、保基本、多层次、可持续的方针，加快完善覆盖城乡居民的社会保障体系。继续提高退休人员基本养老金。稳步提高城乡养老保险基础养老金水平。推进基本养老保障全覆盖，实现基本养老金的全国统筹。健全基本生活救助制度和医疗、教育、住房、就业、受灾人员等专项救助制度，完善救助标准和救助对象动态调整机制。健全退役军人保障制度，建立健全新型待遇保障体系，完善退役士兵基本养老、基本医疗保险接续政策。

5. 完善基本住房保障体系

继续推进保障性住房建设，保障困难群体基本居住需求。加大公租房保障力度,完善长租房制度和住房租金管制制度,对低收入住房困难家庭要应保尽保,将符合条件的新就业无房职工、外来务工人员纳入保障范围。完善长租房政策,逐步使租购住房在享受公共服务上具有同等权利。

6. 完善基本文化体育服务

构建现代公共文化服务体系,促进基本公共文化服务标准化、均等化,让群众广泛享有免费或优惠的基本公共文化服务。深入实施文化惠民工程。贯彻落实公共文化服务保障法,完善公共文化基础设施体系,建立覆盖城乡的六级公共文化服务体系。完善全民健身公共服务体系,推进社会体育场地设施建设和学校场馆开放共享,提高健身步道等便民健身场所覆盖面。

7. 完善基本人口服务体系

以“一老一小”为重点完善人口服务体系。一是推动实现适度生育水平。增强生育政策包容性,推动生育政策与经济社会政策配套衔接,减轻家庭生育、养育、教育负担。完善幼儿养育、青少年发展、老人赡养、病残照料等政策和产假制度。二是健全婴幼儿发展政策。发展普惠托育服务体系,健全支持婴幼儿照护服务和早期发展的政策体系。三是完善养老服务体系。大力发展普惠型养老服务,支持家庭承担养老功能,构建居家社区机构相协调、医养康养相结合的养老服务体系。加强老年健康服务,深入推进医养康养结合。加大养老护理型人才培养力度,扩大养老机构护理型床位供给,养老机构护理型床位占比提高到55%。

8. 完善妇女未成年人和残疾人基本权益保障体系

保障妇女享有卫生健康服务,完善宫颈癌、乳腺癌综合防治体系和救助政策。完善儿童健康服务体系,减少儿童死亡和严重出生缺陷发生,实施学龄前儿童营养改善计划。加强困境儿童分类保障,完善农村留守儿童关爱服务体系,健全孤儿和事实无人抚养儿童保障机制。健全残疾人帮扶制度,帮助残疾人普遍参加基本医疗和基本养老保险,动态调整困难残疾人生活补贴和重度残疾人护理补贴标准。

（三）完善基本公共服务均等化标准体系

建立健全国家基本公共服务标准体系。推动城乡区域基本公共服务制度统一、质量水平有效衔接。围绕公共教育、就业创业、社会保险、医疗卫生、社会服务、住房保障、公共文化体育、优抚安置、残疾人服务等领域，建立健全基本公共服务标准体系，明确国家标准并建立动态调整机制，推动标准水平城乡区域间衔接平衡，以标准化促进基本公共服务均等化、普惠化、便捷化。力争到 2025 年，基本公共服务标准化理念融入政府治理，标准化手段得到普及应用，系统完善、层次分明、衔接配套、科学适用的基本公共服务标准体系全面建立。参照现行财政保障或中央补助标准，制定义务教育公用经费保障、免费提供教科书、中等职业教育国家助学金、城乡居民基本养老保险补助等基本公共服务保障的国家基础标准。认真落实“十四五”期间基本公共服务发展规划，完善均等化推进机制，推动国家基本公共服务标准落地落实。

（四）加快补短板、完善基本公共服务体系的薄弱环节

优先保障基本公共服务补短板。突出保基本、兜底线，确保民生支出与经济发展相协调、与财力状况相匹配。

着力完善农村基本公共服务体系，推进城乡基本公共服务均等化。着力构建完善财政支持实施乡村振兴战略的政策体系和体制机制，大力支持乡村建设，深化农业农村改革，着力解决县乡财政困难，增强基层政府提供公共服务的能力。加大对县级政府基本公共服务的一般转移支付支持力度，使财政支出进一步向农村、贫困地区和社会弱势群体倾斜。

统筹落实好国家重大区域战略，发挥各地区比较优势，健全区域互助和利益分享机制，进一步提升区域间基本公共服务均等化水平，缩小区域发展差距。加大对欠发达地区和困难地区的扶持，推进区域基本公共服务均等化。

加大对特定困难人群的底线扶持，推进群体基本公共服务均等化。

（五）加快扩大基本公共服务的覆盖面，实现基本公共服务体系的全民覆盖

地方基本公共服务既要覆盖全部户籍人口，也要逐步实现常住人口全覆盖。重点做好农民工、非公有制经济组织从业人员、灵活就业人员、农民参加基本养老保险、基本医疗保险的工作。城市地区可将农民工和郊区农村居民纳入城镇基本公共服务体系，实现城乡基本公共服务制度衔接和制度统一，全面推动城乡基本公共服务均等化普遍覆盖。

京津冀、长三角、珠三角等有条件的地区，积极探索开展区域性基本公共服务标准体系协作联动，促进区域内基本公共服务设施配置、人员配备以及服务质量水平有效衔接。

（六）加快公共财政支出结构调整，进一步支持基本公共服务体系建设

加快公共财政支出结构调整。公共财政要加大对教育、医疗、社保、住房保障、公共文化等民生基本保障支出的投入，使公共教育支出、公共医疗卫生支出、社会保障支出占 GDP 的比重逐步达到高收入国家水平。

明确中央和地方在公共服务领域事权和支出责任，加大中央和省级财政对基层政府提供基本公共服务的财力支持。改革政府税收制度与财政转移支付制度，保障各级政府具有提供基本公共服务所需的财力基础，保障全国各地居民享有水平大体接近的、与基本生存权利相关的教育、社会保障、公共医疗卫生等基本公共服务。

加快建立健全由公共财政预算、政府性基金预算、国有资本经营预算和社会保障预算组成的有机衔接、完整透明的政府预算体系。进一步上调国有资本收益收取比例，将更多的国有资本收益用做民生改善及提高。严格控制一般性支出，推进节约型政府建设。

（七）完善基本公共服务制度，构建基本公共服务的供给体系与机制

健全国家公共服务制度体系，提高基本公共服务均等化水平。

要坚持以人民为中心，坚持财政事权划分由中央决定，坚持保障标准合理适度，坚持差别化分担，坚持积极稳妥推进，逐步建立起权责清晰、财力协调、标准合理、保障有力的基本公共服务制度体系和保障机制。

基本完善基层公共服务体系，强化县、乡（镇）、村（居）和社区公共服务机构建设，完善基层公共服务机构运行经费保障机制。按照常住人口规模和服务半径统筹基本公共服务设施布局和共建共享。

制定基本公共服务综合评价指标体系，把基本公共服务数量和质量指标纳入政府绩效评估体系，构建人大、审计部门、公众共同参与评估的多元化绩效评估体系，健全基本公共服务问责制度。完善相关领域基本公共服务标准达标评价制度。

加快建立现代财政制度，建立权责清晰、财力协调、区域均衡的中央和地方财政关系；全面实施预算绩效管理。

创新公共服务提供方式。区分基本与非基本，突出政府在基本公共服务供给保障中的主体地位，推动非基本公共服务提供主体多元化、提供方式多样化，以政府适量投入带动社会市场力量投资。在育幼、养老等供需矛盾突出的服务领域，支持社会力量扩大普惠性规范性服务供给，保障提供普惠性规范性服务的各类机构平等享受优惠政策。鼓励社会力量通过公建民营、政府购买服务、政府和社会资本合作等方式参与公共服务供给。推动政府购买服务管理规范化精细化，将更多公共服务项目纳入政府购买服务指导性目录，加大政府购买力度，完善财政、融资和土地等优惠政策。深化公共服务领域事业单位改革，营造事业单位与社会力量公平竞争的市场环境。

深化“放管服”改革*

转变政府职能是深化行政体制改革的核心。从 2013 年起，国务院紧紧围绕转变政府职能，以行政审批制度改革为突破口，从“简政放权”入手，进而推动“放管结合”和“优化服务”，形成了“放”“管”“服”三管齐下的行政体制改革新格局。与以往行政体制改革相比，“放管服”改革，旨在进一步理顺政府和市场、政府和社会、中央和地方的关系，优先发挥市场和社会的作用，充分调动中央和地方两个积极性，全面正确履行政府职能，促进经济社会持续健康发展；实质是，切实把政府职能转到创造良好发展环境、提供优质公共服务、维护社会公平正义上来，完善政府治理体系，实现政府治理能力现代化，建设人民满意的服务型政府。面对经济下行压力，国务院高度重视“放管服”改革，迄今为止，已连续九年九次就推进“放管服”改革专门召开全国电视电话会议。“放管服”改革首当其冲的任务是，通过优化营商环境，激发市场活力和社会创造力。本文认为，“放”，关注的是政府职能如何转的问题，即政府应该干什么不应该干什么；“管”与“服”，关注的是政府职能如何履行的问题，即政府如何干得更好。九年实践证明，“放管服”改革，激发了市场活力和社会创造力，经受住了错综复杂的国际形势和新冠肺炎疫情的严峻考验，有效对冲了经济下行压力，做到了政府不花钱能办事或少花钱多办事，成效超出预期。2021 年是“十四五”规划实施的第一年。“十四五”时期，是开启全面建设社会主义

---

* 本文作者刘小康，中共中央党校（国家行政学院）公共管理教研部公共政策教研室主任，教授、博士生导师。

现代化国家新征程的第一个五年，深化“放管服”改革，是加快转变政府职能，完善政府治理体系，提高政府治理效能的重点任务之一。当今世界，新一轮科技革命和产业变革深入发展，数字时代已经来临，为了加快数字化发展，本文认为，完善政府治理体系，既是制度变革，也是技术变革，是制度变革与技术变革的“双轮”驱动。因此，面向“十四五”，深化“放管服”改革，应坚持市场化、数字化改革方向，在改革的“协同”上聚焦发力。从实践论看，深化“放管服”改革，客体是“放管服”改革本身，即“放”“管”“服”；主体是政府，包括中央及部门和地方，也就是“条块”；主体作用于客体的中介，是深化改革的策略，包括制度变革和技术变革。相应地，深化“放管服”改革的“协同”，一是改革客体的协同，指“放”“管”“服”之间的协同；二是改革主体的协同，指“条块”之间的协同；三是改革策略的协同，指制度变革与技术变革的协同。据此，本文的主体分三部分：深化“放管服”改革：客体的协同；深化“放管服”改革：策略的协同；深化“放管服”改革：主体的协同。

一、深化“放管服”改革：客体的协同

“放管服”改革的客体，即“放”“管”“服”；客体的协同，即“放”“管”“服”之间的协同。“放管服”改革，坚持市场化改革方向，坚持把市场化改革进行到底，让市场在资源配置中起决定性作用，更好发挥政府作用；把“放管服”改革看作是一项系统性工程，“放”“管”“服”三管齐下，相辅相成、互为支撑。本文认为，“放”“管”“服”之间的协同，首先是“放”与“管”“服”的协同，其次是“管”与“服”的协同。实践中，“放”与“管”的协同，相对得到了更多关注，也取得了较大进展。“十四五”时期，深化“放管服”改革客体的协同，应在继续加强“放”与“管”协同的同时，加强“管”与“服”协同，进而实现“放”与“管”“服”的协同。

（一）“放”与“管”的协同

实践中，“放”与“管”的协同，关注较多的是事前“放”与事中事后“管”的协同，其实，更为根本的是整体性的“放”与“管”的协同。

1. 事前“放”与事中事后“管”的协同

事前“放”，直指市场准入的审批，包括资格的准入和行为的准入，或取消不必要的审批，或简化必要的审批，通过“宽放”实现“宽进”。在“宽放”的同时，对取消或简化的审批事项，及时跟进事中事后监管，通过加强和创新监管，做到“严管”。只有事中事后“管”得好，才能真正实现事前“放”到位，固化并优化“放”的改革成果，才能真正做到从“严进宽管”向“宽进严管”转变，实现“宽放”与“严管”的协同。

商事制度改革，以及行政审批服务局、行政审批服务中心的改革和发展等，即是加强事前“放”与事中事后“管”协同的积极探索。由此，推动了政府部门，特别是基层政府，把主要精力和资源向事中事后监管集中，改变了政府长期存在的重审批、轻监管的痼疾。

2. 整体性的“放”与“管”的协同

整体性的“放”，针对的是整个资源配置过程中计划与审批的改革。“放管服”改革，坚持市场化改革方向，坚持把市场化改革进行到底，让市场在资源配置中起决定性作用，更好地发挥政府作用，通过建立健全统一开放、竞争有序的现代市场体系，更大激发市场主体活力和社会创造力。实质是，按照发展社会主义市场经济的目标，持续推进行政体制改革，将政府履行职能的方式方法，从适应传统计划经济的计划与审批，整体性转向符合社会主义市场经济发展新要求的现代化治理，建立包括现代化市场监管体系在内的现代化政府治理体系。这是整体性的解构，也是整体性的建构。因此，整体性的“放”与“管”协同，是更为根本的“放”与“管”的协同。

现代化市场监管，是全程监管，不仅包括事中事后监管，还包括事前监管，即必要的事前审批。计划经济时期，生产要素和经济活动基本靠国家计划来调配，政府既是资源配置中心、生产计划中心，也是价格核定中心。传统计划经济管理，以政府审批发证为主要内容，因此计划经济可以说是审批经济。发展社会主义市场经济，必须从根本上改变束缚生产力发展的经济体制，必然要求从根本上转变政府职能，即通过推进政市分开、政社分开，把不该由政府管理的事项交给市场或社会，把该由政府管理的事项切实管住管好，让市场主体自主决策、自负盈亏、自我发展，也发挥社会自我管理、自我服务的优势。习近平总书记强调，“更好发挥政府作用，不是要更多发挥政府作用，而是要在保证市场发挥决定性作用的前提下，管好那些市场管不了或管不好的事情”。① 这里所说的“管”，是包括市场监管在内的现代化政府治理，因此，必须建立与社会主义市场经济相适应的包括现代化市场监管体系在内的现代化政府治理体系。这是整体性的“管”。只有加强整体性的“放”与“管”的协同，才能实现资源配置从计划和审批到现代化市场监管的整体性革命。

（二）“管”与“服”的协同

“放管服”改革，“放”，不是不“管”，一放了之，而是“放”的同时既“管”也“服”。面对经济下行压力，“放管服”改革首当其冲的任务是，通过优化营商环境，激发市场活力和社会创造力，打造“双引擎”，即一方面，充分发挥市场在资源配置中的决定性作用，培育打造新引擎，推动大众创业、万众创新；另一方面，更好发挥政府作用，改造升级传统引擎，增加公共产品、公共服务供给。这要求政府对创新创业在加强和创新监管的同时加强和创新服务，即“管”与“服”的协同。这里的“服”，指政府作为治理者的服务，即政务服务，政务服务事项包括行政权力事项和公共服务事项。② 行政权力事项，是指依据法律、法

① 《习近平关于社会主义经济建设论述摘编》，中央文献出版社 2017 年版，第 66 页。

② 参见《国务院关于在线政务服务的若干规定》（国令第 716 号），2019 年 4 月 30 日。

规、规章、规范性文件和部门职责分工的规定，由法定行政机关或者组织实施，对公民、法人或者其他组织的权利义务产生直接影响的具体行政行为。公共服务事项，指教育、医疗、住房、社保、民政、扶贫、公共法律服务等与群众日常生产生活密切相关的服务事项。监管与服务，作为政府履行职能的方式，既相互区别又相互联系。本文认为，监管与服务的协同，即“管”与“服”的协同，包括分立的协同和融合的协同。

1.“管”与“服”分立的协同

为优化营商环境，加快打造“双引擎”，“放管服”改革，在加强和创新监管的同时，不断强化优化对市场主体特别是中小微企业的服务。比如，主动为创业创新提供投资融资、市场开拓、政策法律、信息咨询、人才引进、办公场地等全方位、点对点的服务，及时解决创业创新遇到的困难和问题，为创新型中小企业成长壮大创造条件。此外，还通过“放管服”改革，有效增加公共产品、公共服务供给，丰富和拓展了优化营商环境的内容。一是充分调动企事业单位和社会力量的积极性，增加水电气热、交通、电信等基础设施供给，并提升服务质量和水平，为市场主体经营发展创造好的条件。二是尽力而为、量力而行，保障好基本民生，重点加强义务教育、基本医疗、基本住房等保障，完善失业保障、灵活就业人员基本权益保障等，并逐步提高保障水平；由此，织密织牢社会保障“安全网”，免除后顾之忧，让群众敢于创业奋斗，让市场主体敢于创新发展。[①] 这就是“管”与“服”分立的协同。

2.“管”与“服”融合的协同

“放管服”改革的最终目标，是建设人民满意的服务型政府。人民满意的服务型政府，蕴含着管理即服务的理念，内在要求寓管理于服务之中。因此，监管即服务，这就是“管”与“服”融合的协同。“放管服”改革，强调“以人民为中心”，强调激发市场活力和社会创造力，企业和群众既是政府管理对象，

① 参见《国务院关于在线政务服务的若干规定》（国令第716号），《人民日报》2019年7月5日。

更是政府服务对象,政府监管过程也是政府服务过程。所以,从利企便民的角度,地方推出了“最多跑一次”“不见面审批”“最多检一次”“一网通办”等改革举措,减少了制度性交易成本,增加了企业和群众的改革获得感。特别是“审批服务”这一提法,正是“管”与“服”融合协同的一个鲜活表达。

二、深化“放管服”改革:策略的协同

“放管服”改革的主体是政府,客体是“放管服”,政府作用于“放管服”的中介即策略。深化“放管服”改革,就是要持续深化市场化改革,加快建立健全统一开放、竞争有序的现代市场体系,加快建立与之相适应的现代化政府治理体系。制度变革是内在要义,自然也是深化“放管服”改革的重要策略。当今世界,新一轮科技革命和产业变革深入发展,数字时代已经来临,为了加快数字化发展,建立现代化政府治理体系,既要适应市场化的新要求,也要适应数字化的新要求。数字技术变革,同样是深化“放管服”改革的重要策略。面对市场化、数字化的叠加影响,深化“放管服”改革,既不能让一些过时的制度规则成为改革的“绊马索”,又要做到重大改革于法有据,在加强制度变革的同时加强技术变革。制度变革和技术变革,如车之“两轮”,以制度变革和技术变革“双轮”驱动“放管服”改革,就是策略的协同。“十四五”时期,深化“放管服”改革策略的协同,重点是持续加强包容审慎监管和监管方式创新。

(一)包容审慎监管

数字时代已经来临,得益于“放管服”改革,我国“三新”经济蓬勃发展。“三新”经济,指以新产业、新业态、新商业模式为核心内容的经济活动的集合。新产业,指应用新科技成果、新兴技术而形成一定规模的新型经济活动。具体表现为:一是新技术应用产业化直接催生的新产业;二是传统产业采用现代信息技术形成的新产业;三是由于科技成果、信息技术推广应用,推动产业

的分化、升级、融合而衍生出的新产业。比如“5G 经济”。新业态，指顺应多元化、多样化、个性化的产品或服务需求，依托技术创新和应用，从现有产业和领域中衍生叠加出的新环节、新链条、新活动形态。具体表现为：一是以互联网为依托开展的经营活动；二是商业流程、服务模式或产品形态的创新；三是提供更加灵活快捷的个性化服务。比如“外卖”。新商业模式，指为实现用户价值和企业持续盈利目标，对企业经营的各种内外要素进行整合和重组，形成高效并具有独特竞争力的商业运行模式。具体表现为：一是将互联网与产业创新融合；二是把硬件融入服务；三是提供消费、娱乐、休闲、服务的一站式服务。比如“网红经济”。① 实践表明，数字技术变革引发的新产业、新业态、新商业模式，很多是未知大于已知。面对未知大于已知，政府既不能简单封杀，也不能放任不管，应持续加强包容审慎监管，争取做到既支持创新发展又防止出现偏差，既不能管死也要防范风险。

我国是一个超大国家，各地情况千差万别，市场化程度、数字化发展水平不均衡。对明显不适应社会主义市场经济，制约新产业、新业态、新模式发展的有关法律法规，应加快清理修改。对一些看不准、可能存在风险的新业态、新模式，可划定可控范围，按照法定程序作出授权，先行先试，实践证明行之有效的，及时上升为法律。鼓励地方从当地实际出发，进行差异化试点。在市场化程度高、数字化发展快的地区，可以“综合授权”而不是“一事一议”的授权方式，支持地方深化“放管服”改革，围绕如何有效监管新产业、新业态、新模式的发展，先行探索地方性的综合性立法。

（二）监管方式创新

数字时代已经来临，建立现代化市场监管体系，既要适应市场化的新要求，又要适应数字化的新要求。当前，数字产业化、产业数字化，方兴未艾，新

① 采用国家统计局关于“三新”经济的解释。

兴产业跨界经营、线上线下融合等特点益发明显。传统的按区域、按行业监管的方式方法，已经很难适应数字化发展的需要。深化“放管服”改革，应持续加强监管方式创新，积极运用大数据、云计算、物联网等信息化手段，持续探索创新监管标准和“互联网+监管”模式，更好发挥平台监管作用，以创新监管提升政府治理现代化水平。“十四五”时期，应加快建立健全运用互联网、大数据、人工智能等技术手段进行行政管理的制度规则，加快推进数字政府建设。

三、深化“放管服”改革：主体的协同

“放管服”改革，坚持中央顶层设计与地方自主探索良性互动相结合。因此，“放管服”改革的主体，包括中央及部门和地方，即“条块”。由于我国是一个超大国家，各地发展基础和条件不同，需要破解的难题、改革的侧重点也不一样。中央推动“放管服”改革，鼓励地方从实际出发，积极开展差异化探索，推出更多带有本地特色的创新举措。正是在中央推动下，地方“比学赶超”，推出了“最多跑一次”“不见面审批”“一网通办”等改革新举措。但这也带来了各地“放管服”改革不同步问题。“放管服”改革，市场化是改革方向，最终是要建立全国统一开放、竞争有序的现代市场体系，依法促进各类生产要素自由流动，保障各类市场主体公平参与市场竞争。当前，我国人员异地工作生活、企业跨区经营活动日益频繁。“十四五”时期，深化“放管服”改革，应在一体化程度较高的地区，比如长三角，持续加强地区内改革主体之间的协同，为最终实现全国层面改革主体之间的协同，建立全国统一开放、竞争有序的现代市场体系打下坚实的基础。本文认为，持续加强一体化程度较高地区内“放管服”改革主体的协同，首先是“放”的协同，但更重要的是“管”“服”的协同，特别是数据开放共享与业务协同。

（一）“放”的协同

当前，各地政府部门权力和责任清单已全部公布，但由于标准和规范不统一，各地清单长短、内容差别很大。不少企业和群众反映，同一件事在不同地办，表单不一样，要件不一样，人为增加了异地办事的难度。深化“放管服”改革主体的协同，应在长三角等一体化程度较高的地区，持续提高“放”的协同性，持续加强“放”的联动性。地区内跨省审批事项，相同或相近类别的，可一并取消或简化。

（二）数据开放共享

“放管服”改革，数字化是改革方向。深化“放管服”改革，大力发展“互联网+政务服务”“互联网+监管”，加强政务数据开放共享，是重要的技术支撑。当前，“信息孤岛”“数据壁垒”仍然是制约全国一体化“管”“服”的突出瓶颈。“十四五”时期，可在长三角等一体化程度较高的地区，持续加强地区内改革主体的协同，大力推动跨地区、跨部门、跨层级信息数据开放共享；坚持“联网是原则、孤网是例外”，继续做好地方平台、部门专网、独立信息系统的整合接入工作，大力推进审查事项、办事流程、数据交换等方面的标准化建设；加快建立权威高效的数据共享机制，明确责任和流程，切实打通“信息孤岛”，实现地区内不同省份之间各部门、各层级数据信息互联互通、充分共享，最大限度地便民利企。只有一体化程度较高的地区实现了政务数据开放共享，才有可能进一步实现全国层面政务数据开放共享。

（三）业务协同

当前，越来越多的企业跨行业、跨区域经营，跨省流动人口超过 1.2 亿。①

① 参见李克强：《在全国深化“放管服”改革着力培育和激发市场主体活力电视电话会议上的讲话》，《人民日报》2021 年 6 月 8 日。

不少地方都在推行全城通办、就近能办,但异地可办的难度仍然很大。这涉及相关省份管理制度的衔接。“十四五”时期,深化“放管服”改革,可在长三角等一体化程度较高的地区,持续加强地区内改革主体的协同。加快建立健全跨地域、跨部门执法联动响应和协作机制,实现违法线索互联、监管标准互通、处理结果互认,消除监管盲点,降低执法成本;加快建立完善跨地域、跨部门、跨行业的失信联合惩戒机制,让违法经营者付出高昂代价,在市场上无法立足,切实维护公平竞争的市场秩序;加快推进养老保险、医疗保险等业务跨省联网办理,并逐步扩大可办业务类别;加快打造全国政务服务“一张网”,在更大范围实现“一网通办”、异地可办。

总之,面向“十四五”,深化“放管服”改革,应坚持市场化、数字化改革方向,在改革的“协同”上聚焦发力。一是加强改革客体即“放”“管”“服”之间的协同,既要持续加强事前“放”与事中事后“管”的协同,更要加强整体性的“放”与“管”的协同,既要加强“管”与“服”分立的协同,又要加强“管”与“服”融合的协同;二是加强改革策略即制度变革与技术变革的协同,重点是持续加强包容审慎监管和监管方式创新;三是加强改革主体即“条块”之间的协同,重点是持续加强一体化程度较高地区内“放管服”改革主体的协同,首先是“放”的协同,但更重要的是“管”“服”的协同,特别是数据开放共享与业务协同。

积极应对人口老龄化，健全养老服务体系*

人口老龄化是贯穿我国21世纪的基本国情，是深刻影响我国社会经济发展的重大问题。我国老龄人口基数大，人口老龄化发展进程快，养老服务需求强劲增长，对现有的养老服务体系建设提出巨大挑战。积极应对人口老龄化、健全养老服务体系，是保障和改善民生、增进人民福祉的必然要求，是推进国家治理现代化的重要举措。目前我国养老服务发展取得明显成效，同时仍然存在诸多挑战和困难，亟待加大建设力度，进一步健全养老服务体系。

一、养老服务发展成效

（一）积极应对人口老龄化，健全养老服务政策体系

我国人口老龄化发展态势迅猛，对社会养老服务发展提出了迫切的要求。从现阶段看，我国人口老龄化具有以下特点：一是规模大。2020年第七次人口普查的数据显示，我国60岁及以上人口有2.64亿人，占总人口的18.70%，其中65岁及以上人口1.9亿人，占总人口的13.50%。二是速度快。以65周岁以上老年人口比重从7%增加到14%所需的时间看，法国用了115年，美国、英国用了40多年，而我国只用了大约20年。三是任务重。我国老龄化与

---

* 本文作者叶响裙，中共中央党校（国家行政学院）公共管理教研部教授、博士生导师。

少子化同时并存,加剧了未来人口老龄化的严峻形势。从老年人健康状况看,我国老年人口健康水平普遍偏低,失能、半失能老年人超过4000万。与先期进入人口老龄化的发达国家相比,我国人口老龄化进程超前于经济社会发展,属于比较典型的"未备先老"国家,而且老龄化问题与转型发展中的问题相互交织、相互重叠,使我们面临的挑战更大,应对的任务更重。

党的十八大以来,我国高度重视人口老龄化问题,不断完善养老服务法规政策体系。2013年《国务院关于加快发展养老服务业的若干意见》(国发〔2013〕35号)颁发之后,我国相继出台《关于鼓励民间资本参与养老服务业发展的实施意见》《关于全面放开养老服务市场提升养老服务质量的若干意见》等重要政策,极大促进养老服务发展。2018年《老年人权益保障法》完成修订工作,2019年中共中央、国务院印发了《国家积极应对人口老龄化中长期规划》,2020年党的十九届五中全会明确提出"实施积极应对人口老龄化国家战略",并指明了健全养老服务体系的基本方向和重点任务。养老服务政策不断完善,为养老服务高质量发展奠定了坚实的制度基础。

(二)持续深化改革试点,推进居家社区养老服务发展

面对养老服务需求强劲增长,无论是考虑广大老年人的养老需求和意愿,还是考虑服务提供的便捷性和有效性,我国都致力于推进居家社区养老服务发展。"十三五"期间,中央财政加大对居家养老服务发展的支持力度,五年内投入全国居家和社区养老服务改革试点工作的资金达到50亿元。至2020年,我国已连续确定了五批居家和社区养老服务改革试点地区,共有203个地区列入试点。各试点地区不断扩展居家和社区养老服务内容,创建了各具特色的居家社区养老模式和行之有效的服务方式,探索出不少具有推广价值的实践经验。

"嵌入式"养老服务模式。此模式创新性地将养老机构"嵌入"老年人居住的社区,使养老机构与社区环境融为一体,老年人不必离开熟悉的生活环境

和人际关系，在社区甚至在家就可享受养老服务。入驻社区的养老机构尽管规模小，投入门槛低，但却能提供专业化高质量的护理服务。社区养老服务机构不仅提供日间“托老”服务，而且能提供全天候服务；不仅能满足老年人基本养老服务需求，而且还能充分利用各种社会资源，增强老年人对社区的归属感。上海市部分区镇设立的“长者照护之家”即是该模式的典型代表。

虚拟养老院模式。对养老服务对象实行会员制客户管理，利用现代信息技术，搭建养老服务信息平台。在主动获取老人需求信息之后，快速编制计划，及时组织服务供给，并对服务质量和满意度等进行有效监督，为服务对象提供个性化与专业化服务。在苏州市沧浪区试点建设的“虚拟养老院”里，老年人只需打一个电话，就可获得 6 大类 53 项服务。“虚拟养老院”依托现代信息技术，采用市场化的运作手段，搭建居家养老的社区服务平台，有效满足了老年人的多样化服务需求。①

“应急服务”模式。许多地方在社区建成养老信息化网络，为独居、空巢老人配置安装“居家助理”“一键通”等居家呼叫系统。② 当老年人有服务需要时，拨打呼叫平台电话，坐席人员会及时调取老人的基本信息，快速地向老年人提供有针对性的生活照料、家政料理、床位护理和精神慰藉服务，确保老年人在紧急情况下能够得到及时援助。目前武昌区已初步形成了区级平台协调调度、街道居家养老服务中心监督管理、社区工作站和加盟商落实服务的三级服务管理体系。

（三）深化“放管服”改革，推动养老机构快速发展

新修改的《中华人民共和国老年人权益保障法》要求，自 2019 年 1 月起，取消养老机构设立许可，各级民政部门不再办理养老机构设立许可，而是依法

① 张艳：《快速老龄化背景下苏州市社区养老服务体系建设研究——以沧浪区“邻里情”虚拟养老院为例》，《社会保障研究》2010 年第 9 期。

② 张建平：《全面推进江苏省社区居家养老服务》，《中国民政》2012 年 5 月 8 日。

按照国家法规政策规定,实行养老机构登记和备案管理,加强事中事后监管。2019 年 3 月,国务院办公厅发布《关于推进养老服务发展的意见》,进一步明确提出深化"放管服"改革,放宽养老服务业准入条件,破除制度障碍,优化市场环境,激发社会活力,充分发挥社会力量主体作用,健全养老服务体系。随后,有关部门制定的推进养老服务发展的一系列配套政策文件相继出台,内容包括规划建设、土地供应、投融资、税费优惠、补贴支持、人才培养等方面。

为进一步开放养老服务市场,各地积极进行实践探索,进一步对民营、外资等社会资本放开,精简审批手续,降低准入门槛、鼓励国内社会资本和外资加大对养老服务市场的投入。

如北京市鼓励民营和外商投资企业在京设立社区养老服务驿站、医养结合服务机构,提供多元化养老服务。贵州省提出,全面放开养老市场,积极鼓励民营资本进入养老服务市场,放宽外资准入,并明确享受同等优惠政策。辽宁省也推出有关政策,提出对外资全面实行准入前国民待遇加负面清单管理制度,全面放开养老等领域。① 各地还因地制宜,出台相关政策,鼓励社会力量参与公办养老院改革,运用独资、合资、合作、联营、参股、租赁等方式,促进养老服务市场主体多元化发展,以不断满足民众多样化的养老服务需求。

随着国家和地方政策支持力度的加大和市场需求的激增,各类市场主体进入养老服务业,养老机构加快发展。据初步统计,截至 2020 年 12 月底,全国共有养老机构 3.8 万个,同比增长 10.4%;各类养老床位 823.8 万张,同比增长 7.3%。

养老领域推进"放管服"改革,取消了养老机构设立许可,对养老机构的监管以事中事后监管为重点,以提高养老服务的质量为出发点和落脚点。自 2017 年以来,民政部等六个部门开展了全国养老院优质服务方面的专项行动。一系列加强养老机构规范管理的政策措施出台,以建立完善提高养老院

---

① 闻之:《养老服务市场迎扩大开放年——有利于促进国内养老服务质量提升》,《劳动保障世界》2018 年第 22 期。

服务的质量长效机制。到 2020 年 12 月底，全国整治近 43 万处服务隐患，养老机构从整体上守住了安全“底线”，服务质量得以全面提升。

（四）注重补短板，促进农村互助养老服务发展

我国广大农村地区经济社会发展整体上远远落后于城市，且农村“留守老人”“空巢老人”数量多，养老负担重，服务供需矛盾较城市更为突出。近年来，各地结合农村社会经济发展实际，探索出一些颇具特色的养老服务方式，尤其是农村互助式养老发展初显成效。

内蒙古化德县统筹农村各类公共服务资源打造“集中居住、分户生活、统一管理、互帮互助”的互助养老模式。四川眉山市在面向农村老年人整合开放村文化服务中心、社区综合服务设施、党员活动室等公共服务设施基础上，利用农家大院、小区院落建立互助养老服务站点，完善互助养老服务站点功能，形成服务设施网络。河北省邯郸市肥乡县村集体经济薄弱，实行“自我保障、互助服务”的办院方式，由其子女承担入院老人相互照顾，吃、穿、医等费用。到 2020 年底，全国已经建成 10.8 万个村级互助养老设施。

二、当前养老服务发展中存在的问题

（一）养老服务供需结构性问题突出

依托社区的居家养老服务发展不足。从基础设施建设看，还有相当一部分城市社区居家养老设施不够健全，老年服务的配套公共设施不够完善，制约了依托社区的居家养老服务的整体发展。农村居家养老设施建设更是滞后，社区日间照料中心还未能实现全覆盖。从服务内容看，目前大部分社区居家服务中心服务内容单一，往往只局限于提供家政服务，比如做饭、洗衣、理发等，而老年人迫切需要的医疗护理、精神慰藉、生活照料等服务难以提供。从

服务水平看，由于服务设施不完善、服务人员素质和能力参差不齐，居家养老服务的专业化水平整体上看还不高。

养老机构建设中矛盾突出。公办养老机构享受政府各项政策优惠，基础设施完善，管理服务较规范，收费也较低廉；而民办养老机构往往很难得到与公办养老机构同等的优惠政策的扶持，难以与公办养老机构公平竞争，由此导致公办养老机构“一床难求”而民办养老机构床位大量闲置的现象同时并存。此外，养老机构发展中还存在其他值得关注的问题，如：健康老年人长期占据养老床位，而失能失智老年人难以入住；经济困难的失能老年人入住养老机构需求高，而支付能力不足，导致供需矛盾突出。

（二）养老服务城乡和地区差距较大

养老服务城乡差距明显。城镇经济发展水平相对较高，政府财税积累能力较强，社会组织发展相对较快，能为养老设施建设和服务提供创造较好的条件。而农村养老服务发展整体上看起步较晚，普遍面临养老服务设施建设落后、专业服务机构少、服务水平不高等问题。农村老年人在养老保障、医疗保障等方面的待遇相对较低，对养老服务的支付能力偏低，在很大程度上制约了农村养老服务业的发展。

养老服务的地区差异大。受制于经济社会发展程度的巨大差距，中国东部地区养老服务发展水平整体上明显高于中西部地区。东部地区经济基础雄厚，养老服务发展普遍起步早，市场机制建设相对完善，相关优惠政策落实更到位。而中西部地区从整体上看，经济实力较薄弱，养老服务发展起步较晚，与东部发达地区存在明显差距。

（三）养老服务专业化水平不高

随着老龄化程度的加深，老年人对养老服务的刚性需求将越来越大。然而，当前我国养老服务从业人员短缺问题比较突出。养老服务从业人员不仅劳动强度大、工作环境差，而且社会认可度不高、薪酬待遇和福利水平低，往往还要面对户籍管理、职称评定、社会保障等方面的一系列制度障碍，因此，养老服务工作难以吸引更多的从业人员，更难以留住优秀人才。当前我国养老服务人员服务水平普遍不高，全国养老护理人员的持证比例较低。现有养老护理人员大部分是进城务工的农民和下岗失业人员，年龄偏大，缺乏护理知识和技能，没有经过必要的岗位培训，基本上只能提供做饭、洗衣等日常服务，服务范围窄，专业化水平低。

（四）医养结合推进面临困难

当前我国医养结合工作在推进过程中还面临诸多问题。一是医养结合政策有待进一步完善。卫生健康、民政部门分别制定医疗和养老服务相关政策，政策衔接不够，医养结合服务缺乏制度性资金保障。二是部门协作有待加强。推进医养结合需要卫生健康、民政、人力资源和社会保障、发改、财政等多个部门协调合作，然而，目前这些部门制定的政策、标准尚不完全统一，有待进一步调整规范，跨部门的沟通协调机制也有待进一步建立完善。三是信息技术的支撑作用发挥不足。信息互联互通水平相对滞后。医疗服务机构的老年人电子健康档案和养老机构的日常护理档案难以实现深度融合，信息互转渠道不够畅通。

三、进一步健全养老服务体系建设的对策

（一）明确居家养老的核心地位，促进居家、社区、机构养老服务融合发展

推进养老服务体系建设，要明确居家养老的核心地位。居家养老能充分满足老年人在家颐养天年的养老意愿，符合中国传统文化和社会心理，有利于

提升老人的安全感和幸福感。在推进社会养老服务体系建设过程中，政府和社会各方面要更加明确居家养老的重要地位，加大对居家养老的政策支持力度。当前，我国要加快建立老年人家庭照顾者支持政策。通过制定实施税收、住房、社会保障方面的优惠政策，激励家庭成员与老年人共同生活或者就近居住。

推进养老服务体系建设，要以老年人需求为中心，促进居家社区机构养老融合发展。居家养老与社区和机构服务是紧密相连的。社区设施和养老机构包括多种形式，如社区日间照料中心、托老所、老年人活动中心、社区医疗卫生机构、住宿照料站点，以及其他住宿型养老服务机构，这些设施和机构既可为居家老人提供上门服务、日间照料，也可作为临时性或长期住所，为需要的老年人提供全面的生活照料和护理康复服务。

上海、北京等地积极探索居家社区养老服务模式创新，在街道、乡镇层面建立社区养老服务中心等综合性养老服务平台。这些社区嵌入型养老机构，能有效整合社区、家庭和养老机构资源，实现优势互补。总结这些地方居家社区养老服务发展经验，我国今后要大力发展具有综合功能的社区养老服务机构，鼓励各地制定实施优惠政策，引进优质的服务机构，形成“嵌入社区、嵌入家庭”的服务模式，丰富居家养老服务内容，促进居家社区和机构养老融合发展，从而能更好满足老年人多样化的养老需求。

（二）把握养老服务的重点需求，加快建立长期照护服务体系

基于我国多年来养老服务发展实践，迫切需要以为失能失智老年人提供长期照护服务为重点，在全国范围内加快建设长期照护服务体系。

我国已开展长期护理保险制度试点，各试点地区积极探索长期护理保险的制度模式与运行机制，取得诸多成效和有益的实践经验，但是由于各地在护理保险覆盖范围、缴费办法、支付方式等方面存在较大差异，制约了全国范围内长期护理保险制度的推广和照护服务的发展。我国现有 4000 多万失能半

失能老年人，其中有1000万重度失能失智老年人，他们迫切需要得到长期照护服务。为此，我国要加快建立全国统一的长期护理保险制度，加强养老护理服务的资金保障，以切实推动长期照护服务的发展，为失能失智老人、高龄独居老人等有特殊需要的老人提供适宜的生活照料及养老护理服务。

借鉴各地试点实践经验，我国长期护理保障可选择以社会护理保险为主、以商业保险、社会救助和福利津贴为补充的多层次护理保障模式。按照“护理保险跟随医疗保险”原则，确定社会护理保险的参保对象。社会护理保险建立用人单位、个人、政府多元主体责任共担的筹资机制，强调互助共济功能，有效分散个人风险。

制定科学合理的护理等级评定标准和评估制度，是有效提供长期照护服务的基础。我国长期护理保险试点地区对护理等级的评估标准不尽相同。若要在全国范围内推广建立长期护理保险制度，就必须建立一套统一科学的护理等级评定标准和评估制度。提出申请的老年人要经过专业机构的评估，确定其护理等级。长期护理保险待遇的发放和服务的提供，就建立在护理等级评估的基础上。一般来说，老年人失能程度越高，对生活照料和护理服务供给的依赖程度就越高，其所获得的待遇和服务给付水平也会越高。

（三）挖掘社会和市场潜力，培养多种形式的养老服务主体

面对严峻的人口老龄化形势和强劲增长的养老服务需求，我国需要大力培育各种社会化养老服务主体，促使政府、社会、家庭、个人多方联动，形成多元主体供给养老服务的格局，从而不断扩大和优化养老服务供给。

要继续深化“放管服”改革。我国目前民间资本参与中低端养老服务的积极性仍然不高，在建项目主要集中于高端养老服务市场，中低收入老年人难以承受。今后要全面落实养老机构取消许可要求，为社会资本进入养老服务业营造良好环境。突破社会资本参与养老服务的困境，细化、落实准入、税费、土地、金融等优惠扶持政策，提高社会资本参与养老服务业的积极性。拓宽社

会力量参与渠道,探索政府与企业、社会合作发展模式,培育一批具有影响力和竞争力的养老服务企业,扩大和优化养老服务供给。

要完善养老服务管理运行机制。政府在养老服务发展中的职责主要包括:做好顶层设计和统筹规划,制定养老服务规划、制度、标准;分配重要的财政资源,为特困供养老年人、经济困难老年人、计划生育特殊困难家庭老年人提供基本养老服务保障;进行养老服务监管等。政府在切实履行自身职责的基础上,要进一步理顺自身与企业、社会组织关系,引入市场竞争机制和合同管理方式,公平对待营利性、非营利性养老服务机构。对提供同类养老服务的不同性质的养老机构,要提供同样的扶持政策和运营补贴。同时,加大对养老服务机构的监管,确保养老服务市场多元主体公平竞争、规范运行,使服务对象有更充分的选择权,从而促使养老服务持续健康发展。

(四)促进养老服务专业化发展,全面提升养老服务水平

加快建立完善养老服务人员的教育培训体系。大力推进养老服务相关专业建设,分类培养社会工作、老年医学、护理、营养、心理等各类人才,着重加强养老护理人员的专业化教育培训。加快建立全国统一的养老护理员技能认证体系,养老护理人员要接受系统的教育培训,达到一定资质才能上岗从业。由于我国养老护理专业发展尚处于初级阶段,因此可探索教育培训的多种形式,加大养老护理人员培养力度,如支持鼓励中外卫生职业院校合作办学,建立专门的养老护理专业学院,鼓励养老护理人员参加在职培训等。通过教育培训,引导养老服务人员不断提升专业技能,并重视养老过程中的人文关怀,增强服务意识,从而全面提升养老服务水平。

积极推进智慧养老服务创新发展。互联网、大数据、云计算等为提升养老服务水平提供了强大的技术支持。我国要大力推进智慧养老服务创新发展,将“线上”信息化平台与“线下”实体性机构养老服务、居家上门服务、社区养老服务相结合,建设安全便捷的智慧养老社区,探索多样化的互助式养老服务

方式,开发创新型养老服务产品。为满足失能、独居、空巢、留守老年人养老服务需求,在社区推广安装智能呼叫服务系统和应急救援服务系统,提供自动报警、远程提醒、动态监测等智能化巡防与应急救援服务。打造养老健康综合服务平台,建设医养结合数据库和信息服务系统,将养老服务机构、医疗服务机构、运营商、服务商、个人和家庭连接起来,将养老资源和医疗资源进行有效整合,并和老年人需求进行精准对接,为老年人提供个性化、智能化服务,从而全面提升养老服务专业化水平,更好地满足老年人的健康养老服务需求。

深化“十四五”时期医疗卫生领域改革*

人民健康是民族昌盛和国家富强的重要标志。新中国成立后特别是改革开放以来,我国卫生健康领域改革发展成绩显著,人民健康水平和身体素质持续提高。党的十八大以来,以习近平同志为核心的党中央把维护人民健康作为治国理政的重要内容,实施健康中国战略,推动卫生事业高质量发展,我国卫生与健康事业发展迈上新台阶。面向“十四五”,我们要积极践行以人民为中心的发展思想,坚持问题和需求双导向,深化医疗卫生领域改革,着力推进医疗卫生治理体系与治理能力现代化,更好满足人民群众美好健康生活需要。

一、改革开放以来我国医疗卫生事业取得的显著成绩

改革开放以来,我国医疗卫生事业发生了翻天覆地的变化,取得了长足进步,特别是党的十八大以来,医疗卫生改革大踏步迈进,健康中国已经成为实现中华民族伟大复兴中国梦的有力支撑。

第一,医疗卫生体制改革蹄疾步稳,医疗卫生治理体系逐步完善。改革开放以来,我国医疗卫生工作围绕目标导向、问题导向、需求导向、效果导向,全面深化医疗卫生体制综合改革。1985 年国务院批转《关于卫生工作改革若干

---

* 本文作者王满传,中共中央党校(国家行政学院)公共管理教研部主任,教授、博士生导师;吕洪业,中共中央党校(国家行政学院)公共管理教研部教授。

政策问题的报告》，提出“必须进行改革，放宽政策，简政放权，多方集资，开阔发展卫生事业的路子，把卫生工作搞好”，标志着我国的全面医改正式启动。在医改政策推动下，我国医疗机构数量、先进医疗设备保有量等指标大幅增长，医疗供给不足问题基本解决，看病难、看病贵问题得到明显缓解。2009 年中共中央、国务院发布《关于深化医药卫生体制改革的意见》，新一轮医改启动，旨在强化医疗卫生事业的公益属性，探索一条政府与市场相结合的中间道路。党的十八大以来，我国医疗卫生体制改革更加注重整体性、系统性、协调性，更加注重医疗、医保、医药“三医”联动，以建立机制为重点，统筹推进分级诊疗制度、现代医院管理制度、全民医疗保障制度、药品供应保障制度、综合监管制度五项基本医疗卫生制度建设，取得突破性进展，中国特色基本医疗卫生制度、医疗卫生治理体系逐步完善。

第二，基本医疗保障制度不断完善，多元化多层次全民医保体系基本形成。医疗保障制度是减轻群众就医负担、增进民生福祉、保持社会稳定的一项重要的制度安排。1998 年、2003 年、2007 年，我国分别开始建立城镇职工基本医疗保险制度、新型农村合作医疗制度、城镇居民基本医疗保险制度，逐步构建起了世界上最大的全民基本医疗保障网。截至 2020 年底，我国基本医保参保人数达到 13. 6 亿人，参保率稳定在 95%以上。2020 年全国的医保基金收入达到 2. 48 万亿元，支出 2. 1 万亿元，职工医保和居民医保政策范围内住院费用支付比例分别稳定在 80%和 70%左右。在基本医疗保险制度之外，我国不断完善大病保险、医疗救助、疾病应急救助、慈善救助、补充医疗保险和商业健康保险等制度，形成了紧密衔接、多元化多层次全民医保体系。

第三，医疗服务体系不断健全，基本医疗卫生服务的公平性、可及性显著提升。改革开放以来，我国基本建立了以疾病预防控制、应急救治、卫生监督等专业的公共卫生机构为骨干，以各级各类医疗机构为依托，以基层的医疗卫生机构为网底，以全民参与为支撑，覆盖全民的公共卫生服务体系。1978 年，全国医疗卫生机构总数仅为 17 万个。截至 2019 年，我国医疗机构总数已经超过了 100 万家，其中医院数量 3.4 万；全国执业（助理）医师 386.7 万人，全国注册护士 445 万人。医疗卫生资源的迅速增加，明显改善了群众获得基本医疗服务的可及性，基层群众在家门口就能“看上病、看好病”。2019 年全国医疗机构诊疗人次 87 亿人次，住院诊疗人次达到 2.7 亿人次。人民健康和医疗卫生水平大幅提高，主要健康指标优于中高收入国家平均水平。自 1990 年至 2015 年的 25 年间，我国是医疗质量进步幅度最大的国家之一，HAQ（医疗质量和可及性）指数由 49.5 提升至 74.2，高于全球平均的 53.7，排名从第 110 位提高到第 60 位，进步幅度位居全球第三。

第四，“健康中国”上升为国家战略，人民健康成为民族昌盛和国家富强的重要标志。健康是促进人全面发展的必然要求，是经济社会发展的基础条件。2015 年 10 月，党的十八届五中全会首次提出推进健康中国建设，“健康中国”上升为国家战略，这是以习近平同志为核心的党中央从长远发展和时代前沿出发，作出的一项重要战略安排。2016 年 8 月，习近平总书记在全国卫生与健康大会上明确指出，“没有全民健康，就没有全面小康”“要把人民健康放在优先发展的战略地位”，强调要树立“大健康、大卫生”理念，扩展健康服务内涵，构建全方位全周期的保障机制。党的十九大报告对实施健康中国战略作出全面部署，强调“人民健康是民族昌盛和国家富强的重要标志”。实施健康中国战略，增进人民健康福祉，事关人的全面发展、社会全面进步，事关“两个一百年”奋斗目标的实现，必须从国家层面统筹谋划推进，这体现了我们党对人民健康重要价值和作用的认识达到新高度。

二、“十四五”时期我国医疗卫生领域面临的主要短板弱项

改革开放只有进行时，没有完成时。医疗卫生体制改革涉及各方面利益的调整，是一个长期、复杂、渐进的过程，不可能毕其功于一役。我国医疗卫生

领域改革发展在取得巨大成绩的同时仍然存在诸多短板，医疗卫生事业发展不平衡不充分与人民健康需求之间的矛盾仍然比较突出。这些短板弱项是“十四五”时期推进医疗卫生领域改革、推进医疗卫生治理现代化，必须破解的难题和挑战。

第一，医疗卫生领域投入不足，人均医疗资源拥有量较小。新中国成立70多年来，党和政府高度重视人民群众身体健康，持续增加对医疗卫生事业的投入，但与日益增长的需求相比，我国医疗卫生领域的投入还是偏低。根据国家统计局、国家卫健委、世卫组织和经济合作发展组织公布的相关数据，2018年我国人均医疗卫生支出费用为4237元，而美、英、日、韩为10586、4070、4766和3192美元，我国分别为四国的5.7%、14.9%、12.7%和19%，差距明显。在财政投入方面，2018年我国各级财政在医疗卫生方面的支出为1.6万亿元，占GDP的1.7%，而美国的这一比例为17.8%，欧洲国家和日本为9%至10%。我国医疗卫生支出占国家财政支出的比重为7.07%，而美、日、新加坡分别为24.44%、19.80%、13.47%。在由政府、个人与社会承担的公共卫生总支出中，近十年我国财政支出占比多数年份处于30%以下，2018年为28.3%，远低于主要工业化国家70%—80%的比重，与新兴市场国家平均45%的比重也有不小差距。投入不足直接导致医疗服务的总供给不足，人均医疗资源拥有量偏低。世卫组织数据显示，2018年我国每千人拥有的床位数是4.6张，而日本是13.7张；我国每千人拥有护士数为3人，而美、日分别为9.8人、11.5人，欧盟的最低标准是8人。投入不足导致的直接问题就是医疗资源短缺，医疗机构诊治能力不足。本次疫情初期，部分地区医疗资源严重短缺，医疗机构人员、设备、物资等都无法满足应急需要。即使是医疗资源相对集中的武汉地区，也出现了医疗资源短缺、医务人员不足的问题。为此，我们不得不临时修建方舱医院收治轻症患者，新建火神山、雷神山医院治疗重症患者，并调派军队和各地4万多名医护人员驰援湖北。

第二，财政投入“重大轻小”“重医轻防”，基层医疗机构能力薄弱。我国公共卫生投入以地方财政为主，中央财政占比很少。2018 年，中央和地方财政卫生支出额分别为 210.65 亿元与 15412.90 亿元，中央只占总额的 1.35%。中央财政投入占比过低，一方面不利于统筹协调城乡、区域间医疗发展，越是发达地区医疗资源越集中，越是落后地区医疗资源越缺乏；另一方面，地方财政在经济绩效的激励下，往往将财政资源投向大型医疗机构。这导致我国医疗服务具有明显的“中心化”特征，资金、设施、人才、技术等都集中于大城市大医院，而农村地区、城市基层医疗机构、预防保健机构的经费不足，存在设施不健全、诊疗能力弱问题。近些年我国大力推动分级诊疗，但收效有限，基层医疗机构在经常性卫生费用支出中占比仅为 10%左右。同时，财政投入注重临床治疗，而忽视传染病监测等疾病预防工作，“病来重视，病去忽视”的问题长期存在，导致疫情来临时作为卫生体系网底的基层医疗机构“第一闸门”作用发挥不足。

第三，社会办医政策障碍多，发展受到制约。社会力量兴办医疗机构可促进医疗服务供给主体多元化，优化医疗资源配置，提高全社会医疗服务供给能力。近二十年来，我国社会办医疗机构总量快速增长，绝对数量已超过公立医院，但医疗服务能力总体上仍然薄弱。据估算，社会办医疗机构的医疗费用占比为 30%左右、服务量占比 20%左右，全国社会办三甲医院不超过 50 家，远未形成与公立医疗机构优势互补、健康发展的格局。当前，社会办医主要面临三方面政策障碍。一是“放管服”改革力度不够，政策卡点仍然较多。社会办医在机构设立、资金要求、用地指标、医疗技术准入等方面仍面临审批多、周期长、资质资格认定难等问题。例如，近些年国家鼓励成立医疗影像中心，解决检查等待时间过长的问题。但由于购买大型医疗设备需要符合科室设置、人员配备、服务量要求等方面的审批条件，多数社会办医疗机构往往难以达到，真正建成落地的影像中心寥寥无几。二是多点执业政策落实不到位，社会办医疗机构人才瓶颈难突破。目前各类卫生专业技术人才主要集中在公立医疗机构，本轮医改提出的探索医师多点执业对缓解社会办医疗机构人才困境具有重要作用。但执行中多数地方要求医师多点执业须经第一执业地点单位和卫生部门批准，使得政策效果大打折扣。三是对医疗机构的监管不到位，民办医疗机构信誉不足。由于医疗市场监管体系和制度不健全不完善，一些民办医疗机构服务质量不高、收费贵、经营管理不规范，少数民办医疗机构唯利是图，为了牟利而损害患者健康，导致民办医疗机构信誉低，制约了其健康发展。

第四，政府购买机制不完善，国产高端医疗设备市场推广难。我国医疗装备产业整体技术水平偏低，现有22大类1100多类医疗设备仍以仿制为主，离实现自主可控目标尚有较大差距。尤其是一些高端医疗设备国产化率低，外部依赖严重。中国医学装备协会数据显示，目前超声、CT国产化率不到30%，核磁不到15%，DSA、消化内镜仪10%左右。在国内高端医疗器械市场中，外资产品占据绝大比例，在一二线城市的三甲医院中，甚至达到90%以上。本次疫情应对中，高频呼吸机、体外人工心肺机、全自动一体化基础生命支持设备、肺炎诊疗气管镜机器人、质谱仪等18类高端医疗装备严重依赖进口。可自主生产的产品中，呼吸机用芯片、麻醉机电磁比例阀、CT球管与高压发生器、监护仪塑胶原材料、中空纤维等40多类核心部件与材料无法在国内生产，高端产品、核心部件、核心材料“卡脖子”现象明显，应急医疗设备生产受到严重制约。创新性医疗产品一般要经历产品研发、产品注册、市场推广三个阶段。经过近些年的改革，高端医疗设备在研发和注册阶段的周期明显缩短，但市场推广艰难，产品普及率始终较低，其中一个重要原因是政府购买的支持力度明显不足。一是集中采购环节时间过长。针对创新产品的唯一性特征，《政府采购法》规定了可采用单一来源采购的方式购买。实践中，采购部门一般通过反复流标的方式来确认该产品属于单一来源，周期过长，导致市场推广的成本和不确定性增加。二是依托新技术新产品开展的新增医疗服务较难纳入医保支付范围。目前，决定是否将某项新增医疗服务纳入医保报销范围时，主要考虑的是单次治疗费用的高低，而不是患者整个治疗周期的总费用。一些新产品新技术的采用能有效降低整个治疗周期的总费用，但只要单次治疗价格相对较高，就难以纳入医保支付范围。例如，使用机器人辅助技术做一例骨盆手术，与常规手术相比，患者出血量由2000—5000毫升降至20—50毫升，手术切口由平均10厘米下降为2厘米，手术时间由2—4小时缩短为1—2小时，患者住院日可缩短一半以上，住院治疗总费用降幅超过40%。但由于使用机器人辅助手术的单次治疗费用高于单纯人工手术费用，所以这种手术治疗未能纳入医保报销范围，从而制约了医疗辅助机器人的推广使用。三是医疗机构对购买国产设备普遍持谨慎、保守态度。高端医疗装备属于高精设备，一次性购置成本高，因此医疗机构对设备采购非常谨慎。

三、“十四五”时期深化医疗卫生领域改革的政策建议

我国医疗卫生体系建设已经取得长足进步，但相较于人民群众不断增长的多层次、多样化美好健康生活需要而言，仍然还有进一步改革、建设并加强治理的空间与要求。面向“十四五”，应总结经验、吸取教训，坚持问题和需求双导向，采取针对性的措施，补齐短板，深化医疗卫生领域改革，深入推进医疗卫生治理现代化。

第一，加大和优化医疗卫生领域财政投入。增加财政投入是解决一系列问题的基础保障。一是大幅提高财政在医疗卫生领域的支出。“十四五”时期，各级政府应将提高医疗卫生财政支出比重，加大对公共卫生与防疫基础设施、运营体系、专业人才培养等方面的财政投入力度。可将医疗卫生支出占国家财政支出的比重，由当前的7%逐步提升至“十四五”末的10%左右、2035年提高至15%左右，达到发达国家中等水平。二是适度强化中央在公共卫生方面的事权，提高中央财政在医疗卫生支出中分担的份额，重点加大中央财政对全民普惠性公共卫生服务、基础性医疗科技、公共卫生安全保障等方面的投入。三是优化财政投入结构，财政资金更多投向农村地区、基层社区医疗机

构、预防医学等领域。

第二,增加对医疗卫生基建的投资。政府应增加对医疗设施、设备、科技等的投资。针对疫情暴露的短板,可重点加大对以下四个方面的投资:一是以增强“平战转换”能力为目标,加快对现有医疗基础设施和设备的更新。中央财政可通过向地方提供补贴,在一定规模以上城市新建永久而非临时的防疫中心兼传染病医院。二是加大对国产高端医疗装备的采购力度。在生命支持设备、医学影像、心内科导管室、血液透析、医疗辅助机器人等领域,国内企业已能生产具有国际先进水平的产品,政府可实施定向采购计划,支持国产高端医疗装备产业发展。三是为基层医疗机构购置设施设备,加快建设社区化、小型化、连锁化和集约化的基层医疗机构,推进医疗资源“去中心化”,提升医疗服务体系整体能力。四是加强区域卫生数据中心建设。本次疫情防控凸显了医疗信息化的重要性。新一轮投资应着力推进医疗卫生数据互联互通,通过建设数据中心,整合区域内医院、社区健康档案、疾控机构、妇幼保健机构、急救 120、社保、交通、公安、移动等相关信息系统,为公共卫生突发事件的监测、预警和应急响应等提供支撑。

第三,完善政府购买服务机制。政府采购是影响工业创新方向和速度的重要政策工具。20 世纪 50、60 年代,美国在半导体、计算机、飞机等领域的军事采购计划,直接催生了一批以技术为基础的创新型企业。针对国产医疗创新产品在市场推广阶段面临的困难,有必要完善政府购买机制。一是探索医疗服务替代产品采购的新机制。根据服务治疗的病例数量来收费,可有效降低医疗机构设备购置的初始成本。可在部分医疗机构试点开展根据服务治疗的病例数量收费的采购模式,推动新设备新产品应用。二是设立专项财政基金,支持采购自主创新产品。在此基础上,探索建立政府首购制度、设立创新医疗器械购置险等方式,赋能专业机构,降低采购风险。三是建立创新医疗器械单一来源采购长效机制。在创新医疗器械特别审批程序基础上,建立并动态评估调整创新医疗器械采购目录,对进入目录的产品在一定期限内可直接采用单一来源方式采购。四是完善医保目录产品认定标准和方式。对群众需求急、治疗效果好、总体费用低的创新性医疗服务,优先纳入医保支付范围。

第四,支持社会办医疗机构发展。一是深入推进“放管服”改革。在机构设立、资质资格认定、重大医疗装备采购、外资股权比例等方面深化改革,鼓励社会力量举办医疗机构。同时,在医保支付方面,完善医保资质认定标准,为社会办医疗机构营造良好的政策环境。二是切实落实分级诊疗和医师多点执业政策,加强对医生集团、公立医院去编制化等方面的探索,为社会办医疗机构发展有效赋能。三是完善商业健康保险,发挥商业健康保险对社会办医特别是高端医疗机构发展的支持作用。四是完善税收、投融资政策,鼓励和支持社会力量举办医学检验实验室、病理诊断中心、医学影像诊断中心、血液透析中心、消毒供应中心、中小型眼科医院、健康体检中心等专业机构。

第五,鼓励和推广互联网等新技术在医疗领域的应用。这次疫情应对凸显了互联网医疗的作用。疫情防控期间,互联网诊疗流量显著提升,有的诊疗平台新注册用户量增长近10倍。一些线下实体医疗机构也陆续开通互联网医院,如上海批准的7家医院一个月内完成网上咨询4.5万人次、诊疗服务5100余人次,远程诊疗能力大幅提高。可以预见,随着互联网+、5G、AI等新技术的快速发展,数字化、智能化医疗前景广阔。应顺应趋势,着眼未来,鼓励和推广新技术手段在医疗领域的应用。一是鼓励互联网医疗发展。抓住这次疫情防控导致的用户需求改变这一契机,鼓励实体医疗机构加速开通互联网诊疗,试水远程诊疗。同时,在医生认证、线上处方监管、底层数据连通、配套影像和检验中心建设、医院合作模式、医保支付等方面组织开展研究,形成支持互联网医疗发展的政策体系。二是加快推动“智慧医院”试点建设。鼓励和支持医疗机构加大智能化医疗基础设施建设,优化和重构医院业务流程,以电脑取代人脑、以机器人取代人,提升运营效率和服务能力。三是鼓励物联网、大数据、区块链等技术在医院综合运营管理中的应用。依托新技术构筑医疗安全防线,实现药品、试剂、耗材、物品等全流程追溯,资产全生命周期管理。

贯彻“健康中国”战略　实现卫生健康治理*

健康是促进人的全面发展的必然要求，是经济社会发展的基础条件，是民族昌盛和国家富强的重要标志。党的十八大以来，以习近平同志为核心的党中央始终坚持把人民生命安全和身体健康放在第一位，从“五位一体”总体布局和“四个全面”战略布局出发，作出实施健康中国战略的重大决策部署。建设健康中国的根本目的是全民健康，而健康涉及面广，与全社会的参与和每个人的行为密不可分，需要在共建共治共享中实现全民健康。全面推进健康中国建设，充分调动全体人民的积极性、主动性和创造性，是推进国家治理体系和治理能力现代化的重要任务，也是构建共建共治共享的社会治理制度体系的重要组成部分。

一、习近平总书记关于卫生健康的重要论述是新时代卫生健康治理的理论来源和实践遵循

（一）习近平总书记关于卫生健康的重要论述，深刻阐释了健康优先发展理念，确定了卫生健康治理的基础战略定位

习近平总书记深刻指出“要把人民健康放在优先发展战略地位，努力全

* 本文系中共中央党校（国家行政学院）厅局级干部进修班（第80期）“完善政府治理体系”研究专题二支部第六课题组的研究成果。课题执笔人格桑玉珍，西藏自治区卫生健康委党组副书记、主任；课题组成员汤向前，贵州省政府副秘书长（正厅级）、办公厅党组成员；黄金山，中国残联中国盲文出版社党委书记、社长。指导教师：尹艳红，中共中央党校（国家行政学院）公共管理教研部副教授。

方位全周期保障人民健康”，强调“在实现‘两个一百年’奋斗目标的历史进程中，发展卫生健康事业始终处于基础性地位，同国家整体战略紧密衔接，发挥着重要支撑作用”。这是对健康发展的深刻把握，也是对健康治理的战略地位。加强新时代卫生健康治理，推进卫生健康治理能力和治理体系现代化，就是要把卫生健康治理放在国家治理的基础性地位上，在理念引导、政策体系、制度设计等方面更加体现健康优先，加快转变卫生健康发展和治理理念，将健康融入所有政策，加快形成有利于健康的生活方式、生产方式、经济社会发展模式和治理模式，实现健康和经济社会良性协调发展。

（二）习近平总书记关于卫生健康的重要论述，深刻阐释了以人民健康为中心的理念，揭示了卫生健康治理的核心价值导向

习近平总书记深刻指出“江山就是人民，人民就是江山，打江山、守江山，守的是人民的心”，多次强调“人民至上、生命至上”，强调“实现‘两个一百年’奋斗目标，必须坚持以人民为中心的发展思想”。坚持以人民健康为中心，既是我们党初心使命在卫生健康领域的内在根本要求，也是卫生健康治理的核心价值导向。加强新时代卫生健康治理，推进卫生健康治理能力和治理体系现代化，出发点和落脚点是人民群众健康，效能体现和评判标准是人民群众的健康需求是否得到有效满足、健康问题是否得到很好解决、健康权益是否得到全面保障。

（三）习近平总书记关于卫生健康的重要论述，深刻阐释了大卫生大健康的理念，拓展了卫生健康治理范畴

习近平总书记指出要“树立大卫生、大健康的观念，把以治病为中心转变为以健康为中心”，强调“以普及健康生活、优化健康服务、完善健康保障、建设健康环境、发展健康产业为重点，加快推进健康中国建设，努力全方位、全周期保障人民健康”。这是对健康理念的新阐述，也是对卫生健康治理范畴的

大拓展，标志着卫生健康治理从单一治理走向系统治理。从时间范畴看，卫生健康治理从过去的某一时间段拓展到胎儿、婴儿、幼儿、青少年、成年、老年、死亡等全生命周期，从专注治病拓展到预防、治疗、康复、保健等各环节。从空间范畴看，从传统地理空间拓展到包含互联网等虚拟空间。从要素范畴看，从传统意义的医疗卫生服务，拓展到健康生活、健康服务、健康保障、健康环境、健康产业等各要素。

（四）习近平总书记关于卫生健康的重要论述，深刻阐释了预防为主的理念，造就了公共卫生治理的典范

习近平总书记深刻指出“预防是最经济最有效的健康策略”，强调“要坚定不移贯彻预防为主方针，坚持防治结合、联防联控、群防群控，努力为人民群众提供全生命周期的卫生与健康服务”，强调“只有构建起强大的公共卫生体系，健全预警响应机制，全面提升防控和救治能力，织密防护网、筑牢筑实隔离墙，才能切实为维护人民健康提供有力保障”。

（五）习近平总书记关于卫生健康的重要论述，深刻阐释了深化医改的理念，指明了卫生健康治理现代化的根本途径

以习近平同志为核心的党中央把全面深化改革纳入“四个全面”战略布局，总书记强调“要把医药卫生体制改革纳入全面深化改革中同部署、同要求、同考核”，同时提出要“深化医药卫生体制改革，全面建立中国特色基本医疗卫生制度、医疗保障制度和优质高效的医疗卫生服务体系”等一系列具体要求。这充分体现了深化医药卫生体制改革的极端重要性，也深刻回答了如何推进深化医药卫生体制改革的重大课题。深化医药卫生体制改革的实质，是要进一步优化调整卫生健康领域中政府、市场、社会、个人等主体的功能职责，进一步完善中国特色卫生健康政策、制度、机制，从而实现系统重塑、资源优化、能力现代化。这与卫生健康治理的理念相通、内涵相近、道路相交、目标

一致，也是推进卫生健康治理体系和治理能力的关键所在、动力所在。

二、把握健康中国背景下卫生健康治理的关键环节要素

党的十九大报告明确提出“实施健康中国战略”，党的十九届五中全会通过的《中共中央关于制定国民经济和社会发展第十四个五年规划和二〇三五年远景目标的建议》提出了“全面推进健康中国建设”，到2035年建成“健康中国”的总体目标。《“健康中国2030”规划纲要》《关于实施健康中国行动的意见》等重大决策部署，描绘了健康中国建设的“施工图”和“路线图”。

在健康中国背景下，我国卫生健康治理能力和治理体系现代化加快推进，中国特色卫生健康制度体系加快形成。但还面临着不少问题挑战。从外部环境看，拥有健康的国民意味着拥有强大的综合国力和可持续的发展能力，国民健康水平和卫生健康治理能力的竞争逐渐成为国际竞争的重要内容。随着我国全方位对外开放和全球一体化进程加速，新冠肺炎、埃博拉出血热等新发、突发重大传染病的外部冲击和输入压力倍增，对卫生健康治理体系和治理能力现代化提出更高要求。从自身情况看，人民日益增长的健康需要与卫生健康不平衡不充分的发展之间的矛盾，依然是目前我国卫生健康治理的重点和难点。在需求侧，随着国民收入水平的提升和健康意识的增强，人民群众对健康有了更高需求，要求看得上病、看得好病，看病更舒心、服务更体贴，更希望不得病、少得病，特别是残疾人、老年人、孕产妇、儿童青少年、慢性病患者等卫生健康重点人群的个性化、优质化健康需求健康迅速增长。在供给侧，一方面结构性问题依然比较突出，优质资源总量不足，主要集中在城市，公平性和可及性还需提高；健康服务供给主体还比较单一，还主要集中在医疗机构，公共卫生服务体系、残疾预防和残疾人康复不健全，能力水平有待提升。另一方面体制性问题依然存在，健康保障政策体系仍需完善，政策优势还需进一步彰

显，深化医疗改革、公共卫生治理和卫生健康应急管理、残疾预防和残疾人康复等方面部门协作机制不够完善，监测预警评估体制机制滞后。另外，在法制、人才、信息的支撑保障方面力度也还需进一步加强。面对上述问题挑战，加强新时代卫生健康治理工作，需要进一步聚焦健康中国的重要目标和基本任务，进一步理顺政府、市场、社会、个人等卫生健康治理主体的各自职责定位和相互作用以及相关机制，以便从供需两端发力，有效解决好各类结构性、体制性问题。

（一）围绕五项基本任务，把握好“治理什么”的问题

普及健康生活、优化健康服务、完善健康保障、建设健康环境、发展健康产业，是健康中国建设的五项基本任务。因而，健康生活、健康服务、健康保障、健康环境、健康产业就是卫生健康治理的重点内容。治理的切入点和着手处往往是这一领域的矛盾、问题、短板和痛点。普及健康生活需要重点治理的是居民健康生活理念不足、健康素养偏低、健康生活方式还没达成共识并普及等短板问题。优化健康服务需要重点解决的是医疗卫生资源城乡区域不协调等供给侧结构性矛盾、优质医疗卫生资源不足短板等。完善健康保障需要重点完善健康保障制度机制、提高医疗保障质量和水平等。建设健康环境需要重点关注健康环境的综合治理合力不够、监测预警和考核评价滞后等短板弱项。发展健康产业则需要重点解决健康产业发展不充分、发挥市场经济优势不够、激发市场活力不足等问题。当然，健康中国建设的基本任务相互影响、互相关联，卫生健康治理要注重综合施策、系统治理。例如，要优化健康服务、解决供给侧结构性问题，需要健康生活、健康保障、健康环境、健康产业等共同发力。又如普及健康生活与建设健康环境密不可分。再如，加强残疾预防和残疾人康复，既要统筹部门和区域资源，合理规划布局残疾预防和残疾人康复服务供给，建立完善残疾人健康权益保障机制，还要加大自我防护和推广康复知识普及，引导社会力量大力发展残疾康复产业，等等。

(二)抓住四个重要主体,把握好"谁来治理"的问题

卫生健康治理涉及政府、市场、社会和个人等重要主体,需要界定好政府、市场、社会、个人在健康中国建设中的责任定位和责任边界。政府是有力主导者。《"健康中国2030"规划纲要》指出"坚持政府主导与调动社会、个人的积极性相结合""将主要健康指标纳入各级党委和政府考核指标,完善考核机制和问责制度"等,就是要强化政府对卫生健康的领导责任、投入保障责任、管理责任、监督责任。在基本医疗卫生服务领域政府要有所为。但健康治理并不是指政府包办,其精髓在于政府充当主导者,通过政策和制度安排形成合力,引导、协调、整合社会、市场与个人各方力量。市场是有效驱动者。《"健康中国2030"规划纲要》指出要"发挥市场机制作用"。在健康相关的服务或产品等公共物品供给方面,市场具有独特优势,是有力的驱动者。市场活力与政府调控密切相关,因此把握好政府与市场关系在健康中国建设和卫生健康治理中十分重要。政府主导与市场驱动、政府监管与市场调控应当作为重要原则,政府的介入是克服自然垄断、信息不对称、外部性以及解决公平性问题的必要手段;而市场机制作用的发挥则有利于资源的最优配置,提高健康服务和产品的生产和利用效率。社会是重要参与者。《"健康中国2030"规划纲要》指出"统筹社会、行业和个人三个层面""有效控制影响健康的生态和社会环境危险因素,形成多层次、多元化的社会共治格局"。健康影响因素的广泛性、社会性、整体性决定了健康治理需要社会各界积极参与。激发社会各级积极性、主动性,发挥社会组织和各方力量,是形成卫生健康社会共治格局的基础,关乎健康中国建设目标的达成。尤其在普及健康生活、建设健康环境中,家庭、学校、社区等重要社会场所尤为关键。个人是权益享有者。健康的最终受益者是每一个人,健康治理的目标也是保障每个人的健康权益。然而权责相当,个人在享有健康权利的同时,也要落实健康责任。《"健康中国2030"规划纲要》指出"要强化个人健康责任""推动人人参与、人人尽力、人人享有"等

要求，就是要进一步明确“健康第一责任人”的责任。

（三）完善三项重点机制，把握好“怎么治理”的问题

作为一项系统工程，推进健康中国建设需要完整的机制制度设计。卫生健康治理要在这一框架下，着重完善协调推进机制、监测预警机制、考核评价机制等相关机制。协调推进机制方面，主要是要完善政府部门之间的推进协调机制，避免卫生健康部门唱“独角戏”，基本任务是统筹制定健康中国建设相关重要政策，组织开展跨部门跨区域的健康促进、健康教育、健康保护重大行动或项目，督查健康中国战略在各部门、各地区的实施进展，公平分配国家为支持健康中国建设重点领域而投入的公共资源，促进健康科技创新重大成果和关键技术推广应用等。监测预警机制方面，主要是要建立监测预警指标体系，创新数据和信息获取方式，构建跨区域、跨层级、跨系统、跨部门、跨业务数据联通的健康监测和预警平台，从而对出现的问题及时做出分析与评估，为健康治理决策参考提供有力支撑。考核评价机制方面，主要是要兼顾公平与效率，建立公共政策健康影响评价评估机制、社会监督评价机制、政府绩效考核机制和全民共建激励机制等综合效果评价机制，激发健康治理内在活力。同时，与监测预警机制相协调统一，确保健康中国建设沿着既定的方向与轨道向前推进。

三、健康中国建设中卫生健康治理实践的基本原则路径

加强新时代卫生健康治理，推进卫生健康治理能力和治理体系现代化，要始终坚持以习近平新时代中国特色社会主义思想为指导，准确把握卫生健康治理的关键环节要素，确保思路方向不偏。同时，还要把握以下几个基本原则路径，以保证实践路径正确。

（一）多元一体，共建共享

始终坚持党对卫生健康的领导，发挥我国国家治理的制度优势。强化政府、社会、个人等健康治理责任和共识，构建党委统一领导、政府组织部署、部门共担责任、社会有序参与、全民动员行动的多元主体健康共建共享体系，建立基于责任落实、社会评价、行政考核、鼓励参与的新型大健康治理运行体制，形成健康共识、责任共担、目标共建、成果共享的共治机制。在残疾预防和康复方面，强化政府主体责任意识，细化责任分工，建立常态化监督、检查和指导机制，构建科学的政府工作绩效评价指标体系。

（二）关口前移，源头治理

加快以治病为中心向以健康为中心转变，加大健康理念和健康知识普及。注重健康体检、残疾预防、健康干预，做到早发现、早干预、早治疗、早康复。创新爱国卫生运动和健康城市创建方式，加强健康环境综合治理和区域联动，消除或减少健康因素影响。加快补齐公共卫生短板，改革完善疾病预防控制体系、重大疫情救治体系，加强健康监测预警和应急能力建设，加大医防融合，构建起强大公共卫生体系，防范化解卫生健康领域重大风险。加强农村、社区等基层卫生健康治理能力建设，促进卫生健康治理与社区治理深度融合。

（三）问题导向，需求牵引

把握现阶段社会主要矛盾在卫生健康领域的具体表现，积极应对人口老龄化，满足人民群众全方位全周期健康需求。注重妇女、儿童、残疾人、老年人、贫困人口等健康重点人群健康需求，加大专业残疾康复机构、社会养老机构等相关领域投入建设，提高能力水平。发挥中医药优势作用，促进中西医协同发展，提供更加充分和优质的中医健康服务。加大政策支持力度，发挥市场作用、调动社会力量，引导促进健康产业发展。

(四)改革驱动,形成机制

加快深化医药卫生体制机制改革纵深迈进,加大公立医院、服务价格、县域综合医改等关键环节领域改革,完善分级诊疗、现代医院管理、全民医保、药品供应保障、综合监管5项基本医疗卫生制度,形成具有中国特色、促进全民健康的制度体系。进一步优化政府职能体系,加大卫生健康供给侧结构性改革,加快建设优质高效医疗卫生服务体系,加强基层紧密型整合型医疗卫生服务体系建设,推进多元化残疾人康复服务体系建设,优化卫生健康要素配置和服务供给。

(五)智慧引领,科技赋能

加强顶层设计,充分利用5G、大数据等现代信息技术,打破行政壁垒,横向跨部门合作,实现数据融合、共建共享。通过标准与安全体系的建设,形成有效的行业规范、行业信息安全和技术标准,促进信息资源整合共享,建立统一标准信息平台、远程诊疗、远程教育和健康咨询等平台。加大健康科技创新,创新科技转化机制,加快补齐我国在生命科学、生物技术、医药卫生、医疗设备等领域的短板。加快医疗健康资源与信息技术、人工智能的融合,加强残疾人康复、辅助器具产品研发。通过开发、引入可穿戴智能监测设备,为居民提供家庭医生、智慧型养老、“互联网+康复(辅助器具)”等服务,推动卫生健康治理信息化、现代化。

(六)依法治理,人才支持

完善相关法律法规、制度、标准建设,明确社会各阶层健康法律责任,建立必要的法律约束和健康失信机制,建立适宜卫生健康发展和治理的法律保障,推进卫生健康治理标准化、法制化。制定健康领域人才发展战略,完善卫生健康部门人才管理体制机制,强化健康人才培养能力,着力扩大人才队伍整体规模。建立健康治理智库体系，成立健康决策、管理咨询委员会等专业智库，提供人才智力支持。

结　语

全民健康蓝图已经绘就，健康中国建设任重道远。站在第二个百年奋斗目标的新起点，面对风云变幻的国际形势和我国社会主要矛盾，更加需要矢志不渝推进健康中国建设，坚定不移推进卫生健康治理体系和治理能力现代化，不断完善中国特色卫生健康制度，增进全民健康福祉，为实现中华民族伟大复兴提供强有力的健康保障。

专题三:组织结构优化

优化政府间事权财权关系*

政府间关系的核心就是事权的划分，即哪些事务由中央政府承担，哪些事务由地方政府承担。只有事权划分清楚了，各级政府才能各司其职、各负其责、各尽其能。而各级政府要真正各司其职、各负其责、各尽其能，还要有相应的财权和与事权相匹配的财力，因为没有财力支撑的事权基本上等同于虚设。因此，合理配置政府间财权与事权关系，建立权责清晰、财力协调、区域均衡的政府间关系，不仅是建立现代财政制度的基本要求，也是推进国家治理体系和治理能力现代化的基础和重要内容。

一、政府事权财权关系的一般理论阐释

所谓事权，就是政府以财政支撑提供的公共服务的任务和职责。所谓财权，是指各级政府依法享有的筹集收入的权力，主要包括税权、收费权及发债权。在明确划分政府间事权的基础上，合理配置各级政府财权，以便各级政府都能够有财力履行其公共管理职能，是各国配置政府间财权事权关系的基本准则。这种财政分权的政府间财政体制也被称为财政联邦主义体制。财政联邦主义体制与一个国家本身的政体没有必然的联系，它只是一种财政的分权方式，所以，世界范围内无论是美国、德国、澳大利亚这样的联邦制国家，还是

---

* 本文作者井敏，中共中央党校（国家行政学院）公共管理教研部副教授。

像法国、英国、日本等单一制国家都采用了这种体制。楼继伟也认为“通览主要发达国家,无论是联邦制还是单一制,都普遍实行联邦主义财政,即以权力清晰与相互制衡为最高原则”,“联邦主义财政理论与我国深化财税体制改革实践原则不悖,可为借鉴”①。其基本内涵是:

1. 清晰划分中央和地方政府间的事权

中央政府和地方政府在提供公共服务方面各有优劣,中央政府虽然能站在全体国民的利益上统筹规划和提供公共服务,且能力更强,但中央政府并不能完全掌握各级各区域居民的需求偏好,也无法体现地方特色;地方政府虽然更了解地方公民的公共服务偏好,更能体现地方特色,作为地方公共服务的供给主体更为合适,但地方政府会因其经济发展程度和地理区位等不同而拥有不同的公共服务供给能力,完全依靠地方政府提供地方性公共服务就可能出现区域间的不均,有些普惠性公共服务的提供还是应该交由更高等级如中央政府。因此,哪些事权应该交由哪级政府承担,就应该有相对清晰的划分。各国基于政治、经济、文化和历史等方面的不同,对中央政府该承担哪些事务、地方政府该承担哪些事务的认知不可能完全相同,但在事权划分上依然有着共同遵守的一些原则。这些原则包括:①受益范围原则。根据公共物品的受益范围来划分各级政府的事权,某一公共服务的受益范围涵盖全国的,由中央政府承担,受益范围仅覆盖某一区域的,由区域性政府来承担。公共服务的外溢性越强,越需要由更高级别的政府来承担,没有外溢性或外溢性较小的公共服务则由受益范围内的地方政府承担。②效率原则。如果某一公共服务的提供涉及范围需要统一的规则、标准和行动方式,由中央政府提供效率更高,成本更低,那么该公共服务的提供就应该由中央政府来承担;相反,若某一公共服务因各地需求不同,需在掌握大量地方公众需求信息的基础上因地制宜的凸显地方特色,由地方政府提供效率更高,成本更低,则该公共服务的提供就应

① 楼继伟主编:《财政改革发展若干重大问题研究》,经济科学出版社 2014 年版,第 3 页。

该由地方政府承担,如城市建设。③积极性原则。即政府间事权的划分要有利于调动各级政府的积极性,并有利于国家整体利益的实现。中央政府既不能过多上收公共服务的事权,使地方政府无法发挥自身主动性,只能被动听命于中央政府的指令,也不能过多下移公共服务的事权,使地方政府不堪重负,无能为力。除了这些基本原则外,还要根据公共服务规模的大小、资金密集度和技术含量等相关因素来分配公共服务的事权责任,一般来说规模越大、资金密集度越集中、技术含量越高的公共事务,越应该由更高等级的政府承担,反之,则由较低等级的政府承担。

2. 相对独立的地方财政

财政分权是财政联邦主义的核心要义。在财政联邦主义国家中,一般都会采用分税制的基本税收制度。地方财政会拥有一定的立法权、税赋减免权、征税管理权,并享有自己独立的税种、税源,即便是共享税,也有法定的比例划分,而且这种权力是得到法律保护的,中央政府一般不得随意更改。中央与地方的财政关系主要通过财政补助和财政转移支付等法定方式来维系。地方政府有权根据地方公众的基本公共服务需求,灵活使用地方财政为地方公众提供具有地方特色的公共服务。

3. 相对集中的中央财权

虽然财政分权是财政联邦主义的核心要义,但地方政府的财政独立性不能影响到中央政府在维护国家主权、宏观调控、均衡分配、稳定经济等方面的权威性地位,中央与地方的财政分权要以保证中央政府的财政权威为基础,这是维系国家完整性和公平性所需要的基本条件。第一,中央政府适度的财政集权可以充分发挥其宏观调控能力,解决地方政府间因经济、社会发展的不平衡所导致的各类矛盾和问题,以维护全国范围内的经济和社会稳定。第二,有利于全国范围内基本公共服务均等化的实现,以保证所有国民都能享有符合国家标准的基本公共服务,体现社会公平和正义。第三,有利于应对特别重大突发事件的发生。一旦发生跨区域甚至全国范围的特别重大突发事件,中央政府必须有能力带领全体国民来应对,而中央政府的这个应对能力是必须有相应的财力保障的。第四,有利于财政的透明和监督。一般情况下,由于中央政府受关注度更高,监督机制更完整,财政信息透明度要高于地方政府,所以财权相对集中于中央,财政的公开程度更高,更有利于各监督主体的监督,防止地方政府在财政活动中的权力寻租和腐败。一般来说,中央政府通过其拥有的财权所获得的财力应大于本级政府提供公共产品或服务所需的财力,地方政府通过其拥有的财权所获得的财力应小于本级政府提供公共产品或服务所需的财力,中央政府通过转移支付将其结余财力转移给地方政府以弥补地方财力缺口,并在转移支付过程中保证中央治理意图以及地区间经济和民生的均衡发展。所以,中央政府拥有较大的财权,地方政府拥有较小的财权,由此造成的财力与事权的不匹配通过转移支付来解决,是一种合理的制度框架。这一点对像我们这样常常要集中力量办大事的国家更是十分必要。当然,过度强调财政集权也会加剧地方政府对中央财政的从属依附关系,在缺乏激励机制之下,财政集权会导致地方政府从“援助之手”转变为“攫取之手”①。因此,中央政府的财政集权也要适度。

二、我国政府间事权财权关系中存在的主要问题

1. 中央与地方事权划分中的主要问题

目前,我国中央与地方划分不清,突出表现就是中央事权和地方事权高度雷同,各级政府的事权基本表现为上下一般粗。根据《中华人民共和国宪法》第八十九条规定国务院行驶的职权包括“经济工作和城乡建设、生态文明建设;教育、科学、文化、卫生、体育和计划生育工作;民政、公安、司法行政等工作;对外事务,同外国缔结条约和协定;国防建设事业”。根据《中华人民共和

① 陈抗、A.L.Hillman、顾清扬:《财政集权与地方政府行为——从援助之手到攫取之手》,《经济学》2002 年第 1 期。

国宪法》第一百零七条规定“县级以上地方各级人民政府依照法律规定的权限,管理本行政区域内的经济、教育、科学、文化、卫生、体育事业、城乡建设事业和财政、民政、公安、民族事务、司法行政、计划生育等行政工作”。由此可知,除了国防和外交事权地方政府没有之外,中央所承担的其他事权,地方政府也同时都在承担。而在现实的公共服务提供实践中,又表现为事权层层下放,层级较低的地方政府反而承担着更多的公共服务供给责任。比如我们的义务教育、公共卫生和社会保障等基本公共服务事权的主要承担者就是我们的省以下地方政府。“中央和地方事权与支出责任划分存在不清晰、不合理、不规范等问题”①。

2. 中央和地方事权与支出责任中的问题

自1994年实行分税制以来,中央政府财政收入有了较大比例的攀升,一般性公共预算从1992年的28.1%一下上升到1994年的55.7%,之后虽有所下降,但基本保持在50%左右。与此同时,中央政府的支出比例却没有同比例上升,反而是下降了,从1994年的30%左右下降到了目前的不到15%,说明中央政府的支出责任相对较小,中央财力盈余较多。反观,地方政府在1994年分税制之后,一般公共预算收入占比大幅下降,由分税制之前的70%多,下降到了目前的50%多点(见图13-1),但其支出责任却没有同比例下降,依然承担着大量的公共服务供给责任。目前我国基本公共服务的事权主要是由地方政府来承担的。以义务教育、公共卫生、社会保障这三大支付规模最大的基本公共服务为例,中央政府的一般公共预算支出占比基本上都不超过10%。公共卫生的一般公共预算支出仅占1.5%(见表13-1)。这与世界上主要的发达国家这三大基本公共服务的支出比例相比差距甚大(见表13-2)。虽然,由于各国统计口径的不同,这些数据并不完全匹配,但基本可以反映各国中央政府与地方政府在这三大基本公共服务供给中的支出比例,能够说明我们中央

① 楼继伟:《建立现代财政制度》,《人民日报》2013年12月16日。

政府在这些基本公共服务中支出比例远低于这些发达国家。

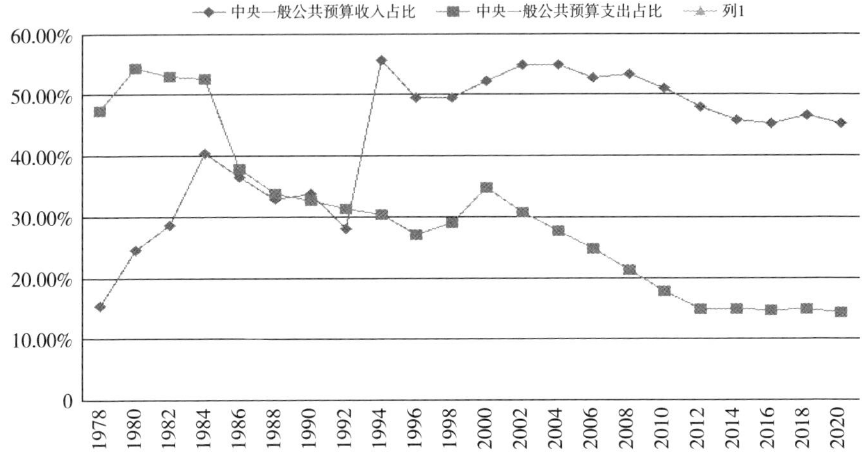

图 13-1 中央政府一般公共预算收入与支出占比①

表 13-1 中央和地方一般公共预算支出② 单位:亿元

项目	总数	中央		地方	
教育	34796.94	1835.88	5.3%	32961.06	94.7%
社会保障和就业	29379.08	1231.53	4.2%	28147.55	95.8%
卫生健康	16665.34	247.72	1.5%	16417.62	98.5%

表 13-2 部分国家各级政府在基本公共服务上的支出比重③ 单位:%

国家	教育			医疗保障			社会保障与福利		
	中央	省(州)	地方	中央	省(州)	地方	中央	省(州)	地方
美国	4.85	43.93	51.22	55.25	33.95	10.80	71.54	20.33	8.12
德国	6.77	71.64	21.58	71.68	13.63	14.69	77.46	11.38	11.17

① 根据《中国统计年鉴 2021》整理计算,见国家统计局网站。

② 根据《中国统计年鉴 2021》整理计算,见国家统计局网站。

③ 转引自沈荣华:《各级政府公共服务责任划分的指导原则和改革方向》,《中国行政管理》2007 年第 1 期。

续表

国家	教育			医疗保障			社会保障与福利		
	中央	省(州)	地方	中央	省(州)	地方	中央	省(州)	地方
澳大利亚	31.11	68.76	0.13	53.90	45.42	0.69	91	7.68	1.32
俄罗斯	15.31	0	84.69	15.55	0	84.45	86.48	0	13.52
法国	62.82	0	37.18	97.81	0	2.19	91.26	0	8.72
英国	36.54	0	63.46	100	0	0	88.92	0	11.08
主要国家平均	43.85	13.10	43.05	62.25	9.09	28.32	85.87	3.79	10.34

表 13-2 显示,这些发达国家在三大民生关系重大的基本公共服务供给中,中央政府承担的支出比例公共教育平均在 40%以上,医疗保障平均在 60%以上,而社会保障平均更高达 80%以上。

3. 地方财力中的问题

所谓财力,是指各级政府在一定时期内拥有的以货币表示的财政资源,来源于本级政府税收、上级政府转移支付、非税收入及各种政府债务等。与事权的层层下移相反,我国就各级政府之间的财权和财力来说,又基本上表现为层层上收的局面,使地方财政尤其是县乡财政成为我国各级政府中最薄弱的一级财政,他们既没有税收的立法权和举债权,也没有独立的税种,但却承担着大量的具体公共服务的供给职责。根据财政部《2019 年财政收支情况》①数据,地方财政本级收入 183877 亿元与地方财政支出 293311 亿元之间存在 109434 亿元的缺口,即便加上当年中央对地方转移支付的 74415.1 亿元,仍有 35018.9 亿元的缺口,占地方财政支出总额的 12%②。所以,地方政府普遍

① 因疫情影响,2019 年的数据更能反映我国财政收支的常态,故本文并未选用最新的数据。

② 《2019 年财政收支情况》,见财政部网站,2020 年 2 月 10 日。

采用了土地财政和大量举债来弥补地方财政不足。而土地财政不仅造成了高昂的房价，拉低了人民群众的幸福指数，其不可持续性也已经显现；地方债务也成为了地方财政挥之不去的一个重大隐患。截至2021年8月末，全国地方政府债务余额284731亿元。其中，一般债务135893亿元，专项债务148838亿元，政府债券282984亿元，非政府债券形式存量政府债务1747亿元①。

4. 现有转移支付制度结构中的问题

经过多年调整，我国的现有转移支付制度对平衡各地财力发挥了重要作用，但其总量不足、结构不合理、缺少规范化的省以下转移支付制度等问题也一直存在。

首先是总量不足。数据显示，1994—2019年，中央对地方转移支付增加了125倍，年均增长21.3%，占地方财政支出的比重从15%提高到36.5%。但目前的转移支付规模仍无法满足地方财政支出需求，地方财政缺口依然存在。

其次是结构不合理。主要表现为：一般性转移支付中具有均衡财力效应的比重过低、明显违背均衡财力目标的转移支付项目依然存在、专项转移支付占比过高且项目分散、繁多、资金使用效率低下。

一般性转移支付原本应该是中央按照既定的计算公式，对财政收入和财政支出存在差距的地方政府给予补助、均衡地区间财力最主要的制度安排，这也是为什么将一般性转移支付称为均等化转移支付的原因。但我国目前的一般性转移支付中，现有项目并不都具有均衡各地财力的功能，真正具有均衡功能的是均衡性转移支付，但均衡性转移支付占比却从2018年的35.08%下降到2019年的21.02%，2020年又进一步下滑至20.6%，即便加上具有均衡功能的县级基本财力保障奖补资金、老少边穷地区转移支付、重点生态功能区转移支付、资源枯竭城市财力性转移支付等，占全部转移支付的比重也仅约

① 《2021年8月地方政府债券发行和债务余额情况》，见中华人民共和国财政部网站，2021年9月26日。

29%。这一均衡化水平显然无法实现均衡各地财力的目标。根据财政部测算的均衡性财政转移支付困难系数,目前我国共有 25 个省份的财政困难系数超过 60,其中宁夏、青海、甘肃、西藏等西部省份甚至超过 80。2019 年按新的统计口径归并到一般性转移支付目录下的税收返还和固定补助项目更是与均衡各地财力的一般性转移支付目标背道而驰。我们知道,税收返还是指增值税和消费税的两税返还制度。由于分税制改革前,消费税和增值税是地方政府的支柱财源,1994 年分税制改革后,这两项税被划归中央,为了减少新税制推行的难度,保护原体制下的地方既得财力,我国在转移支付制度中专门设立了税收返还项目。中央财政对地方税收返还数额以 1993 年为基期年核定。按照 1993 年地方实际收入以及税制改革后中央和地方收入划分情况,确定 1993 年中央从地方净上划的收入数额,并以此作为中央对地方税收返还基数。很显然,这一转移支付实施的结果就是富者愈富、穷者愈穷,会进一步扩大各地财力差距。这一项目虽经多年调整占比逐渐下降,但依然占有一定的比例。财政部数据显示,2019 年和 2020 年并入一般性转移支付后,税收返还及固定补助占比仍然维持在 15. 18%和 13. 56%,这将大大抵消均衡性转移支付的效用。除上述项目外,其他一般性转移支付项目基本都有明确的资金使用指向,实际上已经具备专项转移支付的功能,这类资金大多不是采用公式法计算的,因此资金分配并不一定向财力薄弱的地区倾斜,也无法发挥一般性转移支付的均衡功能。

专项转移支付本身就是中央为实现其政策意图和委托给地方的事务而专门设立的,并不直接作用于均衡地方财力的功能,其占比不宜过高。现行专项转移支付存在项目繁杂、交叉重叠、资金分散、效率低下等问题。李克强总理在一次讲话中就曾指出,“仅中央部门到省的涉农资金就有约 100 个专项,多头管理、撒胡椒面、跑冒滴漏,弊端很多”①。虽经多年呼吁,专项转移支付的

① 李克强:《在国务院机构职能转变动员电视电话会议上的讲话》,《人民日报》2013 年 5 月 15 日。

整体规模也没有真正降下来。从数据上看,2018 年专项转移支付占比为 32.90%,2019 年及 2020 年分别为 10.17%和 9.24%,似乎有了明显下降,但这只是由于统计口径调整,将部分专项转移支付项目调整到一般性转移支付下的共同事权造成的,整体上发挥专项转移支付功能的项目和资金规模并没有降下来。如果将实际上具有专项转移支付功效的共同事权和现有专项转移支付资金合并,其占全部转移支付的比重在 2019 年仍然高达 53.13%,这一比例显然过高了。

最后是缺少规范的省以下转移支付。我国省以下尤其是县乡政府承担着大量的公共服务供给事权,但却缺少相应的财力保障。基层政府财力和事权的严重不匹配,最主要的原因之一就是缺乏规范的省以下转移支付制度。

三、优化政府间财权事权关系的主要举措

1. 清晰界定政府间事权

一是要进一步明确政府与市场的关系。根据十八届三中全会提出的“发挥市场的决定性作用,更好发挥政府作用”之要求,把市场能够解决的事情交还给市场,政府要管好自己应该管的,集中精力做好保持宏观经济稳定、加强和优化公共服务、保障公平竞争、加强市场监管、维持市场秩序,推动可持续发展、促进共同富裕、弥补市场失灵等职能。

二是要合理划分中央与地方政府的公共服务事权与支出责任。合理划分中央与地方政府的事权和支出责任是调动中央和地方两个积极性的前提。毛泽东在《论十大关系》中谈到中央与地方关系时就曾指出“有中央和地方两个积极性,比只有一个积极性好得多”。之后我国历代领导人邓小平、江泽民、胡锦涛都强调要发挥两个积极性。习近平总书记在十九届四中全会上更进一步指出,要“健全充分发挥中央和地方两个积极性体制机制”;“构建从中央到地方权责清晰、运行顺畅、充满活力的工作体系”。

中央与地方财政事权和支出责任划分，一方面要增加中央政府在普惠性基本公共服务方面的事权和支出责任。这不仅是体现中央权威的需要，更是在国家范围内实现基本公共服务均等化的一个必要前提。按照这一思路，凡受益范围涵盖全国，旨在保障国家安全、维护全国经济和社会稳定、体现社会公平正义、推动区域协调发展等方面的财政事权，比如国防、外交、能源与科技、出入境管理、全国性公路、国界河湖治理、全国性重大传染病防治、战略性自然资源的使用和保护，以及一些特殊时期的应急事权等，将继续由中央政府承担；体现国民待遇和基本公民权利，涉及全国统一市场和要素自由流动，具有普惠性、基本性和均等化要求，需要全国统一标准的基本公共服务，如基本养老保险、基本公共卫生、义务教育等，应主要由中央和省级政府承担。

另一方面要充分发挥地方优势，赋予地方政府更大的自主治理权力。凡受益范围不涵盖全国，不涉及国家安全、全国统一市场以及区域协调发展等方面的财政事权，原则上应该尽可能由地方政府承担；即便受益范围和影响程度涵盖全国、体现国民福利及公民基本权利的普惠性基本公共服务，还要基于事权构成要素、实施环节，对事权进行分解细化，将地方更具优势的执行性事权交由地方政府，比如基础教育、基本医疗、基本养老服务等，中央政府应该更多地承担标准和政策制定、监督和评估等环节的事权，具体的执行还是应该交给地方政府；凡受益范围属地方性公共服务、社会管理等直接面向基层、量大面广、与当地居民密切相关，所需信息量大、信息复杂且获取困难的基本公共服务，如社会治安、警察和消防、市政交通、垃圾清运、绿地维护、水电气服务、扶贫攻坚以及农村公路等，都应优先作为地方的财政事权。

在推进中央与地方事权和支出责任划分方面，党的十八大后中央明确加快了步伐。根据十八届三中全会“建立事权与支出责任相适应的制度”的要求，2016 年 8 月，国务院印发《国务院关于推进中央与地方财政事权和支出责任划分改革的指导意见》（国发〔2016〕49 号），明确了财政事权和支出责任划分的基本原则、主要任务和要求。2018 年 1 月，国务院办公厅印发《基本公共服务领域中央与地方共同财政事权和支出责任划分改革方案》(国办发〔2018〕6号),将由中央与地方共同承担支出责任、涉及人民群众基本生活和发展需要的义务教育、学生资助等基本公共服务事项,首先纳入中央与地方共同财政事权范围,同时还明确了8大类18项共同财政事权事项的支出责任及分担方式、保障标准制定等,为后续分领域财政事权和支出责任划分改革提供了引领。截至目前,医疗卫生、科技、教育、交通运输、生态环境、公共文化、自然资源、应急救援等分领域的改革方案也已经出台,为下一步理清中央与地方事权提供了明确方向。

2. 中央集中必要的财权

从世界范围来看,无论是单一制国家还是联邦制国家,也无论是发展中国家还是发达国家,中央政府都会集中必要的财权以便对地方政府进行有效的控制。财权的核心是税权,而税权的核心是税收立法权。目前,税收立法权相对集中于中央政府是世界上绝大多数国家的基本做法。从发达国家来看,其税收立法权可分为集权型、分权型、相对集权型三种模式。集权型的特点是税收立法权高度集中于中央,地方政府无税收立法权。这种模式主要适用于计划性较强、经济发展相对平衡、政治上相对集权的单一制国家,如法国、英国、意大利、瑞典、韩国等。分权型的特点是税收立法权在中央与地方政府间适当分解,联邦、州、地方各级政府都有独立的税收立法权。这种模式主要适用于市场经济发达、经济发展相对不平衡、法律机制健全、政权下放较多的联邦制国家,如美国、加拿大等。相对集权型的特点是主要税收立法权集中于中央,地方政府享有一定的税收立法权,中央政府拥有中央税和一些影响大的地方税的立法权,州政府享有一些地方性税种的立法权,而州以下的行政区无税收立法权。这种模式既存在于联邦制国家,也存在于单一制国家,如德国和日本。这三种模式虽有差异,但在税收立法权的划分中,中央政府都居于主导地位则是上述三种模式的共性,这也保证了中央政府的税收占比往往会高于地方政府(见表13-3)。

表 13-3　部分国家中央政府与地方政府税收占比　　单位:%

经济	政体	国家	1995 年		2005 年		2011 年	
			中央政府税收占比	地方政府税收占比	中央政府税收占比	地方政府税收占比	中央政府税收占比	地方政府税收占比
发达国家	单一制	日本	62	38	60	40	67.2	42.8
		韩国	78.8	21.2	77	23	78.6	21.4
		法国	79.5	20.5	82.4	17.6	79.5	20.5
		英国	95.4	4.6	94.4	5.6	94.1	5.9
	联邦制	比利时	73	27	85.3	14.7	84.2	15.8
		德国	52	48	49.9	50.1	51.5	48.5
		美国	55.9	44.1	54.5	45.5	52.3	47.7
		澳大利亚	77.5	22.5	82.2	17.8	80.5	19.5
发展中国家	单一制	波兰	89.2	10.8	80.5	19.5	82.2	18.8
		匈牙利	96.2	3.8	82.4	17.6	89.8	10.2
		智利	92.3	7.7	93.1	6.9	93.3	6.7
	联邦制	俄罗斯			62.4	37.6	62.6	37.4
		南非			93.6	6.4	94.8	5.2
		巴西	59.4	40.6	64.3	35.7	59.8	40.2

说明:韩国和印度 2005 年数据实际为 2006 年数据,来源于 IMF. *Government Finance Statistics Yearbook* (2009), Vol.XXXIII, 2009, Prepared by the IMF Statistics Department, Adelheid Bürgi-Schmelz, Director, 2009。

资料来源:①1995 年和日本 2005 年数据来源 OECD(2013), *Revenue Statistics(1965—2012)*, OECD Publishing, 2013; OECD(2012), *Revenue Statistics in Latin America(1990—2010)*, OECD Publishing, 2012。

②2005 年数据来源 IMF, *Government Finance Statistics Yearbook(2007)*, Vol.XXXI, 2007, Prepared by the IMF Statistics Department, Robert W.Edwards, Director, 2007。

③2011 年数据来源 IMF. Government Finance Statistics Yearbook(2013), Vol.XXXVII, 2013, Prepared by the IMF Statistics Department, Louis Marc Ducharme, Director, 2014。

由表 13-3 的数据可知,在发达国家中,无论是单一制国家还是联邦制国家,中央政府的税收占比都高于地方政府,其中单一制国家的占比相对更高,占比最高的英国高达 90%以上,占比最低的日本也在 60%以上;联邦制国家中央政府的占比稍低一些，但基本也都在50%以上。在发展中国家中，单一制国家的占比也很高，基本都在80%以上，联邦制国家也稍低些，但基本也都在60%以上。而且这一分成比例基本保持长期不变，从我们截取的1995年、2005年和2011年三个年度的数据可以看出，各国基本都没有太大的变化。同时，由于这些国家政府的所有收入基本都纳入了税收范围，所以，其税收收入占比基本上就相当于其财政收入占比。相对于他们的集中度，我国中央政府财政占比近些年基本保持在不足50%的比例，显然不是太高，而是有点低了。这与我国中央政府在国家治理体系与推动国家治理现代化过程中的地位和作用并不相符。所以，本文建议我国应进一步提高中央财政收入的占比，至少要在60%以上。但中央财政收入占比高，并不意味着中央财政收入都由中央本级政府支出，而是将本级事权支付责任之外的多余财力以转移支付的方式移交给地方政府，以弥补地方财力缺口，最终实现各级政府财力与支出责任相匹配，中央政府通过转移支付制度控制地方政府并体现其治理意图。

3. 完善现有财政转移支付制度

我国自1994年开始实施分税制以来，中央政府对地方政府的转移支付制度总体上是积极有效的，一定程度上弥补了地方财力的不足。但现有转移支付制度存在的问题，消减了转移支付制度的效力。要真正实现各级政府间支出责任与财力的匹配，还必须对现有转移支付制度进行调整和完善。

一是在继续扩大中央财政收入的基础上建立中央对地方转移支付的稳定增长机制。1994年实行分税制之后，中央财政收入占比有了很大攀升，经过多年调整，目前中央占比不足50%。这和发达国家中央财政收入占比基本都在60%以上相比，存在较大的差距。所以，有必要继续扩大中央财政收入的占比。只有中央政府拥有充裕的财政资金，才能充分发挥中央的宏观调控能力，基于各地方政府的事权支出需求均衡各地财力。同时，扩大中央事权、加大中央对地方的转移支付规模，建立中央对地方转移支付的稳定增长机制。建立中央对地方财政转移支付的稳定增长机制，一方面可以保障各地政府获取更多财力来完成事权责任；另一方面可以降低地方政府对土地财政和地方债务的依赖度，推进地方财政体制健康发展。从国际上看，发达国家地方政府的自有财力一般也只占其全部财力的 1/3 左右，其余大部分资金均来自中央政府的转移支付。

二是调整现有转移支付结构。这是完善转移支付制度的重点。

首先，大幅提高均衡性转移支付的比重。“十四五”时期，均衡性转移支付占全部转移支付的比重应提高至 50% 以上，将更多均衡性转移支付资金向财政困难系数较高的省份倾斜，以均衡各地财力。其次，逐步降低直至取消税收返还。这一转移支付项目本就是为推行新税制而对原有税制进行妥协的权宜之计，它的存在已经成为基本公共服务国家标准实施的障碍，尽快降低和取消该项目已势在必行。最后，压缩、清理、整合专项转移支付项目。继续精简专项转移支付项目，与一般性转移支付中具有专项功能的项目进行整合，按基本公共服务的大类进行项目设定，尽快改变因项目繁杂而造成的撒胡椒面现象及资金使用效率低下问题。同时，尽快制定专项转移支付项目的设立和退出机制，及时停掉那些已经没有存在价值的项目，从整体上压缩专项转移支付的规模。

三是尽快明确和规范省以下转移支付制度。要尽快探索和规范省以下政府间的转移支付制度，加大省级财政向县乡财政的转移支付力度，在现有财政体制下，省级财政在各项转移支付项目上应尽可能直接核算到县，以保证县乡政府的财力，防止出现“粘蝇纸效应”。所谓“粘蝇纸”效应就是，财政拨款就像粘蝇纸上的苍蝇，总是被粘在它首次落下的地方。中央政府的转移支付也可能会粘在它首次到达的省级政府，但省以下政府却承担着更直接的基本公共服务供给责任。要避免这种“粘蝇纸”效应，就要尽快明确和规范省以下转移支付制度。

四是建立符合我国国情的横向转移支付制度。我国幅员辽阔，区域之间财力差距很大，仅靠纵向转移支付很难在短时期内实现区域之间财力的均衡。

可以借鉴我国之前已经执行多年的对口援助制度,以及世界上采用横向转移支付制度相对成功的国家如德国、加拿大、澳大利亚等的经验,探索具有我国特色的横向转移支付制度。实践证明,无论是我国的对口援助制度,还是其他国家的横向转移支付制度,都可以更快速地提高受援地政府的财力。

总之,优化政府间事权财权关系,事权划分是前提,事权划分清晰之后在中央财权相对集中的基础上进一步完善转移支付制度,最终实现各级政府财力都与其所承担的事权支出责任相匹配,是改革的基本思路。这既可保证中央政府的宏观治理能力,也能弥补地方财力不足,最终实现发挥中央和地方两个方面的积极性。

县级政府扩权的改革实践与思路探讨*

“郡县治民，从制则天下安矣。”①习近平总书记《在会见全国优秀县委书记时的讲话》中明确指出“在我们党的组织结构和国家政权结构中，县一级处在承上启下的关键环节，是发展经济、保障民生、维护稳定的重要基础”。县级政府是我国政府层级的基础层级。县级政府管理的面积占我国国土面积逾70%，所辖居民超过总人口80%。

党的十九大报告指明了我国地方行政体制的改革方向，要“赋予省级及以下政府更多自主权”。如何充分发挥县级政府的作用，让县级政府能够拥有更大的自主权，以充分发挥其积极性、主动性和创造性，对我国经济社会发展的重要意义是毋庸置疑的。

一、市管县的形成

我国是单一制国家，采取中央政府统一领导、地方政府分级管理的原则。地方政府层级的框架为从上到下的“金字塔”结构。县级政府除不承担国防、外交和宏观经济管理职能外，承担着区域内的政治、经济、文化和社会管理的职能。与中央政府和省级政府的职能结构具有高度的相似性。

---

* 本文作者吴茵，中共中央党校（国家行政学院）公共管理教研部讲师。

① 出自东汉荀悦的《前汉纪》，转引自杨立新：《郡县治，天下安》，《学习时报》2016年5月12日。

县级政府管理体制的改革经历了几个阶段。我国目前在县级管辖权上实施的是从20世纪80年代推开的市管县体制。早在1959年全国人大通过了《关于直辖市和较大的市可以领导县、自治县的决定》。在之后的二十多年间,市管县的行政管理改革并没有在全国范围内推开。

直到1982年,为了尽快缩短城乡差异,发挥城市对农村地区的带动作用,中共中央发51号文提出推行市管县的地区管理体制改革,先在江苏试点,次年向全国展开。市管县体制在全国范围内得到了很快地推开,到1994年我国除海南省外,其他省份都实行市管县模式。这一模式在一定的历史时期内确实在推动我国快速工业化和城市化过程中发挥了积极的作用。即使后来县级政府的权限经历了几轮改革,市管县依然是我国大多数县级政府的主要管理模式。到2017年实行“市管县”的地级市有283个,占地级市总数的80%以上。

二、县级政府扩权改革的实践

市管县的形成在特定历史时空具有的合理性,随着经济社会的不断发展,已经不再适应县域经济发展要求。这种模式导致我国地方政府层级从“省—市/县—乡”三级,变为了“省—市—县—乡”四级制政府,增加一级政府会增加一些不必要的行政成本。市级政府从县级政府中获得财政收入分成,却没有承担足够的支出责任,也加剧了县级政府财政紧张。一些城市为了快速到达人口和区划面积的增加,在城市化水平还没有到达的情况下盲目推进,化县为区,制造了“虚假城市化”的现象。“市卡县”“市吃县”“市刮县”的问题比较严重,被称为“效率漏斗”。[①] “市管县”模式被地方官员抱怨(加书),受专家学者诟病,应当早日推进县级政府扩权改革成为实践界和学界的共识。

① 庞明礼:《“省管县”:我国地方行政体制改革的趋势?》,《中国行政管理》2007年第6期。

由于市管县已经不再适应县域经济发展和民生保障的需要。自 2002 年以来，在中央政府的支持下，地方政府开展了积极探索，在县级管理权限上进行了一些改革尝试，总的来说有三种模式，如表 14-1 所示。这三种模式各有侧重，在改革存续时间上具有重叠性。

表 14-1　县级政府扩权改革的三种模式

权限分类	扩权强县	财政直管	全面直管
启动时间	1982	2002	2010
代表地区	浙江	安徽	河南
行政权力	项目上报；用地报批；证照发放	项目上报；用地报批；证照发放；计划上报；统计报送	项目上报；用地报批；证照发放；计划上报；统计报送；社会管理领域权限下放
财政权力	无	财政结算；经费划拨；税权部分扩大；涉税行政审批比照省辖市权限	财政结算；经费划拨；税权部分扩大；涉税行政审批比照省辖市权限
政治权利	无	无	垂管部门划归省政府领导；人事权利；监察权利；群团组织管理

资料来源：表格绘制参考了丁肇启，萧鸣政①和郑浩生，李东坤②等文献制作。

（一）扩权强县

2002 年，浙江推行了强县扩权改革，以“能放都放”为原则推进改革，将市级经济管理权限下放给县级政府。浙江的改革推进比较顺利，在推动县域经济发展方面取得了“真金白银”的积极改革成果。浙江强县扩权改革取得积极成效的原因在于浙江省面积不太大，交通便利，省直接管理对县级政府也不会造成太大的行政负成本和负担。浙江的县数量不太多，但经济实力大多比

① 丁肇启、萧鸣政：《省管县新模式“全面直管”改革政策效果分析——基于河南省的研究》，《公共管理学报》2017 年第 2 期。

② 郑浩生、李东坤：《省以下分权改革促进地方基本公共服务供给吗？——来自四川省“扩权强县”改革的经验证据》，《公共管理学报》2016 年第 4 期。

较强。地级市比较少,而且实力相对较弱。市管县模式在浙江一直没有被完全推进,县市实力对比来看,县强市弱。

其他省份看到了浙江在县域扩权改革中所取得的红利,不少省、自治区、直辖市出台了扩大部分县(市)管理权限的意见,2003 年改革向湖南、福建、河南等省市扩散。如表 14-2 所示,虽然在扩权内容上绝大多数省份涉及权限不如浙江全面,但相较以前县级政府管理权限有所扩大,因此虽然这次的改革是以浙江作为学习蓝本,但因各地改革实践的不同,被称为扩权强县改革。我国各地在扩权强县改革做法存在差异,主要涉及了财政结算、税收管理、价格管理、项目申请、用地报批、资格认证、政策享有等多项权限。① 总的来说,强县扩权改革在全国范围内收效良好,取得了积极的改革成效。

表 14-2 部分省份改革做法

省份	年份	涉及权限
浙江	2002	发展计划;经济贸易;外经贸;国土资源;交通;建设、环保;财政、税务、体改;农、林、水利、海洋与渔业;劳动、人事、民政;科技、教育、信息;工商、技术监督、药品监督;旅游等方面的审批管理
广东	2004	发展自主权、分配自主权、建设用地使用指标、重要园区规划、加大利用外资力度、简化出国审批手续
河南	2004	计划直接上报,财政直接结算,经费直接划拨,税权部分扩大,项目直接申报,用地直接报批,证照直接发放,统计直接报送,政策直接享有,信息直接获得
河北	2005	计划直接上报,财政直接结算,经费直接安排,税权部分调整,项目直接申报,用地直接报批,证照直接发放,部分价格管理权限下放,统计直接发布,政策直接享有,信息直接获得
湖南	2005	计划直接报送,项目直接申报,用地直接报批,证照直接发放
辽宁	2006	直接向省有关部门报送计划,直接审批试点前由市审批的政策性税收减免,直接向省有关部门申请利用国家和省资金的项目,直接向省有关部门报送海域使用申请等
安徽	2006	计划管理、经费安排、税务办理、项目申报、用地报批、证照发放、价格管理、统计报送、政策享有、信息获得

资料来源:王怡璞、王文静:《分权能够促进地方政府的税收激励吗?——来自“扩权强县”的证据》,《中央财经大学学报》2018 年第 5 期。

① 李俊清:《自治县政府管理》,人民出版社 2009 年版,第 24 页。

（二）财政直管

实施财政省直管模式的地区更加侧重向县级政府下放财政权力。2002年，国务院批转了《财政部关于完善省以下财政管理体制有关问题意见的通知》，该通知对省以下财政体制改革做了一些原则性规定。2005年中共中央十六届五中全会通过的《关于制定国民经济和社会发展第十一个五年规划的建议》中明确提出："完善中央和省级政府的财政转移支付制度，理顺省以下财政管理体制，有条件的地方可实行省级直接对县的管理体制。"截至2014年底，全国范围内有22个省进行了扩权强县改革，24个省进行了财政体制上的省直管县改革。

省直管县财政改革与扩权强县改革的不同之处在于，扩权强县改革对县级政府的放权只涉及部分税收权利的扩大，而省直管县财政改革在部分税收权利扩大的基础上，让县级政府直接与省级政府进行财政结算、经费划转，在财权下放方面取得了较大进展。

省直管县财政改革在县级政府财政放权改革上取得了突破，尽管有学者的实证结果支持省直管县显著提升经济绩效①，但是改革效果却受到了一些争议，特别是实证研究对省直管县改革的作用机制提出商榷。有学者认为改革效果与地方政府本身的财政状况有关，地方政府财政缺口越小，政府行为越能拉动经济增长②。省直管县的政策优惠吸入了周边县市企业，财政省直管县改革提升县财力水平是依靠外来收入实现的③。省直管县促进国有和集体经济增长，导致对民营企业资产增长没有明显促进，抑制外资企业产

① 罗植：《中国地方政府规模与结构优化》，《经济管理出版社》，2015年。

② 李猛：《"省直管县"能否促进中国经济平稳较快增长？——理论模型和绩效评价》，《金融研究》2012年第1期。

③ 郑新业、王晗、赵益卓：《"省直管县"能促进经济增长吗？——双重差分方法》，《管理世界》2011年第8期。

出增长①。省直管县财政改革的实证论文大多认为改革效果不够理想，也受到了一些研究质疑，比如实证所使用的数据是否完整、采用的方法是否科学；部分研究使用某地区作为考察对象，其结果是否具有全国性的参考价值。

财政直管模式没有取得理想效果的原因主要有以下几点：第一，只有财权，没有人事权和垂直系统权限等其他权利，导致县级政府运行不畅。第二，市级政府对改革的不支持不配合，改革阻力大。第三，改革后省域管理面积过于宽泛，政府结构过于扁平化，无法对县级政府进行有效的监督。

（三）全面直管

2009 年 7 月财政部印发的《关于推进省直接管理县财政改革的意见》强调：“在 2012 年底前，全国除民族自治地区外，要全面推行财政‘省直管县’体制改革。”2010 年，全面直管模式在全国八省区选取 30 个县（市）进行试点。与省直管县财政模式相比，全面的省直管县改革不仅仅扩大了试点省市的财政权力向县级下放，也放开了更大的经济社会管理权限，在这一点上，县级政府与市级政府同等权限。把试点县的管理模式改为计划单列，并调整干部管理体制为省级直接任命。把县域垂直管理部门的管理权限由原来的市级升交给省级。

全面省直管县模式的试点受到了高度的关注，2009 年财政部文件一经发布变引起了学界的热议。但是这项饱受期待的改革在实践中效果并不理想，试点到期后纷纷取消计划单列，划转回了原来的区市。以河南省为例，2013 年底河南省在全省选取了 10 个县市作为省管县试点，计划为期 4 年（2014 年 1 与 1 日至 2017 年 12 月 31 日）。但是 4 年试点期满后，参与试点的地方政府感觉全面省管县没有带来预期的试点效果，2018 年 1 月 1 日划回原设区市。

① 郑文平、张杰：《“省直管县”能否促进经济增长？——来自河南省企业层面的经验证据》，《当代财经》2013 年第 8 期。

河南省考虑的原因主要是区域经济发展的现状，希望强化郑州在我国国家中心城市建设里发挥中心城市对周边县市的带动作用，以形成更有实力的中原城市群。有学者以河南为实证对象的研究也印证了改革效果的不理想，发行全面直管对促进试点县经济增长和民生改善均无显著积极影响①。

此全面直管模式试点效果不理想的原因，除了财政直管模式一样，省级政府管理面积比较大，缺乏行政效率，且无法有效监督县级政府。实际政府的阻力之外，还存在县级虽然获得更大人事权，但干部交流受阻，改革配套措施不到位，政策没有真正得到贯彻落实的问题。

三、县级政府扩权改革中的三对矛盾

省直管县改革的效果不如预期理想，有些地区的改革探索开了回头车，那么是否要继续推进扩大县级政府权限改革呢？本文认为，简化政府层级是学界共识，给予县级政府更多的自主权依然是应当坚持的改革方向。问题的关键在于如何推进、以怎样的路径推进。要解决当前改革所遇到的问题，就要更加深刻的理解我国在发展中所面临的新形势和新问题，理清改革中的关键矛盾。从目前观察到的各地实践经验来看，改革进入攻坚克难期更加需要深化改革的决心和勇气。本文认为要继续推进县级政府扩权改革需要正确认识把握好三对关系。

（一）放权与监管之间的矛盾

省级政府管理幅度大、管理数量多。相对市级政府，省级政府与县级政府的距离一般更远，对县级政府的监督容易缺位，造成县级政府财政资金使用的失效、地方政府盲目追求政绩工程、腐败滋生等问题。继续县级政府充分的自

① 丁肇启、萧鸣政：《省管县新模式“全面直管”改革政策效果分析——基于河南省的研究》，《公共管理学报》2017 年第 2 期。

主权、放权给县级政府，不能一放了之，需要考虑到县级政府如何能够接得住、管得好。在向县级政府放权过程中，要首先思考什么样的权利该给县级政府，以及后续监管是否可以到位。

随着数字技术的进步，政府监管手段也可以相应地提升，数字政府建设可以弥补省级政府面积过大、监督不便的问题。让数据多跑路，让行政人员少跑路，提升行政效率。通过继续深入推进“金财工程”，打通数据高速公路，让县级政府的财政资金使用进入政务电子监控系统，做到政务留痕，实现网上监督与线下监督合理，并把网上监督效果纳入全省绩效考核。

（二）公平与效率之间的矛盾

推进改革还需要认清发展效率和公平享有改革成果之间的关系。河南希望强化郑州中心城市建设、从而取消全面省直管试点改革，反映出了改革目前所面临的新形势。经过三十多年的经济增长，我国的产业结构出现了重大变化，主导产业由以第二产业为主转向以现代服务业为主。同时，随着城市化进程的逐步深入，再加上我国发展不均衡，大城市发展到需要进行产业转移，与周边地区形成了产业协同的经济圈，才能够形成一定规模的经济共同体，与其他城市群相比才更有竞争力。此时，区域之间的竞争由原来的高度同质化、市级政府依靠行政优势获利，走向了区域差异化、城市集群化的发展阶段。已经形成一定经济规模的中心城市对周边地区具有较大的带动力量，容易形成一个良性的生态圈。在这种情况下，贸然推进县级扩权改革，可能会导致中心城市调动资源的能力弱化，无法发挥对本地经济的引领作用，打破现有的良性互动关系，导致区域间竞争的失序。

但是，这种由中心城区引导的城市群发展，不能够以牺牲周边地区居民平等享受改革成果作为代价，而应当以中心地区从发展中取得的经济实力反哺农村区域，共享发展成果。把专业的知识和先进的理念在发展中带到农村地区，真正推动城乡基本公共服务的均等化。如果中心城市真的能够起到带动作用、真正对乡镇进行财政补贴，那么这种发展比大城市甩包袱式的把县给省政府管、县级政府职能依靠自身经济实力和财力支持发展要更有效率。面对这种情况，需要在实践中分辨本地具体发展状况，采取相应的改革措施。

中心城市的扩张规模也应当受到一定的限制，否则单一中心城市无限扩张容易导致大城市病，造成严重的城市污染、交通拥堵和住房紧张，应当通过推进城乡协同，达到功能互补的发展格局。

（三）财权与事权之间的矛盾

我国的县乡财政压力很大，然而所承担的支出责任却不小，两者之间的矛盾突出。市管县之后，市级政府享有了对县级的财政分成权利，再加上农村税费改革后，县乡失去了重要收入来源。但同时县级政府农村基础设施等公共产品的需求上升，财政支出责任巨大。这些原因都导致了县级财政在保障“人吃马喂”的基本支出外，资金非常紧张，基本上成了“吃饭财政”。县级政府刚性支出占总支出比例高会导致民生保障和社会服务财力的不足。

财政直管模式在调节市县财政关系、缓解县乡财政紧张局面方面被寄予厚望，然而结果却并不令人满意。实证研究表面扩权强县并没有明显的缓解县级财政困境[①]，甚至有学者认为单纯从财政省直管县改革，会加重县乡财政危机[②]，改革反而导致了县本级收入降低，转移支付提高，改革短期效应比较明显。而支出责任大大增加，加重县的财政困难[③]。

要缓解当前县级政府突出的财力与事权之间的突出矛盾，需要更加科学合理地划分各级政府之间的财权和事权。充分发挥转移支付的作用，来平衡区域公共服务供给能力。

---

① 贾晋、李雪峰：《“扩权强县”与县级财政解困绩效的实证研究——基于四川省2005—2015年的面板数据》，《中南财经政法大学学报》2017年第4期。

② 李猛：《“省直管县”改革的经济影响》，《经济学家》2012年第3期。

③ 茹玉：《省直管县财政体制改革对县级财政状况的影响研究》，中国农业大学2017年博士学位论文。

四、县级政府扩权改革的思路与建议

（一）以人民需要为出发点，优化政务流程

地方行政体制改革的出发点不是哪级行政机构得到多大权利，而是能够更好地满足人民群众的需要，建立人民满意的服务型政府。需要反思的是，县级政府扩权改革的初心是否落到实际？多位学者的研究发现扩权改革使得县级政府更加重基础设施建设，轻民生项目投资。① 这个问题需要上级政府弥补监督缺位，抑制县级政府政绩工程的冲动，也需要改善绩效考核指标的设置。

地方政府已经越来越清楚地意识到，权利和义务是相匹配的，更大的行政权力必然意味着更多的服务责任。但是，地方权责清单的重构，也有重经济审批权力，轻民生服务责任的倾向。因此更加热衷于要经济权限，而不想向上级政府索要社会服务权限。放权的时候，上级政府敢放，放县级政府真正需要、有质量的权利。基层政府敢接，不要怕麻烦，不接社会管理事项，才能真正减少市场主体办事成本和时间，优化营商环境，提升地区吸引力。

在放管服改革的背景下，县级政府的扩权改革需要在政务流程再造的基础上持续推进。行政结构的合理重构，权利分配的配置优化真正合理的权责清单梳理，需要以理解本地经济社会发展需要为基础，而且必然伴随着政府流程的优化。笔者在参与某新区被赋予市级政府权限、进行权责清单重新梳理的时候，发现权责清单的梳理不再以当地原有的行政部门权利分布为核心，而是以企业、群众办理事项为中心，当地方便办事需要什么权限、怎么办事更方便的原则来向上级政府要什么权限；以群众办事需要和企业经营流程为中心，

---

① 李永涛、刘洪钟：《行政分权对公共支出的影响——基于“扩权强县”准实验分析》，《经济评论》2018 年第 1 期。

重新梳理权限和办事步骤，重构当地行政服务流程。特别是在本次全国机构改革的背景下，理顺机构与职能的关系，让机构承载职能，而不是机构限制职能发挥。总之，需要改革操刀者从如何方便企业、群众办事出发，让政府提升主动服务的意识，真正倾听人民群众的呼声，解决人民群众的需求，优化营商环境。

（二）给予乡镇政府更大自主性

上级政府给县级政府赋予更多自主权，并不是改革的终点，县级政府也应当同时给乡镇政府更多的行政权力力量和自主权。乡镇政府与群众的联系更加密切，更了解群众的真实需求。因此，县级政府也应当在条件允许的情况下给予更加贴近广大农村地区的乡镇政府更大的权限和自主权。

我国乡镇上级多个对口一个基层单位，导致基层单位苦不堪言，乡镇干部感叹“头上千条线，地下一根针”。上海市这方面的行政改革中的经验可以借鉴。为了提升经济管理能力，社会治理力量下沉，上海本着“动不了机制，要把机制放下去，力量沉下去”的原则，市级力量下沉到区，加强区级社会治理机构和力量，特别是下沉民生保障力量。乡镇政府能级低、专业性弱，也为了避免镇之间的无序竞争，乡镇招商引资由区代管。街道全部取消镇级经济职能。同时让行政力量进入基层，以满足基层的公共服务需要。

（三）因地制宜，稳步推进

本文认为赋予县级政府更大权限是一个逐步的放权过程，不能一蹴而就，也不能因噎废食。要继续给县级政府更大自主权，而且要持续放权，改革不怕慢，就怕站。在坚定改革方向的基础上，要把握好改革的节奏，盲目推进是不可取的。关键是既有改革的勇气，也要有智慧，看准时机，理顺机制，再实施推进，否则会造成无谓的成本浪费。

我国幅员辽阔，人口众多，地理区域复杂，地方情况千姿百态，具体采用何种改革模式合适推进改革,需要在考虑改革成本的基础上充分论证,难以一概而论。扩大县级权限,可以继续像其他改革一样,遵循先试点、再推开的策略。慎重进行行政区划的调整,充分考量改革的规制成本。我国某地在二十多年间前后经历了撤区建市、撤市建区、省直管县和取消计划单列四轮改革,已有研究认为改革效果是值得商榷的。虽然地方改革敢想敢干的精神值得肯定,也应当给地方改革一些容错试错的空间。但每次改革都有成本,需要在改革前充分考虑到改革成本问题。笔者在某南方发达城市调研时有组织部门的干部讲到,该市作为多项改革措施先行先试的试点地区,虽然确实享有了不少改革红利。但是当改革的“试验田”和“小白鼠”,导致多项改革快于全国整体部署,等试点经验推开时可能需要开回头车或者与全国其他地区做法不一致,这种翻煎饼式的改革让他感到“吃了不少亏”。

某项具体行政体制的改革,单独看发源于一点,其实与其他行政体制改革相互联系,既互相促进,又互为掣肘。行政体制改革是一个整体性、配套性、系统性的工程。在改革条件允许的时候,也要及时推动县级政府。

尽管财政直管和全面直管改革在一些地区的试点遇到了一些曲折,但是我国的县级政府的试点改革依然在摸索中继续前行。2017 年 7 月,山西省发布了《关于在部分县(市)开展深化省直管县财政管理体制改革试点的通知》,从 2018 年 1 月 1 日起在长治襄垣县、忻州原平市、晋中介休市、临汾侯马市、吕梁孝义市、运城永济市开展深化省直管县财政管理体制改革试点。2019 年,山东省从提升县域发展水平角度推进省财政直管县改革。如何简化行政层级、让县级政府拥有更大的自主权,我国已经进行了几轮改革,也将在建设人民满意的服务型政府的实践下继续深入推进。

国家治理现代化视域下党的群团组织作用研究*

党的十八大以来，习近平总书记从巩固党执政的阶级基础、群众基础的政治高度，从党和国家事业长远发展的全局高度，深刻阐明了党的群团工作的一系列重大理论和实践问题，深刻指出群团组织要牢牢把握为实现中华民族伟大复兴的中国梦而奋斗的时代主题，坚定不移走中国特色社会主义群团发展道路，切实保持和增强群团工作的政治性、先进性、群众性。习近平总书记的重要论述，为新时代做好党的群团工作和群团组织改革发展指明了前进方向、提供了根本遵循。

一、国家治理现代化进程中党的群团组织功能定位

习近平总书记指出："群团事业是党的事业的重要组成部分。党的群团工作是党通过群团组织开展的群众工作，是党组织动员广大人民群众为完成党的中心任务而奋斗的重要工作。""群众工作是党的一项根本性、基础性工作。必须把群团组织建设得更加充满活力、更加坚强有力，使之成为推进国家

---

* 本文系中共中央党校（国家行政学院）厅局级干部进修班（第 80 期）"完善政府治理体系"研究专题二支部第八课题组的研究成果。课题执笔人齐虎，团中央基层建设部部长；课题组成员李忠运，全国总工会基层工作部副部长、一级巡视员；张毅，全国侨联基层建设部部长，齐虎，团中央基层建设部部长。指导教师胡仙芝中共中央党校（国家行政学院）公共管理教研部研究员、博士生导师。

治理体系和治理能力现代化的重要力量。”①

（一）党的群团工作体系是坚持和完善党的领导制度体系的重要内容

党的群团工作是党治国理政的一项经常性、基础性工作，是国家治理体系和治理能力现代化的重要构成部分。党的十九届四中全会《决定》明确提出要“健全联系广泛、服务群众的群团工作体系”，规定了群团工作体系是坚持和完善党的领导制度体系范畴，是“健全为人民执政、靠人民执政各项制度”的重要内容②，同时也指明了群团组织在政治、经济、文化、社会、生态文明以及祖国统一、人类命运共同体等国家治理体系和治理能力现代化各方面制度体系中发挥作用的努力方向和实现方式。

（二）党的群团组织是推进国家治理体系和治理能力现代化的重要力量

党的群团组织是党治国理政的重要组织力量，是中国特色社会主义民主政治的重要组织基础。群团组织的功能是把党和人民群众联系起来，形成“众星拱月”的群众工作格局。党成立之初亲自缔造的工会、共青团组织在新民主主义革命中发挥了重要作用。新中国成立伊始，党规定了工会、共青团、妇联、侨联等人民团体在我国政治体制和政治生活中的特殊地位。群团组织与党组织、国家机构、特定社会阶层建立起了紧密的政治关系、组织网络和制度通道。280 多万个基层工会组织、350 多万个基层团组织、近 100 万个基层妇联组织，2 万多个基层侨联组织等群团组织，有着深厚的历史渊源、鲜明的

---

① 《习近平关于社会主义政治建设论述摘编》，中央文献出版社 2017 年版，第 103—104 页。

② 《中共中央关于坚持和完善中国特色社会主义制度　推进国家治理体系和治理能力现代化若干重大问题的决定》，《人民日报》2019 年 11 月 6 日。

红色基因、强大的组织网络、广泛的社会基础，决定了党的群团组织是推进国家治理体系和治理能力现代化不可忽视、不可替代的重要力量。

（三）党的群团组织始终是党联系人民群众的桥梁和纽带

执政党最重要的政治关系是党群关系，最重大的政治考验是人心向背。“群团组织联系的广大人民群众是坚持和发展中国特色社会主义的基本力量、是社会主义现代化建设新征程的基本依靠。”①群团组织通过自身的组织网络与制度渠道帮助党组织联系特定的、具有代表性的阶层和群体，是党联系人民群众的桥梁和纽带。党对不同的群团组织还有不同的特殊性要求。比如，明确工会是党领导的工人阶级群众组织，是社会主义国家政权的重要社会支柱；明确党与共青团特殊的政治关系，共青团是党领导的先进青年的群团组织，是广大青年在实践中学习中国特色社会主义和共产主义的学校，是党的助手和后备军；明确侨联是团结服务归侨侨眷和海外侨胞的群众组织，要成为党直接面向广大侨胞开展侨务工作的组织依托。

二、面对国家治理现代化，党的群团组织面临时代性新课题

当今世界进入动荡变革期，中华民族伟大复兴进入关键期。中国特色社会主义进入新时代，国家治理体系和治理能力现代化视域下，党的群团工作的环境、任务、对象、方式等发生许多新变化，面临时代性新课题。

（一）从工作环境看

中国与世界的关系正在发生历史性变化，国际秩序和国际力量对比正在

---

① 《习近平关于社会主义政治建设论述摘编》，中央文献出版社 2017 年版。

重构，世界形势极为复杂，不确定性不稳定性加大。新冠肺炎疫情给国际政治、世界经济和全球治理带来深刻影响，经济全球化的同时，保护主义和单边主义抬头，全球化遭遇更大的逆风和回头浪。信息化进程重塑各国社会政治生态，各种思想文化交流交融交锋更加频繁激烈，围绕发展道路和价值观的斗争十分尖锐，维护我国政治安全和意识形态安全任务十分繁重。坚决捍卫中国共产党的领导、坚决捍卫社会主义制度，坚持用习近平新时代中国特色社会主义思想武装和教育群团组织所联系的群众，引导群众听党话、跟党走是群团组织的政治任务。经济全球化、世界多极化、社会信息化、文化多样化发展的新趋势，对群团组织进一步提高思想政治引领的时代性、针对性、有效性赋予了新使命。

（二）从工作任务看

实现中华民族伟大复兴，是党和国家工作大局，也是群团工作的时代主题。中国正经历历史上极为广泛而深刻的社会变革，中国特色社会主义迎来了前所未有的光明前景，比以往任何时候都更加需要思想的引领、团结的力量、担当的品质、奋斗的精神，群团工作的要求更高、任务更重、领域更广，面临历史性契机。在迈向全面建设社会主义现代化国家新征程中，新发展理念、新发展阶段、新发展格局、高质量发展的新任务，对群团组织找准工作的切入点、结合点、着力点，组织动员所联系群众完成党的中心任务共同奋斗提出了新要求。

（三）从工作对象看

改革开放以来，我国社会资源的组织方式与分配方式发生变革，社会结构和群体分化，社会利益诉求呈现出多样化、差异化、个性化特点。当前我国社会主要矛盾已经转化为人民日益增长的美好生活需要和不平衡不充分的发展之间的矛盾，广大群众的美好生活需要日益广泛、迭代提升，“正在从满足基本生活需要向提升生活品质转变,从满足物质性需求向社会性、精神性需求转变"①。与此同时,劳动就业、收入分配、社会保障等民生领域仍存在诸多短板,新业态新就业群体、农民工、城市困难职工等群体利益的实现还有不少难点和堵点。适应新时代社会主要矛盾变化带来的新特征,适应社会群体分化、利益主体多元、群众诉求多样的新表现,维护人民群众的总体利益与所联系群众的具体利益的一致性,不断满足人民对美好生活的向往,拓宽了群团组织服务群众的新领域。

(四)从工作方式看

当前,市场主体的高度变动性、社会群体的流动性与群团工作传统要求的基本稳定性相冲突,组织设置的行政化与社会经济的市场化不适应,管理模式的单一化与从业情况的多样化相矛盾,群团专职干部力量不够用与体制外优秀人才进不来相并存。传统的单位社会正在解体,个体主体性大大增强,群众的交往方式与生存形态发生根本性变化,群团组织整合群众的社会基础发生根本性变化,这都给党的群团组织设置和管理带来了诸多困难和矛盾。互联网已经成为人们学习生活的新空间,成为获取信息、沟通交流的大平台。新技术的应用极大地缩短了管理链条、扩展管理幅度、提高组织效率,为群团组织扁平化开展工作提供了条件。工业化、城镇化、信息化进程加快,对群团组织与时俱进、改革创新,变革组织理念、创新组织形态、扩大组织覆盖,实现自身的现代化转型提出了新课题。

三、进一步推动党的群团组织为国家治理现代化更好发挥作用的建议

党的群团组织正处在应对各种风险挑战服务党和国家中心工作的攻坚

---

① 陈刚:《关于新发展阶段工会工作的形势与任务》,《中国工运》2021 年第 7 期。

期，处在推动群团事业和群团工作高质量发展的机遇期，处在以自我革命精神推动实现群团组织现代化的窗口期。国家治理体系和治理能力现代化进程中，党的群团组织要按照政治性、先进性、群众性的要求，更好地发挥作用、彰显时代价值。

（一）健全完善党领导群团工作的制度机制

党的群团工作体系作为党的领导制度体系的组成部分，充分体现了党的群众工作的“制度吸纳力、制度整合力、制度执行力”①。强化党对群团组织的集中统一领导。党组织应从政治和战略高度加强对群团组织的政治领导、思想领导、组织领导，研究决定群团工作重大问题，管理同级群团组织领导班子，协调群团组织同党政部门的关系及群团组织之间的关系，建立和完善研究决定群团工作重大事项制度和群团组织定期向党组织报告工作制度。完善党建带群建的制度机制。党组织应把党建带群建作为党建工作责任制的重要内容，纳入党建工作一体部署落实，建立党委群团工作联席会议制度、党委群团工作目标责任制度、党的群团工作巡视巡察制度等。发挥群团组织中党组的领导核心作用。各级群团组织中的党组，要认真贯彻民主集中制，健全集体领导制度，落实从严治党责任，严格管理干部，严格执行党的纪律，加强对重大问题的调查研究，善于把党的主张和任务转化成群团组织的决议和群众的自觉行动。始终牢记政治责任。群团组织要自觉接受和服从党的全面领导，增强“四个意识”、坚定“四个自信”、做到“两个维护”、牢记“国之大者”，把各自联系的群众最广泛最紧密地团结在党的周围，不断巩固党执政的阶级基础、厚植党执政的群众基础。

（二）丰富拓展群团组织服务大局的时代内涵

为党和国家工作大局服务，始终是群团工作的价值所在。要更加突出服

① 宋世明：《推进国家治理体系和治理能力现代化的理论框架》，《中共中央党校（国家行政学院）学报》2019年第6期。

务大局的全面性。始终坚持用习近平新时代中国特色社会主义思想铸魂育人、引领群众、凝聚共识，把党的基本理论、基本路线、基本方略贯彻落实到群团工作各方面、全过程；牢牢把握为实现中华民族伟大复兴的中国梦而奋斗的时代主题，更加聚焦“五位一体”总体布局和“四个全面”战略布局，把工人阶级主力军、青年生力军、妇女半边天作用和人才第一资源作用充分发挥出来。更加体现服务大局的时代性。把握新发展阶段、贯彻新发展理念、构建新发展格局、实现高质量发展的重大战略判断和战略抉择，站在统筹发展和安全的高度，聚焦“三新一高”的战略任务，巩固组织化动员、拓展社会化动员、探索网络化动员，当好工作队、战斗队，打好战略主动仗。更加注重服务大局的有效性。立足群团组织各自特点和优势，在大局下思考、在大局下行动；“工会要组织广大职工群众着力在推动经济建设主战场向新发展格局延伸、向高质量发展迈进、向科技创新领域拓展方面做出新贡献”①；贺军科在中国共产主义青年团第十八次全国代表大会上的报告指出：共青团要引导青年明大理、识大势、知大任、养大德，培养担当民族复兴大任的时代新人，源源不断为党输送新鲜血液、锻造政治骨干，在乡村振兴、社会治理、科技创新、抢险救灾、大型赛会等国家重大战略和急难险重第一线引领新风尚；侨联要着力在“一带一路”建设、拓展海外联谊、积极参政议政、弘扬中华文化等方面展现新作为。

（三）探索创新群团组织服务群众的方式方法

群众路线是党的生命线和根本工作路线，密切联系群众是中国特色社会主义制度和国家治理体系的显著优势。要拓展服务领域。既要做好劳动模范、困难职工、留守儿童，海外侨胞、海外中企职工、海外留学生等特殊群体服务，也要加强对包括广大新生代农民工、新业态就业群体在内的全体群众的普惠性服务。要提升服务层次。既要维护好就业教育、收入分配、社会保障、安

① 陈刚：《关于新发展阶段工会工作的形势与任务》，《中国工运》2021 年 7 月。

全卫生、技能培训、创业就业等劳动经济权益，也要把维权服务向民主法治、公平正义、精神素养、青年发展、安全环境等方面延伸。要提高服务质量。工会要更好地发挥协调劳动关系、扩大社会参与、提供公共服务、开展民主协商的重要作用，推动维权服务工作由粗放型管理向精准化服务发展；共青团要针对青年在成长发展方面面临的现实困难和突出需求，持续加强政策倡导和政策协调，努力推动更多普惠性青年发展政策出台。要打造服务品牌。工会要适应提升群众生活品质新要求、促进共同富裕新目标、广大职工群众新期待，积极探索维护职工合法权益、竭诚服务群众的新机制；共青团要适应互联网上社会成员的生存形态和交往形态的新变化，创新打造网上网下相互促进、有机融合的青年群众工作新格局；侨联要因地制宜，发挥优势，力争构建社区、街道实现基础服务，区县、地市实现特色服务的新网络。

（四）纵深推进群团组织改革向基层延伸

群团组织要紧紧围绕保持和增强政治性、先进性、群众性，持续祛除机关化、行政化等管理依赖和突出问题，推动改革向基层延伸、向纵深发展。努力建设“平台型”基层组织。一方面，“在我国政治系统格局中，国家赋权已经为群团组织参与社会治理提供了合法化的制度身份和支持性的政治资源”①，政府应建构一种新型的社会利益传递结构，加快职能转型和购买服务等新型治理实践，加大对群团组织的赋权、增能；另一方面，“在国家治理体系和治理能力现代化的建设背景下，群团组织应自我调整，由凸显政治功能转向兼顾政治功能与社会功能”②，发挥各自不同的专业属性和独特功能，把自己建设成为动员、整合社会资源的平台，更有效地融入社会治理共同体建设中。着力打造

① 司学敏、葛道顺：《赋权—增能：群团组织的社会治理路径研究》，《学习论坛》2021 年第 5 期。

② 解丽霞、徐伟明：《群团组织参与社会治理的客观趋势、逻辑进路与机制建构》，《理论探索》2020 年第 3 期。

"枢纽型"基层组织。巩固按行政区划、依托基层单位组建组织的同时,广泛建设职工之家、青年之家、侨胞之家等"功能型"阵地和社团组织,创新成员发展、联系群众、开展活动的方式,搭建多层次、立体化的组织网络体系;重点向"两新"领域和新生代农民工,快递小哥、网约车司机等新业态职工,自由职业者,海外归国人员等就业群体延伸组织体系,扩大群团组织在国家治理体系中的组织基础和群众基础。探索创新"开放型"基层组织。在导向上要建强基层,进一步改革和优化基层机构设置、管理模式、运行机制,把更多的资源、服务、管理放到基层,使群团工作更加贴近基层、贴近群众,更符合群众意愿;在重点上要抓住干部,按照高素质专业化的要求,在党的领导下大胆探索符合群团特点的干部选用制度,坚持五湖四海、拓宽来源渠道,把更多普通群众特别是"体制外"中的优秀人物纳入组织,畅通政治录用、政治吸纳渠道,为党培养输送一批政治骨干。

专题四:行政运行机制优化

面向“十四五”时期的行政执法改革

——基于十九届五中全会精神的学习体会*

深化行政改革,深化行政执法体制改革,是贯彻和落实十八届三中全会目标,即完善和发展中国特色社会主义制度、推进国家治理体系和治理能力现代化的需要,同时也是贯彻落实党的十八届四中全会通过的《中共中央关于全面推进依法治国若干重大问题的决定》的需要,即要加快建设职能科学、权责法定、执法严明、公开公正、廉洁高效、守法诚信的法治政府;要以减少层次、整合队伍、提高效率为原则,根据不同层级政府的事权和职能,改革完善行政执法体制;更是贯彻落实十九届四中全会精神的重要内容。十九届五中全会通过的《中共中央关于制定国民经济和社会发展第十四个五年规划和二〇三五年远景目标的建议》,则在未来 5 年和 15 年的中长期改革规划(2035 年)中谋划了行政改革,其中在多种场合下提及和部署行政执法和执法改革,可以看出,综合行政执法体制改革作为行政体制改革的“重头炮”,是全面深化改革的重要组成部分,也是实现国家治理现代化的关键环节,它对于我国“十四五”时期和 2035 年远景目标的实现具有重要意义。为此,积极推进行政执法改革,是“十四五”时期我国行政改革的重要组成部分,是法治国家、法治政府和法治社会建设的重要内容,是实现“十四五”经济社会发展目标的重要保障。本文将联系我国“十四五”规划的具体目标和举措,探讨面向十四五时期

---

* 本文作者胡仙芝,中共中央党校(国家行政学院)公共管理教研部研究员、博士生导师,主要研究方向为政治发展、公共管理、公共政策与人力资源等。

我国行政执法改革的改革特点及其发展趋势。

一、我国行政执法改革的历史回顾

作为我国行政管理体制改革的一部分，在大部制改革逐步推进的过程中，综合行政执法改革探索也开始得比较早。2012 年，党的十八大报告明确提出：“要推进科学立法、严格执法、公正司法、全民守法，坚持法律面前人人平等，保证有法必依、执法必严、违法必究……推进依法行政，做到严格规范公正文明执法。”①严格、规范、公正、文明成为我国普遍理解上的行政执法标准。此后，《中共中央关于全面推进依法治国若干重大问题的决定》进一步明确了坚持严格规范公正文明执法的具体要求：第一，依法惩处各类违法行为。第二，完善执法程序。第三，建立健全行政裁量权基准制度。第四，加强行政执法信息化建设和信息共享。第五，全面落实行政执法责任制。② 2015 年《法治政府建设实施纲要（2015—2020 年）》（中发〔2015〕36 号）又明确了严格规范公正文明执法的目标和措施。提出执法目标为：“权责统一、权威高效的行政执法体制建立健全，法律法规规章得到严格实施，各类违法行为得到及时查处和制裁，公民、法人和其他组织的合法权益得到切实保障，经济社会秩序得到有效维护，行政违法或不当行为明显减少，对行政执法的社会满意度显著提高。”执法改革措施包括六个方面：改革行政执法体制、完善行政执法程序、创新行政执法方式、全面落实行政执法责任制、健全行政执法人员管理制度、加强行政执法保障。③

党的十八届三中全会明确提出全面深化改革的总目标是完善和发展中国

---

① 胡锦涛：《坚定不移沿着中国特色社会主义道路前进 为全面建成小康社会而奋斗——在中国共产党第十八次全国代表大会上的报告》，《人民日报》2012 年 11 月 18 日。

② 《中共中央关于全面推进依法治国若干重大问题的决定》，《人民日报》2014 年 10 月 29 日。

③ 《法治政府建设实施纲要（二〇一五——二〇二〇年）》，《人民日报》2015 年 12 月 28 日。

特色社会主义制度，推进国家治理体系和治理能力现代化。紧接着，党的十八届四中全会通过《中共中央关于全面推进依法治国若干重大问题的决定》，指出要深化行政执法体制改革。围绕加快建设职能科学、权责法定、执法严明、公开公正、廉洁高效、守法诚信的法治政府的目标，以减少层次、整合队伍、提高效率为原则，根据不同层级政府的事权和职能，改革完善行政执法体制。按照党的十八届三中、四中全会的重大决策部署，2015 年中央编办下发《关于开展综合行政执法体制改革试点工作的意见》，明确在全国 22 个省市 138 个试点城市开展综合行政执法体制改革试点工作。此后，探索行政执法职能和机构整合的有效方式、理顺综合行政执法机构与政府职能部门的职责关系、创新执法方式和管理机制、加强队伍建设等方面在全国各地都取得积极进展。也就是说，以综合行政执法为主要特征的执法体制改革成为治理现代化背景下的一部重头戏，正在各级政府改革中全面深入地铺开。

党的十八大以来各地进行的综合行政执法体制改革，范围大，层级多，涉及领域广。从改革的对象来看，几乎囊括市政、公安、城管、工商、环保、卫生、质检、交通、城市规划等所有具备行政执法权的职能部门。从改革的特点来看，可以说是跨地区、跨领域、跨层级，范围极其广泛。从改革的覆盖面来说，几乎涵盖了社会管理的各个方面。从改革的模式上看，主要有三种类型：一是建立在大部制改革基础上的综合行政执法；二是关于跨部门跨领域的综合行政执法；三是实行领域内或部门内综合行政执法。从改革的内容来看，主要有改革行政执法体制、完善行政执法程序、创新行政执法方式、全面落实行政执法责任制、健全行政执法人员管理制度、加强行政执法保障等。

党的十九大后，随着机构改革的进一步推进，深化行政执法体制改革也得到了新的进展。十九届四中全会通过的《中共中央关于坚持和完善中国特色社会主义制度　推进国家治理体系和治理能力现代化若干重大问题的决定》进一步提出要深化行政执法体制改革，最大限度减少不必要的行政执法事项。进一步整合行政执法队伍，继续探索实行跨领域跨部门综合执法，推动执法重心下移，提高行政执法能力水平。落实行政执法责任制和责任追究制度。创新行政管理和服务方式，加快推进全国一体化政务服务平台建设，健全强有力的行政执行系统，提高政府执行力和公信力。①

在我国全面建成小康社会的2020年十九届五中全会上，在面向十四五时期和面向2035年的远景目标规划的过程中，行政执法改革同样有了新的历史起点和新的改革任务。学习和贯彻十九大五中全会精神，贯彻落实的《中共中央关于制定国民经济和社会发展第十四个五年规划和二〇三五年远景目标的建议》，对于今后五年的行政执法改革和建设法治政府的长远目标尤其具有重要的意义。

二、“十四五”时期行政执法改革的历史方位

“十四五”时期是我国全面建成小康社会、实现第一个百年奋斗目标之后，乘势而上开启全面建设社会主义现代化国家新征程、向第二个百年奋斗目标进军的第一个五年。该时期的行政执法改革目标必须要符合国民经济和社会发展“十四五”规划和2035年远景目标的总体规定。具体而言，具有以下两个特点：

一是重点要瞄准实现第二个百年目标。第一个百年目标是全面建成小康社会，在光荣的建党百年历史时刻（2021年），我党光荣地达成了第一个目标。十四五开年以来，我们已经为实现第二个百年奋斗目标做出战略部署，开始瞄准“基本实现社会主义现代化”的中期目标和“建成富强民主文明和谐美丽的社会主义现代化强国”远景目标而进行改革规划。在“富强、民主、文明、和谐、美丽”的社会主义现代化强国目标中，“严格、规范、公正、文明”行政执法

① 《中共中央关于坚持和完善中国特色社会主义制度　推进国家治理体系和治理能力现代化若干重大问题的决定》，《中国共产党第十九届第四次全会会议文件汇编》，人民出版社2019年版，第35页。

的建设目标理应包含其中，而且成为现代化强国的美好部分。

二是具体要结合展望2035年的远景目标。十九届五中全会通过的《中共中央关于制定国民经济和社会发展第十四个五年规划和二〇三五年远景目标的建议》（后简称《建议》）为我们规划了详细的2035年远景目标，这些目标中包含了我国经济社会发展方方面面的规划和展望，其中也包涵了对我国国家治理、政府建设和行政执法改革的具体目标。“严格规范公正文明”的行政执法是我国政府治理能力现代化的体现，“严格规范公正文明”的行政执法属于我国综合实力的范畴。行政执法既作为国家行政管理力量的建设，同时又是法治国家、法治政府、法治社会建设的凭借力量，对于国家综合发展具有积极的推动作用，也是经济社会发展可以凭借的基础性支撑力量。因此，我们要深入理解2035年远景目标规划，“展望二〇三五年，我国经济实力、科技实力、综合国力将大幅跃升……基本实现新型工业化、信息化、城镇化、农业现代化，建成现代化经济体系；基本实现国家治理体系和治理能力现代化，人民平等参与、平等发展权利得到充分保障，基本建成法治国家、法治政府、法治社会……”；深刻理解远景目标对行政执法现代化的内在要求，积极推进行政执法改革，为积极做好“十四五”时期乃至更长远的行政执法改革做好对标和路径规划。

三是要认真落实“十四五”时期经济社会发展指导方针和主要目标。《建议》对十四五时期的经济社会发展指导方针和主要目标进行了详细的阐述。“国家治理效能得到新提升”是经济政治社会发展目标的一个重要方面。“社会主义民主法治更加健全，社会公平正义进一步彰显，国家行政体系更加完善，政府作用更好发挥，行政效率和公信力显著提升，社会治理特别是基层治理水平明显提高，防范化解重大风险体制机制不断健全，突发公共事件应急能力显著增强，自然灾害防御水平明显提升，发展安全保障更加有力，国防和军队现代化迈出重大步伐。”①可以看到，民主法治的建设和运行离不开法律实

① 《中共中央关于制定国民经济和社会发展第十四个五年规划和二〇三五年远景目标的建议》，《人民日报》2020年11月4日。

施和执行,社会公平正义离不开公正的司法和执法,行政效率和公信力离不开“严格规范公正文明”的行政执法作为保障,发展安全保障同样离不开法律的权威执行。总而言之,“十四五”时期的行政执法改革是“十四五”近期目标实现的依靠力量,是提升国家治理效能的重要途径。

三、面向“十四五”时期的行政执法重点和方向

为实现“十四五”时期的经济社会发展目标,“十四五”时期行政执法改革需要结合以下方面和领域,应关注以下改革重点:

一是围绕建设高标准市场体系,加强市场监管执法。构建高水平的社会主义市场经济体制需要全面深化改革,需要着力建设高标准市场体系。高标准的市场体系,需要有高效规范、公平竞争的国内统一市场,离不开平等准入、公正监管、开放有序、诚信守法的市场体系基础制度。因此,行政执法需要在高标准市场体系建设和产权执法司法保护中发挥重要作用。在市场监管中,尤其要健全公平竞争审查机制,加强反垄断执法和“反不正当竞争”执法;要在反垄断和“反不正当竞争”中配合司法手段,不断提升市场综合监管能力。

二是结合政府治理体系建设,加强行政执法改革。“十四五”时期的一项重要任务是加快转变政府职能。其基本目标是“建设职责明确、依法行政的政府治理体系”。行政执法改革是依法行政的具体载体,是政府改革的具体途径。为此,“十四五”时期,不管是继续深化的“放管服”改革,还是实行政府权责清单制度;不管是优化市场化、法治化、国际化的营商环境,还是市场监管和经济运行监管;不管是政策决策科学化、民主化、法治化的“三化”改革还是政务服务标准化、规范化、便利化的“三化”改革;不管是行业协会、商会和中介机构改革,还是新产业新业态的监管改革,都会从不同的侧面、不同的环节涉及到行政执法改革。政府治理体制的变革和治理体系的优化都将对行政执法改革产生全面的影响,行政执法改革身在其中,与政府治理体系和能力的优

化同步，其改革也不断深化。

三是呼应社会治理创新，改革基层行政执法。《建议》把加强和创新社会治理作为“十四五”时期的重点任务和改革领域，把“完善社会治理体系，健全党组织领导的自治、法治、德治相结合的城乡基层治理体系”作为“十四五”时期的社会治理创新目标，从而提出建设“人人有责、人人尽责、人人享有的社会治理共同体”①。在这个目标建设的过程中，社会治理重心向基层下移，政府要向基层放权赋能，加强基层社会治理队伍建设。这体现在行政执法改革中，必然要体现执法重心下移，体现为一些与基层和百姓相关的管理和执法权力逐级下放到基层，执法力量要向基层倾斜，行政执法要与行政管理、政务服务相配套，建立起构建“网格化管理、精细化服务、信息化支撑、开放共享的基层管理服务平台”②，确保推进基层社会治理和基层执法的现代化。

四是结合人民生命安全保障，完善安全生产监管执法。“十四五”时期更加重视“平安中国”的建设，这就需要加强统筹发展和安全，保障人民生命安全，全面提高公共安全保障能力。这方面，要始终把保护人民生命安全摆在首位，坚持“人民至上、生命至上”的行政理念，完善和落实安全生产责任制，加强安全生产监管执法。新修订的《安全生产法》在2021年9月刚刚开始施行，一定要按照最新修订的《安全生产法》法律规定，做好安全监管和事故、灾害防范。在危险化学品、矿山、建筑施工、交通等生产领域，要严格实施安全操作规程，有效遏制重特大安全事故；在生物安全保护方面，要“提高食品药品等关系人民健康产品和服务的安全保障水平”；在洪涝干旱、森林草原火灾、地质灾害、地震等自然灾害方面，要提升防御工程标准，加快病险水库除险加固，通过安全执法消除隐患和防范事故；在应急管理方

① 《中共中央关于制定国民经济和社会发展第十四个五年规划和二〇三五年远景目标的建议》，《人民日报》2020年11月4日。

② 《中共中央关于制定国民经济和社会发展第十四个五年规划和二〇三五年远景目标的建议》，《人民日报》2020年11月4日。

面，要加强应急物资保障体系建设，通过行政执法，确保提高防灾、减灾、抗灾、救灾能力。

五是维护社会稳定和安全，做到严格规范公正文明执法。“十四五”时期，《建议》强调了维护社会稳定和安全的重要性。如何维护社会的稳定和安全？需要围绕新形势下人民内部矛盾的正确处理，建立“源头防控、排查梳理、纠纷化解、应急处置的社会矛盾综合治理机制”①。这种社会矛盾综合治理机制必然把行政执法包含在内，如社会治安体制中，涉及防范和打击暴力恐怖、黑恶势力、新型网络犯罪和跨国犯罪，就会涉及行政执法甚至司法。社会稳定和安全方面，一方面要坚持和发展新时代“枫桥经验”，畅通和规范群众诉求表达、利益协调、权益保障通道，完善信访制度，完善各类调解联动工作体系②；另一方面，要做到严格规范公正文明执法。所谓“严格”就是以事实为依据，以法律为准绳，在执法工作中，必须做到“有法可依，有法必依，执法必严，违法必究”。所谓“规范”是指规范执法的程序，必须按照法律规定的程序执法，做到实体与程序并重。所谓“公正”就是公平正义，对执法者来说就是实现法律面前人人平等。所谓“文明”是指执法者文明的形象，是对人的一种态度，是执法对象最直接的感受，文明执法要有礼有节、以理服人。③ 只有做到严格规范公正文明执法，政府才会有公信力和权威性，才能化解矛盾，震慑犯罪，更好地维护社会稳定和安全。

六是结合社会主义政治建设，稳步推进行政执法改革。《建议》中明确提出，实现“十四五”规划和2035年远景目标，必须坚持党的全面领导……必须推进社会主义政治建设。党的领导是行政执法改革的主导力量，社会主义政治建设是行政执法改革的综合环境支撑所系，法治国家、法治政府、法治社会

---

① 《中共中央关于制定国民经济和社会发展第十四个五年规划和二〇三五年远景目标的建议》，《人民日报》2020年11月4日。

② 《中共中央关于制定国民经济和社会发展第十四个五年规划和二〇三五年远景目标的建议》，《人民日报》2020年11月4日。

③ 胡仙芝等：《新时代中国特色社会主义行政改革研究》，人民出版社2020年版。

一体建设更是行政执法改革的同步联动部署,为此,"十四五"时期行政执法改革必须着重处理好以下关系。

首先,坚持党的领导,抓好党建工作,坚持廉洁行政,在行政执法中加强监督体系建设,确保行政执法零腐败。在行政执法各领域,都要落实全面从严治党主体责任、监督责任,提高党的建设质量;把"严"的主基调长期坚持下去,不断增强党自我净化、自我完善、自我革新、自我提高能力;完善党和国家监督体系,加强政治监督,强化对公权力运行的制约和监督;锲而不舍落实中央八项规定精神,持续纠治形式主义、官僚主义,切实为基层减负;坚持无禁区、全覆盖、零容忍,一体推进不敢腐、不能腐、不想腐,营造风清气正的良好政治生态。①

其次,坚持党的领导、人民当家做主、依法治国有机统一,推进社会主义政治建设。社会主义政治建设的成功,意味着党的领导、人民民主和依法治国三个方面同时取得进步,对行政执法来说,三者都是极其重要的相关变量。行政执法改革一定要更好地执行党的领导制度,更好地体现人民民主及公权权利的保障制度,更好地体现依法治国和依法行政的制度和精神,确保行政执法的改革和成效有益于加强党的领导、有益于保障人民民主、有利于依法治国和法治精神的发扬和发展。

最后,通过行政执法改革有力推动法治国家、法治政府、法治社会一体建设。"十四五"时期依然把法治政府的建设列为一个主要的建设目标,并提出"坚持法治国家、法治政府、法治社会一体建设",提出要完善"以宪法为核心的中国特色社会主义法律体系,加强重点领域、新兴领域、涉外领域立法,提高依法行政水平,完善监察权、审判权、检察权运行和监督机制,促进司法公正,深入开展法治宣传教育,有效发挥法治固根本、稳预期、利长远的保障作用,推

---

① 《中共中央关于制定国民经济和社会发展第十四个五年规划和二〇三五年远景目标的建议》,《人民日报》2020 年 11 月 4 日。

进法治中国建设,促进人权事业全面发展。”①这些建设的取得无疑将对行政执法提出更高的要求,必将推进我国的行政执法改革更快更好地走向严格规范公正文明执法的改革目标。

① 《中共中央关于制定国民经济和社会发展第十四个五年规划和二〇三五年远景目标的建议》,《人民日报》2020 年 11 月 4 日。

健全强有力的行政执行系统提高政府执行力*①

作为我国推进国家治理体系和治理能力现代化的纲领性、指导性文献，党的十九届四中全会通过的《关于坚持和完善中国特色社会主义制度　推进国家治理体系和治理能力现代化若干重大问题的决定》明确指出：健全强有力的行政执行系统，提高政府执行力和公信力。制度的生命力在于执行，制度体系和治理体系的生命力、竞争力取决于执行系统。习近平总书记多次强调，一分部署、九分落实。加强行政执行系统建设，有利于进一步提升政府的制度执行力和治理能力，对于完善国家治理体系和政府治理体系具有重要的意义。"十四五"期间，推进政府治理创新，应关注行政执行系统建设，着力提高政府执行力，从而提高国家制度和治理体系的执行力，更好地把国家制度优势转化为治理效能。

一、行政执行系统的内涵、特征与构成

从系统论视角看，行政系统是一个由行政决策、行政执行、行政监督等多

* 本文作者赖先进，中共中央党校（国家行政学院）公共管理教研部副教授。

① 本文部分成果分别以作者独立署名名义发表于：《理论动态》（2021 年 5 月，题目：论行政执行系统与国家治理体系的关系）；《天津市委党校学报》（2021 年第 5 期，题目：从部门化到系统化：行政执行系统建设如何更强有力）；《党政研究》（2021 年第 5 期，题目：国家治理现代化建设中的行政执行系统：结构、功能与关系）。

种功能要素组成的有机整体。行政执行是为实现行政目标,将行政决策付诸实施的活动和行为。

(一)行政执行系统的内涵与特征

行政执行系统是行政系统中主要承担和发挥行政执行功能的子系统。相比较于行政系统的其他子系统,行政执行系统具有一定的独特性,呈现如下特征:第一,社会服务性。行政执行系统直接面向和服务社会公众,是政府公共服务的直接提供者和落实者。第二,市场规制性。行政执行系统承担市场监管职能,直接开展规制和管理市场活动,是有效市场、有为政府和有机社会结合的实现者。第三,较强的专业性。行政执行系统往往具体到特定的专业领域,需要专业化的要素保障和支持。第四,较强的创造性。行政执行系统要遵照法定的行政程序开展执行活动,但也要根据经济社会环境的变化,结合本地区、本部门的实际情况,创造性地开展执行活动,确保行政执行低成本、高效率地实现决策目标。

(二)我国行政执行系统的主要构成

在我国政府行政体系中,各级政府是行政决策者,政府所属的部门与机构是行政决策的执行者,是行政执行系统的主要构成。以国务院为例,行政执行系统的主要有六个部分:①政府组成部门(国务院组成部门 26 个,不含办公厅)。②政府组成部门的下属执行机构(部委下属司局)。③政府直属执行机构(国务院 10 个直属机构、2 个办事机构,不含挂牌机构)。④政府直属具有行政职能的事业单位(国务院 9 个直属事业单位,不含挂牌机构)。⑤部委管理的国家局(国务院部委管理国家局 16 个,不含挂牌机构)等。

(三)行政执行系统在国家治理体系中的地位

在我国治理体系之中,党是领导者、监督者,政府是执行者。在政府行政体系中，行政执行系统是行政决策的主要执行者。从治理体系的整体视角看，行政执行系统承担着国家治理体系的推执行和抓落实功能，是提升制度执行力和治理能力的关键部位，是国家治理体系的重要“转换器”。一方面，行政执行系统是把党和国家决策部署转化为政府行动的“转换器”。如果行政执行系统执行不够有效，再好的决策部署也会落空、走样，政府执行力和公信力必将受到损害。另一方面，行政执行系统是把治理优势转化为治理效能的“转换器”。如果行政执行系统不够有力，再好的制度体系和治理体系也难以发挥出预期的治理效能，制度的优越性必将受到影响。加强行政执行系统建设，是系统促进治理优势转化为治理效能的必然选择。

二、行政执行系统在国家治理体系中的功能分析

决策、执行和监督（含评估）是国家治理和政府治理活动的基本环节。当作出科学决策之后，如何有效地把科学决策付诸执行和实施，是制度优势有效转化为治理效能的关键因素。

（一）提高国家制度执行力：国家治理现代化的重要任务

推进国家治理体系和治理能力现代化虽然涉及政府治理、市场治理、社会治理、基层治理等方方面面，但在定义上具有特定的内涵。习近平总书记指出：“国家治理体系和治理能力是一个国家制度和制度执行能力的集中体现。国家治理体系是在党领导下管理国家的制度体系，包括经济、政治、文化、社会、生态文明和党的建设等各领域体制机制、法律法规安排，也就是一整套紧密相连、相互协调的国家制度；国家治理能力则是运用国家制度管理社会各方面事务的能力，包括改革发展稳定、内政外交国防、治党治国治军等各个方面”①。从定义

① 习近平：《切实把思想统一到党的十八届三中全会精神上来》，《求是》2014 年第 1 期。

上看,国家治理体系和治理能力的核心要义是制度及其执行力;因而,推进国家治理体系和治理能力现代化的核心要义和本质是制度及其执行力的现代化。国家制度制定良好和国家制度执行良好,共同构成良好的国家治理①。在推进国家治理现代化进程中,既要坚持和完善中国特色社会主义制度②,也要推进制度执行,提高制度执行力。

(二)行政执行体制与执行系统:承担多层次国家制度执行功能

在坚持和完善中国特色社会主义制度进程中,我国必将建设系统完备、科学规范、运行有效的制度体系。面对这些制度体系,谁来承担制度执行任务,把制度优势转化为制度效能?我国治理体系中,虽然各类治理主体都有自上而下并延伸至基层的自身执行系统,承担各自领域制度执行任务;但对于国家制度执行而言,主要承担国家制度执行任务的是行政机关及其执行系统。这是由国家机构体系所决定的。从中央到各级地方,各级人大是权力机关,主要任务是制度制定;行政机关是权力机关的执行机关,主要任务就是制度执行;监察、司法和检察机关,负责监督并保障制度的执行③。

---

① 后向东:《论国家治理视野下的政务公开——国家制度的发布、提供与管理》,《中国行政管理》2020 年第 8 期。

② 党的十九届四中全会提出了“十三个坚持和完善”的重点任务,包括:①坚持和完善党的领导制度体系,提高党科学执政、民主执政、依法执政水平;②坚持和完善人民当家做主制度体系,发展社会主义民主政治;③坚持和完善中国特色社会主义法治体系,提高党依法治国、依法执政能力;④坚持和完善中国特色社会主义行政体制,构建职责明确、依法行政的政府治理体系;⑤坚持和完善社会主义基本经济制度,推动经济高质量发展;⑥坚持和完善繁荣发展社会主义先进文化的制度,巩固全体人民团结奋斗的共同思想基础;⑦坚持和完善统筹城乡的民生保障制度,满足人民日益增长的美好生活需要;⑧坚持和完善共建共治共享的社会治理制度,保持社会稳定、维护国家安全;⑨坚持和完善生态文明制度体系,促进人与自然和谐共生;⑩坚持和完善党对人民军队的绝对领导制度,确保人民军队忠实履行新时代使命任务;⑪坚持和完善“一国两制”制度体系,推进祖国和平统一;⑫坚持和完善独立自主的和平外交政策,推动构建人类命运共同体;⑬坚持和完善党和国家监督体系,强化对权力运行的制约和监督等。

③ 后向东:《论国家治理视野下的政务公开——国家制度的发布、提供与管理》,《中国行政管理》2020 年第 8 期。

根据正式制度①的外在表现形态，制度体系和治理体系按照制度化法治化程度从高到低主要分为：法律制度体系、党内法规制度体系、法规和规章制度体系（含行政法规、部门规章、地方性法规、地方规章等）、政策制度体系等。从政策到法律，国家制度体系外化体系几乎都需要行政执行体制、执行系统通过依法行政、行政执法、行政行为等方式予以执行。据有关统计，我国大约80%的法律、所有行政法规和90%的地方性法规都是由行政体系执行②。如果缺乏行政执行体制和执行系统的有效执行，制度体系就可能陷入形同虚设的困境。从实践看，地方政府行政执行力问题成为国家制度建设的"瓶颈"③。推进国家治理现代化离不开制度执行、行政制度执行。因此，行政执行体制、行政执行系统是国家制度执行不可或缺的重要载体，也是国家制度执行规模最大的载体。

（三）行政执行系统与行政执行体制的联系与区别

党的十九届四中全会《决定》在完善国家行政体制中，既要提出优化行政执行体制，又指出要健全强有力的行政执行系统。两种提法表明，行政执行体制与行政执行系统并非完全相同的概念，具有内涵上的联系和差异。行政执行体制与行政执行系统有着怎样的关系呢？两者的联系和区别是怎样的呢？一方面，从两者联系上看，行政执行体制与行政执行系统在国家行政体制中发挥着同样的功能，即行政执行、制度执行、政策执行等执行功能。行政执行机构、行政执行制度是行政执行体制与行政执行系统共同的具象化载体。另一方面，从两者的区别上看，行政执行系统包含行政执行体制，有比行政执行体制更为广阔的外延。这主要是由体制和系统两个概念的差别所决定的。体

① 本文所说的制度是正式制度，不含习惯、风俗等组成的非正式制度。
② 李军鹏：《国家行政体系：内涵、价值与完善》，《国家治理》2021 年第 20 期。
③ 闫鹏：《我国地方政府行政执行力：一个被忽视但却极端重要的行政研究视角》，《兰州学刊》2006 年第 3 期。

制、系统虽然英文翻译为同一个英文词语“System”,但从中文定义看,存在细微的区别。从中文汉语定义看,体制是指国家、国家机关、企业、事业单位等的组织制度,体制本质是制度。系统的汉语定义主要是指同类事物按一定的关系联合起来,成为一个有组织的整体,系统的本质是同类事物的整体。

因此,行政执行体制和行政执行系统在内涵上各有侧重,是两个具有联系也有区别的概念。行政执行体制是国家行政体制中承担行政执行功能的组织制度体系。行政执行系统是国家行政体制中承担行政执行功能的同类整体,包括制度体系、机构体系、人员体系、技术体系、价值理念体系等多个方面。此外,两者的另外一个区别是:行政执行体制侧重于静态的行政执行制度与机构体系;行政执行系统侧重于动态的行政执行运行和效能。从系统科学理论角度看,行政执行系统不是简单的行政执行制度和执行机构的简单组合,而是一个实现“1+1>2”效应的有机整体。

三、基于执行系统模型的理论框架

目前,理论界对行政执行系统缺乏专门的研究,国内尚无学术论文进行分析和研究。但在行政执行系统相关的政策执行领域,理论界有着丰富的研究基础。根据作者对中国知网数据库的分析,进入21世纪以来,政策执行、制度执行等是当前公共执行问题成为理论研究的热点。20世纪80年代以来,发表公共执行问题相关论文1.3万篇;近年来,相关执行研究论文每年发表论文在800—900篇。其中,政策执行、制度执行、政府执行等是当前公共执行问题研究的成果主体。在政策执行理论研究中,包括政策执行的过程模型、系统模型、互动模型等政策执行理论模型,为开展行政执行系统研究提供了重要的理论基础。在政策执行的理论模型中,与行政执行系统最为匹配的理论模型是政策执行系统模型。

在政策执行的系统模型研究中,美国学者米特—霍恩最早提出政策执行系统模型,用以解释政策为什么能够得到有效执行转化为政策效果。米特—霍恩在政策执行系统模型中认为,影响政策执行绩效的因素主要有六个:执行标准与目标、执行资源、经济社会政治条件、执行机构特性、组织间沟通与执行、执行的意向①。该模型为分析政策执行的系统性因素提供了理论切入点,既具有较强的国际影响力,也得到国内理论界的较多应用,包括青少年体质健康政策执行②、教育扶贫政策执行③、农村网格化政策执行④等多个领域。

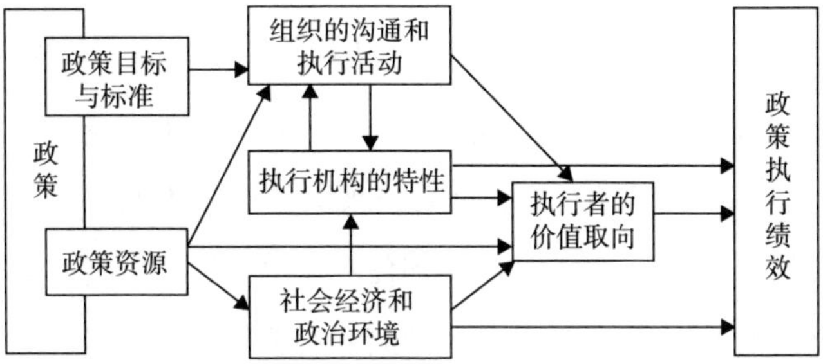

图 17-1　米特—霍恩政策执行系统模型⑤⑥

(一)理论分析框架:从政策执行的系统模型到行政执行的系统模型

尽管政策执行系统与行政执行系统具有较大的系统重叠,但两者毕竟存

---

① Van Meter DS, Van Horn CE, The Policy Implementation Process: A Conceptual Framework, Administration & Society, 1975, (4).

② 杨成伟、唐炎、张赫等:《青少年体质健康政策的有效执行路径研究——基于米特-霍恩政策执行系统模型的视角》,《体育科学》2014 年第 8 期。

③ 付昌奎、邬志辉:《教育扶贫政策执行何以偏差——基于政策执行系统模型的考量》,《教育与经济》2018 年第 3 期。

④ 柴宝勇、周君玉:《农村网格化管理政策执行研究——基于政策执行系统理论的实证分析》,《中国行政管理》2020 年第 1 期。

⑤ Van Meter DS, Van Horn CE, The Policy Implementation Process: A Conceptual Framework, Administration & Society, 1975, (4).

⑥ 杨成伟、唐炎、张赫等:《青少年体质健康政策的有效执行路径研究——基于米特-霍恩政策执行系统模型的视角》,《体育科学》2014 年第 8 期。

在一定的区别和差异。借鉴政策执行系统模型,结合我国行政执行系统的实际,影响行政执行系统绩效的因素有行政执行系统的目标任务、行政执行系统的资源保障、行政执行系统的机构设置、行政执行系统内的组织沟通、行政执行系统的环境调适、行政执行系统人员的价值意愿等。这些因素共同组成了行政执行的系统理论模型,为分析行政执行系统提供了初步的理论框架。

(二)行政执行系统的目标任务

目标和任务是执行的出发点,对行政执行系统效能具有重要的初始性影响。目标和任务也是影响公共政策执行的重要因素。比如,政策执行中,目标群体有着独立意识与利益的行为主体,会采取策略行为①。系统科学理论角度看,系统遵循目的性原理,系统目标和任务决定系统的功能。强有力行政执行系统需要明确的执行目标和任务。执行目标和任务越明确,行政执行系统生成的制度执行力、政策执行力就越强。

(三)行政执行系统的资源保障

执行必然产生执行成本,需要执行资源予以保障。行政执行系统的高效运行也需要充分的资源保障。执行资源保障是多方面的,包括制度资源、人力资源、技术资源、财政资源等。从政策执行研究看,公共政策执行存在政治资源流失,在公共政策执行中须强化财物、人力、信息、文化等政治资源的优化配置②。行政执行也需要强化资源配置与保障。从目前我国行政资源配置结构看,主要的矛盾体现在上下结构需求配置不合理。在五级政府治理体系和五级行政执行体制中,越往上,行政执行资源配置和供给越充分;越往下,行政执行资源配置和供给越少。面向基层,强化行政执行系统资源保障是行政执行

① 叶响裙:《论政策执行中目标群体的策略行为》,《华东经济管理》2014 年第 7 期。

② 陆小成、张林军:《公共政策执行中的政治资源开发与配置》,《云南行政学院学报》2003 年第 4 期。

系统建设的重要方向。强有力行政执行系统需要充足的资源保障和资源供给。执行资源保障和供给越充分，行政执行系统生成的制度执行力、政策执行力就越强。

（四）行政执行系统的机构设置

官僚科层制组织理论研究表明，行政机构的属性和特征对机构绩效具有重要的影响。对于特定的行政执行任务而言，强有力的执行机构必然能够取得更大的执行绩效；如果执行机构配置较弱，执行机构就会受到影响。行政执行系统的机构设置决定了行政执行机构在行政系统中的地位。比如，政府职能部门从事行政执行通常比事业单位从事行政执行具有更大的权威性和更高的执行地位。行政执行系统的机构设置也决定着行政执行在政府中的注意力配置或关注度配置。信息爆炸时代，最宝贵的资源是注意力而不是信息①。通常，对于行政执行机构而言，承担着多重目标和任务。强化特定行政执行机构配置，有利于增强行政执行任务在工作中的关注度和注意力。强有力行政执行系统需要专业化的执行机构设置。执行机构设置越专业，行政执行系统生成的制度执行力、政策执行力就越强。

（五）行政执行系统内的组织沟通

行政执行系统的整体执行效果，不仅取决于单个行政执行机构的执行活动，还取决于行政执行机构间的组织、沟通和协作。公共政策的组织间理论模型认为，政策执行过程中，组织间存在依赖关系②。从行政执行实践看，随着经济社会的发展，公共事务跨界性特征显著增强，许多行政执行任务都需要由多个执行机构共同配合才能完成执行任务。对于一项政策执行，组织间协调

---

① 练宏：《注意力分配——基于跨学科视角的理论述评》，《社会学研究》2015 年第 4 期。

② Donald C.Menzel, An Interorganization Approach To Policy Implementation, Public Administration Quarterly, 1987, (1).

的精细化程度成为影响政策执行绩效的关键变量①。强有力行政执行系统需要有效的组织协调和沟通。执行组织协调和沟通越有效,行政执行系统生成的制度执行力、政策执行力就越强。

(六)行政执行系统的环境调适

无论是政治系统分析理论,还是行政生态理论,都强调环境因素在政治系统和行政系统运行中的重要作用。行政执行系统的运行离不开各种环境的影响和制约,包括政治环境、经济环境、社会环境、技术环境、国际环境等多个方面。公共政策执行也不例外。公共政策也是在外部环境中并与外部环境不断发生作用的系统②。面对日益变化的外部环境,行政执行系统及其工作人员应不断强化环境调适,应对环境变化带来的挑战。强有力行政执行系统需要有效适应环境的变化。执行系统适应环境越有效,行政执行系统生成的制度执行力、政策执行力就越强。

(七)行政执行系统人员的价值意愿

现代化理论认为,人的现代化在现代化进程中具有重要作用。微观个体现代化是建设现代化国家治理体系、现代化行政执行系统的前提条件。作为承担具体行政执行任务的个体,行政执行系统人员的价值意愿影响着微观执行成效。政策执行系统模型理论在研究政策执行过程中也发现,政策执行人员拒绝执行应该执行的任务会导致政策执行失效③。从利益角度看,政策执行阻滞现象发生的一个重要的客观原因是政策执行主体利益矛盾

---

① 马龙军:《政策执行组织间的协调精细化问题探究——基于“骨干人才计划”的个案分析》,《未来与发展》2018 年第 9 期。

② 陆锋明:《公共政策执行及其环境分析》,《行政论坛》2003 年第 4 期。

③ Van Meter DS, Van Horn CE, The Policy Implementation Process: A Conceptual Framework, Administration & Society, 1975, (4).

或冲突①。建设强有力的行政执行系统，需要消除行政执行过程中存在的价值意愿偏差，通过思想教育、机制设计等多种方式，实现个体价值意愿与行政执行组织的公共价值意愿的融合。强有力行政执行系统需要执行人员拥有足够的执行意愿和动力。执行系统工作人员执行动力和意愿越强，行政执行系统生成的制度执行力、政策执行力就越强。

四、系统性不足：从部门化执行体制到行政执行系统的转型与过渡

依托中国特色社会主义制度的显著优势，经过改革开放以来数十年的行政体制改革，我国政府行政执行制度、行政执行机构逐步完善，行政执行效率显著提升。但与我国建设社会主义现代化强国、推进国家治理现代化的总体目标相比，行政执行系统建设还存在不少短板和问题，执行不力、落实不到位等现象时有发生。一些部门和地方执行之所以出现不够有力、不够有效，除个体思想认识不到位的原因外，行政执行系统不够强有力也是重要的系统性、体制性因素。行政执行系统在哪些方面存在短板和问题？基于上述理论分析框架，本文尝试对这些短板和问题进行初步的系统性分析。

（一）系统执行目标任务有待明确

执行目标和任务模糊化成为影响行政执行绩效、政策执行绩效的重要方面。执行目标和任务本身的模糊化。达成怎样的行政执行目标和任务，是对行政执行系统的初始“输入”。这些目标和任务“输入”越精准明确，执行系统的执行“产出”才可能更有效率。执行政策实践中包含大量模棱两可或模糊

① 丁煌：《利益分析：研究政策执行问题的基本方法论原则》，《广东行政学院学报》2004 年第 3 期。

不清的语言①。模糊性普遍存在于政策文本、政策执行以及政策评估中②。承担执行的职责主体模糊化。有的行政执行任务在职责分工上，没有明确执行责任主体或没有明确牵头的执行责任主体，导致谁来负责行政执行产生争议。习近平总书记指出：“有些法规制度为什么执行不了、落实不下去？就是因为责任不明确、奖惩不严格，违反了法规制度怎么惩罚无章可循。”③执行目标和任务评价标准、绩效评价指标的模糊化。行政执行目标和任务提出后，对行政执行绩效评价缺乏考虑，产生行政执行“虎头蛇尾”现象。

（二）系统专业化资源保障有待提升

由于对行政执行的系统性、专业性认识不到位，在配套保障上往往把行政执行机构与一般行政部门同等对待、混同管理，一定程度上弱化了行政执行系统的专业性资源配置。突出地表现在人事资源配置机制和财力资源配置上。由于行政执行机构用人自主权不足、创新不够，导致不少行政执行领域出现人才严重缺乏、“二流人才”监管“一流人才”的现象。以食品药品监管为例，美国食品药品监督管理局（FDA）是在美国健康与人类服务部（DHHS）下属的公共卫生部（PHS）中设立的执行机构，该机构关键岗位多数人员为研究型专业型人才（包含化学家、生物学家和微生物学家），博士学历占有较大比例。相比而言，我国食品药品监管机构人员主要通过普通公务员招录，高学历和研究型人才不足，尤其是药品领域专业化人员严重不足、专业结构匹配度不高，难以满足药品行业专业化监管的需要。在财力资源配置上，行政执行的财政保障机制主要以行政性资源保障为主，缺乏多元化、社会化的资源配置机制，导

① 韩志明：《政策执行的模糊性及其治理效应》，《湘潭大学学报（哲学社会科学版）》2018年第4期。

② 韩志明：《政策过程的模糊性及其策略模式——理解国家治理的复杂性》，《学海》2017年第6期。

③ 《在十八届中央政治局第二十四次集体学习时的讲话》，《习近平关于严明党的纪律和规矩论述摘编》，中共文献出版社、中国方正出版社2016年版。

致行政执行的财力资源供给、服务资源供给较为单一。对于地方行政执行系统而言，县级以下基层行政执行机构与上级相比存在权责利不对称现象、执行资源配置不对称现象，导致基层行政执行系统“权小责大、人少事多、钱少事多”，影响了基层行政执行机构的积极性和主动性。

（三）机构执行职能定位有待强化

按照系统的功能，行政系统内部主要划分为行政决策系统、行政执行系统、行政监督系统、行政咨询和信息系统等。在发达国家行政体系中，行政决策系统与执行系统相对分离，行政执行系统具有较强的系统性。比如，美国联邦政府除总统办事机构和 15 个内阁部门外，设立了许多联邦独立行政机构专门从事行政执行活动。英国政府在 25 个内阁部门外，设立了 20 个非内阁部门，与在政府部门内设立的数量众多的行政机构（包括官方和半官方机构）一起，负责执行专业领域的政策。当然，发达国家决策、执行分开并非完全的分离、所有管理职能决策与执行都分离，而是根据执行专业化需要，建设专业化执行机构。在我国行政体制中，行政决策、行政监督、行政决策咨询与信息的系统性相对较强，政府之下的行政决策系统与行政执行系统融为一体，行政执行的系统性不强。不少应该专门承担执行职能的机构拥有行政决策职能，行政决策与行政执行未实现相对分离，决策与执行之间相互制约的运行机制难以形成。我国政府行政执行力存在问题，从机制上来看一个重要因素是没有形成决策、执行、监管相互协调、适度分离的机制①。深圳市政府曾尝试推行“行政三分制”改革，全面推进行政决策、行政执行、行政监督的相对分离，进行了前期的改革试验和探索。

（四）系统内沟通协调机制有待健全

从横向沟通协调看，部门间有效执行的协调机制尚不健全。随着经济社

① 唐铁汉：《努力提高行政执行力》，《中国行政管理》2007 年第 10 期。

会的快速发展，跨部门、跨领域的公共事务逐渐增多。针对这些跨部门、跨领域的事务，单一分工的行政执行机构或部门倾向于追求利益最大化、责任最小化。在欠缺部门间有效协调机制的支持条件下，往往产生政出多门、推诿扯皮和政策效应相互抵消现象，“1+1>2”的多部门协同效应难以发挥。比如，2017年底，环保部门执行《大气污染防治行动计划》“煤改气”决策，由于与能源部门缺乏有效协调配合，导致北方地区天然气供应出现紧张，引发“气荒”，最终导致“煤改气”被叫停。此外，行政执行机构过度强调所属部门、所属系统的行政隶属关系，部门行政特征明显、各自为政，导致行政执行具有较强的封闭性和排他性，行政执行对其他部门和执行机构的开放性不足。尤其是行政执行系统与司法机构协作不够，弱化了行政执行的法治保障力度，司法行政执行效能有待提升。从上下执行沟通协调看，由于行政执行系统的链条长、层级多，时常出现“中梗阻”现象。总体上，我国政府行政体系具有五个层级，行政执行系统自上而下也要经历五个层级。对于同一个行政决策事项，只有五个层级的行政执行机构或部门做到有机联动，才能实现行政决策在基层落地见效。中间执行者或中间执行环节的低效执行、消极执行，往往导致行政执行最终出现走样。

（五）系统数字化转型有待强化

政治系统理论认为，政治系统与环境是相互联系、相互作用的。作为政治系统的重要组成，行政执行系统高效运行也离不开与外部环境有效互动。相比传统行政，现代政府行政的外部环境正在发生着深刻变化，主要表现在数字化、智能化技术推动政府行政实现数字化转型深刻变革。现有行政执行系统对这些环境变化的系统输入，欠缺有效足够的系统输出和环境适应。不少行政执行活动对方法技术创新不够，仍采用行政命令等老方法、采用“人海战术”等老思路来解决新问题、适应新环境。行政执行系统数字化转型滞后于社会数字化转型进程。行政执行系统数字化转型滞后，一方面，弱化了行政体系公共服务的数字化、便捷化供给,降低了社会的执行满意度;另一方面,影响了行政执行的精准性,不利于控制和避免行政执行偏差。

(六)系统人员意愿和动力制度化有待加强

研究表明,不同于西方经济人假设,公共价值取向是我国行政执行人员的主流价值,我国主流政府执行行为并没有完全排斥"个体性价值取向"的影响,执行行为动力制度化有待提升①。一些执行机构和人员对政策执行采取"上有政策、下有对策"的做法,存在不愿执行、不积极执行、拖延执行、选择性执行等消极情况。从制度供给原因上看,缺乏对行政执行系统、行政执行行为的专门激励和约束机制,是执行人员消极应付行为产生的一个因素。行政执行系统人员获得激励来源、激励水平、激励方式,与一般行政机构几乎无差异。行政执行工作量大面广、身处一线,执行人员应该给予一定的制度化激励,制度性地提高行政执行系统工作人员的动力。相对而言,公安等条线特征较强的行政执行系统执行激励机制建设较为完善;但条线特征不强的行政执行系统执行激励机制建设相对缺乏,比如,行政审批局、综合行政执法局、大数据局等执行系统。

五、强化系统性:强有力行政执行系统建设的主要策略与路径

综合上述问题分析,我国行政执行系统在执行目标、资源配置、组织协调等多方面保留着传统部门化行政执行的特征。部门化行政执行是我国行政执行体制的传统架构,在执行计划经济条件下单目标任务上具有优势;但面对市场经济条件下复杂性、综合性的公共执行任务和目标,部门化行政执行体系须

① 陈世香、王志华:《中国政府执行行为动力机制构成的实证分析——以湖北省为例》,《公共管理学报》2011 年第 2 期。

进行变革。从我国政府行政管理体制看,政府管理处于一个从“部门行政”向“公共行政”的转型期,弱化“部门行政”是改革的基本任务①。面对推进国家治理现代化的重大目标和重点任务,建设强有力的行政执行系统,必须在部门执行体制基础上不断强化行政执行体系的系统性,才能高效完成各项国家制度执行的任务。

(一)降低行政执行系统执行目标任务的模糊性

由于国家制度执行和国家治理规模巨大,行政执行面临的环境复杂多变,执行目标需要一定的模糊性。但从提高行政执行系统执行力的现实问题角度看,降低模糊性、提高明确性,是我国行政执行系统建设的重要方向。明确行政执行的具体目标和任务。“多一些明确语言表达、少一些模糊语言表达”,让行政执行系统获得更清晰、具体的执行“输入”。明确执行职责主体。对于政策执行,要明确承担执行责任的单位;对于有多个执行主体的事项,应明确牵头单位,防止责任相互推诿。应完善行政执行责任制,重点明晰行政执行系统中各级行政执行机构的执行责任(含专有执行责任、共同执行责任),进一步发挥我国行政执行系统“条条对应”确保行政决策一贯到底的优势。“行政责任”是行政主体违反某种角色义务所应承担的后果②。在行政执行监督问责中,实现精细化、科学化,区分不同层级行政执行机构执行责任,调动各级行政执行机构的积极性和主动性。在政策方案或执行方案中,应引入执行评价。行政管理活动是一个从决策、执行到评价监督的闭环管理过程。建设强有力的行政执行系统,须抓住执行评价与监督环节,倒逼行政执行效率实现提升。

---

① 宋世明:《试论从“部门行政”向“公共行政”的转型》,《上海社会科学院学术季刊》2002年第4期。

② 丁煌:《我国现阶段政策执行阻滞及其防治对策的制度分析》,《政治学研究》2002年第1期。

（二）强化行政执行系统的专业化资源保障

与一般的行政管理机构相比，专业化行政执行机构具有较强的专业性，需要更加专业化的要素资源供给。总体上，要给予行政执行机构一定的自主性和灵活性，通过推进体制机制创新，增强专业性。推进执行系统公务员制度改革，创新专业化行政执行机构的人事体制机制。以美国食品药品监督管理局为例，该机构作为部门下属行政执行机构用人机制灵活，2010 年人员规模为 1.4 万人，其中，固定雇员 2100 多人，临时用工达 1.2 万人。选择一批专业化的行政执行机构（国务院直属机构、直属事业单位、部委管理的国家局等），大力推进聘任制公务员改革，实施专业技术类公务员、行政执法类公务员改革试点，提高行政执行机构人员的社会化、专业化水平。创新专业化行政执行机构的购买服务机制。对于行政执行急需但执行机构又难以提供的专业化服务，要大力推行和实施向社会购买公共服务，提高行政执行质量。探索特定领域行政执行职能的社会化转移机制。对于专业化程度高、政府执行不好的行政执行事项，探索推进向社会转移，由社会力量承担执行任务（甚至联合成立半官方行政执行机构），行政执行机构制定标准，进行事中事后监管。重点推进行政执行资源向承担任务较多的基层和领域倾斜，包括编制资源、人力资源、财力资源等，改变基层行政执行资源配置倒挂现象，提高基层行政执行系统的执行效能。

（三）突出行政执行机构执行职能定位

行政生态学理论认为，现代工业社会的行政模式应实现农业社会融合行政模式、棱柱型过渡行政模式向衍射型模式转变。从行政系统内部来看，构建专业化、专职化的行政执行系统是推进政府治理现代化的必然选择。

优化政府职能和职责体系，要将政府所属行政执行机构承担的决策职能湿度剥离（非绝对分开），让国务院及其组成部门“大部门”更多承担行政决策职能，其余的行政执行机构（尤其是直属机构）专门承担行政执行职能，打造专业化、多层次的行政执行机构。优化和打造国务院直属的专业化行政执行机构。把直属机构承担较多的决策职能剥离，使其回归到国务院，将直属机构打造成为专业化的行政执行机构。试点组建国务院部门直属的专业化行政执行机构。按照决策与执行功能划分，对部委所属司局的主要职能进行分类。对于承担行政执行职能较多的司局，剥离其行政决策职能，打造成为部委直属的专业化行政执行机构（比如在部委下设立行政执行局）。优化部委管理的国家局、国务院直属事业单位，打造中国特色专业化行政执行机构体系。发达国家政府实行大部制，主要是对政府决策环节，强化政府中枢机构建设、组建综合化的内阁组成部门；同时，与大部制配套的系统设置是政府建立了众多具有“小部制”特点的专业化执行机构。为此，巩固长期以来我国大部制机构改革成果，应建设更多的专业化执行机构。将国家局、国务院直属事业单位的决策职能剥离至相应的部委、国务院，让相关部委形成领域内行政决策“大部制”，让国家局、国务院直属事业单位专门从事行政执行，与国务院直属机构、部委直属行政执行机构一起构成具有中国特色的专业化行政执行机构体系①。一些议事协调机构日常工作部门也可以转为专业化的行政执行机构，比如，2021 年 2 月，在国务院扶贫办基础上组建了国家乡村振兴局。

深化事业单位改革，强化行政执行系统的技术支撑系统建设。事业单位是具有中国特色政府治理体系、国家治理体系的重要组成，不仅承担着提供公共产品和服务的职能，也具有支撑行政执行系统运行的功能。十四五期间，深化事业单位改革，对于行业性、专业技术性事业单位，应在政社分离改革中，分类施策，建立健全事业单位支撑行政执行部门、行政执行系统的体制机制，包括确定事业单位支撑行政执行系统的法定职责、法定委托机制、经费保障机制，有效满足行业管理部门的执行技术性需求。

---

① 迟福林：《市场决定——十八届三中全会后的改革大考》，中国经济出版社 2014 年版。

（四）健全行政执行的组织、协调机制

建立综合集成、具有整体性特征的行政执行组织机制。加强各级政府办建设，发挥其推进行政执行的统筹协调作用。针对重大行政执行任务，赋予行政执行机构统筹各方执行力量的职责，推进执行过程的系统谋划。比如，根据党委政府中心工作需要，组建覆盖不同部门、不同领域的团队，形成专班化工作机制。健全行政执行机构之间、行政执行机构与部门之间的协调配合机制。对于需要多个机构和部门执行的事项，建立牵头执行机制、配合执行机制，分清主次关系、责任分工。重点推进行政执行系统与司法系统的协调配合机制，强化行政执行的司法保障。行政执行机构与司法机关须建立协作机制，为行政执行行为强化法治赋能，避免行政执行结果成为“一纸空文”。此外，优化上下行政执行系统的协调与沟通机制建设。

（五）推进行政执行系统数字化建设

在政府数字化转型进程中，要优先推进行政执行系统实现数字化转型，强化对行政执行系统的技术支撑。加强与行政执行系统配套的信息系统平台建设。行政执行机构针对特定的执行任务和领域，应搭建数字化信息平台，运用智能化数字技术，推进行政执行。强化行政执行活动的数字化应用。利用大数据、智能化技术，识别、分析行政执行存在的盲点、薄弱点，全面提升行政执行水平。推进行政执行系统内外的信息共享。行政执行机构须以接入全国一体化政务服务平台、省级服务平台为突破，消除部门之间、行政执行系统之间存在的数字壁垒、“数据烟囱”，整体提高行政执行力。运用数字化技术，面向社会公众开发具有参与协同功能的应用场景，强化行政执行过程中的社会参与。

（六）加强执行人员激励与约束制度建设

加强制度供给，调动行政执行系统工作人员积极性是建设强有力行政执

行系统重要的微观内容。建立促进行政执行行为生成的正向激励机制。对于特殊的专业化行政执行机构和人员，要建立不同于一般部门和机构的专业化执行绩效评价体系（比如，平衡计分卡执行绩效评价机制）。基于此，建立专门针对行政执行的比拼机制、赛马机制、激励机制，强化比学赶超、政策激励。探索实施政策期权的激励方式，依据行政执行结果给予配套政策激励。建立行政执行系统监督问责机制，强化约束机制建设。建立行政执行的底线目标（比如，人大会通过的政府工作报告目标）、高线目标。在完善行政执行责任制度的基础上，根据执行绩效评价结果，由决策部门对行政执行部门进行监督与问责。强化行政执行系统的反馈子系统建设。运用闭环管理、迭代升级、久久为功的系统方法，把每一次迭代的结果作为下一次迭代的初始值，提高行政执行系统的持续性。应建立行政执行的公开监督机制，引入“电视问政”、人大代表、政协委员监督等方式，及时把社会的反馈信息有效转化到行政执行系统之中。

决策体制机制创新*

一、近年来决策体制机制创新的主要亮点

近年来,党中央、国务院着力部署构建职责明确、依法行政的政府治理体系,我国在政府决策体制机制创新上取得丰硕成果,主要亮点表现在如下方面。

(一)决策主体的学习培训得以重视和加强

行政决策主体的素质对于决策科学化、民主化、法治化非常重要。2015年1月,习近平总书记在为第四批全国干部学习培训教材所作的《序言》中要求,“全党同志特别是各级领导干部要有本领不够的危机感,以时不我待的精神,一刻不停增强本领”。同年,《干部教育培训工作条例》开始施行,干部接受教育培训情况作为了选拔任用的一项重要内容。2018年11月公布的《2018—2022年全国干部教育培训规划》,从完善培训内容体系等方面对教育培训干部提出了要求;明确规定,“省部级、厅局级、县处级党政领导干部5年内参加党校(行政学院或者行政学校)、干部学院以及干部教育培训管理部门认可的其他培训机构累计3个月或者550学时以上的培训。科级以下干部每年参加培训累计不少于12天或者90学时”。并要求“以加强思想政治建设、职业道德建设和业务能力建设为重点,准确把握综合管理类、专业技术类、行

---

* 本文作者薛刚,中共中央党校(国家行政学院)公共管理教研部副教授。

政执法类等公务员类别特点和不同需求，加强机关公务员培训”。2019年3月3日起施行的修订后的《党政领导干部选拔任用工作条例》第八条明确规定，提拔担任党政领导职务应当具备的基本资格之一就是：“应当经过党校（行政学院）、干部学院或者组织（人事）部门认可的其他培训机构的培训，培训时间应当达到干部教育培训的有关规定。确因特殊情况在提任前未达到培训要求的，应当在提任后一年内完成培训。”2018年修订、2019年施行的《中华人民共和国公务员法》要求，“公务员培训情况、学习成绩作为公务员考核的内容和任职、晋升的依据之一。”目前，政府干部的学习氛围进一步浓厚，迎来送往、乐在其中的干部越来越少，充电加油的干部越来越多。行政决策主体的文化程度不断增加，专业素养和能力大幅度提升。

（二）行政决策咨询进一步广泛开展

现代政府面临着越来越复杂的决策，而决策咨询是提高政府决策质量的重要制度安排。2015年出台的《关于加强中国特色新型智库建设的意见》指出，“迫切需要健全中国特色决策支撑体系，大力加强智库建设，以科学咨询支撑科学决策”。当年11月，中央全面深化改革领导小组研究批准了《国家高端智库建设试点工作方案》；国家高端智库重点围绕国家重大战略需求，开展前瞻性、针对性、储备性政策研究；近年来，高端智库在重大政策和经济社会发展热点问题解读、不断提高政策研究与决策支持水平等方面发挥了重大作用。2019年实施的《重大行政决策程序暂行条例》第二章第三节专门讲专家论证，要求“省、自治区、直辖市人民政府应当建立决策咨询论证专家库”。当前，政府各部门相继建立并优化了决策咨询机制，决策咨询组织越来越多，决策咨询所起的实际作用也越来越大。

（三）决策信息系统得到了迅速发展

在现代社会里，信息在社会经济生活中的地位与日俱增。各级政府科学决策的能力受到它做出决定时相关信息的多少以及质量的制约。有了及时准确的信息,各级政府才能了解真实的情况,才能据此做出正确判断,科学决策,精准施策。因而,决策信息系统对于现代政府决策起着重大的支撑作用。2014年,中央网络安全和信息化领导小组成立,习近平总书记担任组长,对信息化发展进行了顶层设计与部署安排。之后,《国务院关于加快推进全国一体化在线政务服务平台建设的指导意见》等文件措施相继出台。2019年4月,以国务院令形式公布的《国务院关于在线政务服务的若干规定》,就推进各地区、各部门政务服务平台规范化、标准化、集约化建设和互联互通,推动实现全流程网上办理,促进政务服务跨地区、跨部门、跨层级数据共享和业务协同等提出了要求。同年11月,国家政务服务平台整体上线试运行,平台建设了全国统一身份认证系统,为各地区、各部门政务服务平台提供统一身份认证服务,这对于决策基础信息共建共享共用、加快推进政务服务在全国范围内"一网通办、异地可办"起到了重大支撑促进作用。目前,各级各地政府都高度重视决策信息系统和数字政府建设,决策基础信息数据库不断建立并日益丰富,各部门各层级决策数据信息互联互通与业务协同正在不断推进,老百姓和市场主体办事时已体验到了更多的获得感。

(四)行政决策程序得以规范

决策程序在决策科学化、民主化和法治化中发挥着重要的作用。2014年《中共中央关于全面推进依法治国若干重大问题的决定》要求"健全依法决策机制。把公众参与、专家论证、风险评估、合法性审查、集体讨论决定确定为重大行政决策法定程序"。2016年6月公布的中办、国办印发的《关于推行法律顾问制度和公职律师公司律师制度的意见》要求"建立健全党政机关法律顾问、公职律师制度",党政机关法律顾问履行为重大决策、重大行政行为提供法律意见,参与法律法规规章草案、党内法规草案和规范性文件送审稿的起草、论证,参与合作项目洽谈、协助起草修改重要的法律文书或者以党政机关为一方当事人的重大合同等职责。2019 年起实施的《重大行政决策程序暂行条例》,把公众参与、专家论证、风险评估、合法性审查、集体讨论决定作为重点,逐一明确、细化了这五大法定程序的具体要求。目前,中央和国家机关各部委、县级以上地方各级人民政府普遍设立了法律顾问和公职律师,不少乡镇政府也根据需要设立了法律顾问和公职律师;各级政府决策程序意识大大提高,决策法定程序的约束力大大提高。

二、决策体制机制中的薄弱环节

决策体制机制创新在获得巨大进步的同时,党中央、国务院对推进决策体制机制发展的要求,仍有一些没有得到有效落实,主要有如下几个方面。

(一)决策公开仍不理想

公开、透明是良好治理的基本要义,是负责任大国的气度、胸怀与自信的充分展示。贯彻党的群众路线,应始终做到为了群众、相信群众、依靠群众。人民群众的实质性动员和参与程度,需要群众获知相关信息,取决于群众可获得相关信息的质与量。当信息难以获取的时候,更容易产生谣言,以弥补公众关切和相关信息的不足。在战争状态下,很多信息对外对内都处于保密状态下,反而刺激了谣言大量滋生。稳定的信息流将使得社会有可能变得更加稳定。在信息持续公布的情况下,人们不需要再对某一个时段给予特别关注,也可以减少事后对资源配置的调整。决策公开,有助于广大人民群众切身利益的维护与实现,有助于公共利益的实现,对于公权力部门的公信力有着重要的影响。习近平总书记明确指出,“全面推进政务公开,推进决策公开”。[①] 2019 年实施的修订后的《中华人民共和国政府信息公开条例》,在加大政府信息公

① 习近平:《关于〈中共中央关于全面推进依法治国若干重大问题的决定〉的说明》,《人民日报》2014 年 10 月 29 日。

开力度和提高政府信息公开实效等方面提出了更高目标。国务院将政策文件等在中国政府网上公布，在决策公开上树立了标杆。然而，公开越多、做事越难的观念在有的政府部门中依然存在，公开范围小、力度小等状况还大量存在，许多地方政府没有将涉及公众利益的规范性文件向社会公开。决策不公开，给寻租留下了空间，公众知情、参与和表达的权利未能有效落实，影响了老百姓心中的获得感。

（二）决策评估仍未能制度化进行

决策评估能够优化决策质量，对于决策的改进和完善发挥着重要的作用。2015 年 1 月发布的《关于加强中国特色新型智库建设的意见》要求“建立健全政策评估制度”。2018 年修订后的《国务院工作规则》规定，“在重大决策执行过程中，要跟踪决策的实施情况，了解利益相关方和社会公众对决策实施的意见和建议，全面评估决策执行效果，及时调整完善”。2019 年起施行的《法治政府建设与责任落实督察工作规定》中指出：“督察单位可以委托科研院校、专业机构、人民团体、社会组织等对被督察单位开展第三方评估，提出意见建议。”《重大行政决策程序暂行条例》要求，在“重大行政决策实施后明显未达到预期效果”“决策机关认为有必要”等情况下，“决策机关可以组织决策后评估”；“开展决策后评估，可以委托专业机构、社会组织等第三方进行”。党的十九届五中全会指出，“健全重大政策事前评估和事后评价制度”。① 但总体而言，政策评估评价当前开展得仍不广泛，有的地方政府对政策评估评价的重要意义仍认识不到位，政策评估评价仍没有列入年度安排，经费也难以保障。

（三）决策主体担当精神仍显薄弱

政府决策者能否主动担当作为，对于政府决策质量有着重要的影响。

① 《中共中央关于制定国民经济和社会发展第十四个五年规划和二〇三五年远景目标的建议》，《人民日报》2020 年 11 月 4 日。

习近平总书记要求，“各地区各部门要敢于担当，积极有为推进改革攻坚”①。2018 年修订、2019 年实施的《中华人民共和国公务员法》规定公务员不得有不担当、不作为、玩忽职守、贻误工作的行为。2019 年出台的《关于贯彻实施公务员法建设高素质专业化公务员队伍的意见》要求，要严肃查处不担当、不作为、乱作为等问题。但现实中，在决策中居于重要地位的政府干部中，有的“为官不为”的问题尚未得到很好解决。目前，有的政府干部仍心存不求有功、但求无过心态，不作为、缓作为，不愿担当、不敢担当。有的原本改革创新意识较强、敢为人先的地区和政府干部，现在也顾虑犹疑，不敢在政策和决策上结合本地实际加以灵活应用。特别是在面临一些旧政策尚未修改或废止，新政策暂还未明确，制度规章、办法流程等方面存在“断档点”“真空地带”的问题上，不少政府决策者相互推诿扯皮、要求对方部门盖章、出具循环证明、重复证明、无谓证明的情况仍然存在。

三、“十四五”决策体制机制创新的前瞻

“十四五”时期，应进一步贯彻好党中央、国务院关于决策体制机制创新的安排，可从以下几点着手。

（一）深入推动决策公开

政府决策公开被视为基本的民主制度，应深刻认识决策公开在现代政府治理中的重要地位。现代政府制度的公开性要求各种政府程序、行为都要公开运作、阳光运行，接受全社会的监督与评估。② 要按照《重大行政决策程序暂行条例》第三十二条的规定，“对社会公众普遍关心或者专业性、技术性较

① 《习近平主持召开中央全面深化改革领导小组第三次会议强调　改革要聚焦聚神聚力抓好落实　着力提高改革针对性和实效性》，《人民日报》2014 年 6 月 7 日。

② 李军鹏：《中国现代政府建设的基本评估与发展趋势》，《新视野》2015 年第 1 期。

强的重大行政决策，应当说明公众意见、专家论证意见的采纳情况，通过新闻发布会、接受访谈等方式进行宣传解读”。要认真执行《2021年政务公开工作要点》中坚持以人民为中心深化政务公开的要求，充分发挥政务公开在建设法治政府、服务型政府等方面的促进作用，加快转变政府职能，推动政府决策和管理服务更加透明规范；做好监管执法信息公开，财政信息公开，常态化疫情防控信息公开；做好政务信息管理工作，完善政务公开平台，推进基层政务公开标准化规范化。应认真贯彻落实《政府信息公开条例》，坚持以公开为常态、不公开为例外原则；要认真执行《条例》要求，“各级人民政府应当建立健全政府信息公开工作考核制度、社会评议制度和责任追究制度，定期对政府信息公开工作进行考核、评议”。

（二）大力推进决策评估

各级公权力部门应进一步深刻认识决策评估对于提高决策质量、改进完善政策的重要意义。应促进决策评估主体的多元化，改进专家评估制度，营造尊师重研、讲真话的氛围，鼓励专家发表独立评估见解；扩大公民参与政策制定的渠道，在事关公民切身利益的政策评估中，吸收公民代表参与。应加大决策评估结果运用力度，评估结果应及时反馈给被评估部门，帮助其诊断问题，改进工作，提高绩效；将评估结果与预算决策相结合，作为下一年度安排预算拨款、财政转移支付、安排公共项目等的依据。要认真执行《2021年政务公开工作要点》，通过网上调研等多种方式，了解掌握社会公众对政策执行效果的反馈与评价，主动回应存在的共性问题，助力政策完善。

（三）完善决策容错纠错措施

对于少数政府干部不敢担当、缓作为等现象，一方面要提高干部的本领，增强干部勇于担当的底气，另一方面应宽容合理失误、优化决策容错纠错机制。要按习近平总书记在十八届六中全会第二次全体会议上的要求，“健全容错纠错机制，加大正向激励力度，引导广大干部保持良好精神状态，奋发有为、敢于担当”。对于三个区分开来，广大干部欢欣鼓舞，即“宽容干部在改革创新中的失误错误，把干部在推进改革中因缺乏经验、先行先试出现的失误错误，同明知故犯的违纪违法行为区分开来；把尚无明确限制的探索性试验中的失误错误，同明令禁止后依然我行我素的违纪违法行为区分开来；把为推动发展的无意过失，同为谋取私利的违纪违法行为区分开来”①。但是，这三个区分开来，在实际落实中，缺乏更为明确具体的操作标准，因此有的地方还是不敢落实，怕自己宽容了属下，但上级巡视督查如果不认可，自己就可能面临是否会被宽容的被动处境。因此，应制定更为明确的实施细则，以使三个区分开来更好地发挥实际作用。应切实落实“各级领导干部要切实发挥示范表率作用，带头履职尽责，带头担当作为，带头承担责任，一级带着一级干，一级做给一级看，以担当带动担当，以作为促进作为”。应认真执行“满怀热情关心关爱干部”的规定，健全公务员激励保障机制，改进工资制度，缩小地区间差距，建立正常的工资增长机制。在容错与否的确定上，党委（党组）及纪检监察机关、组织部门等相关机构要充分听取涉事公务员对动机态度、客观条件、方法、性质程度、后果以及挽回损失等的解释与申辩。在完善容错纠错措施和具体操作上，除非干部以前违法违纪，否则对决策中的合理失误，应坚持依法行政精神和法不溯及既往准则，不要因当下标准高了，而去追责政策发布前的做法和缺陷。在对决策失误错误官员依法依纪进行问责的同时，还应高度重视对决策体制机制漏洞进行反思和弥补。

---

① 《关于进一步激励广大干部新时代新担当新作为的意见》，《人民日报》2018 年 5 月 21 日。

专题五：治理能力创新

新时代干部治理能力评估框架体系研究*

习近平总书记明确提出，完善和发展中国特色社会主义制度，推进国家治理体系和治理能力现代化，强调要把提高治理能力作为新时代干部队伍建设的重大任务。① 研究如何提高新时代干部队伍治理能力的方向原则、根本目的、本质要求，深刻认识提高新时代干部和公务员队伍治理能力的主要内容，探索构建干部治理能力评估框架体系，有助于系统性、整体性、针对性地提出提高干部治理能力的方法和路径，为新时代干部治理能力提升提供理论参考。

一、干部治理能力的基本内涵和意义

（一）基本内涵

在 2014 年省部级主要领导干部学习贯彻十八届三中全会精神全面深化改革专题研讨班中央党校开班式上，习近平总书记指出，国家治理体系和治理能力是一个国家的制度和制度执行能力的集中体现，两者相辅相成。我们的国家治理体系和治理能力总体上是好的，是有独特优势的，是适应我国国情和发展要求的。同时，我们在国家治理体系和治理能力方面还有许多亟待改进

---

* 本文作者尹艳红，中共中央党校（国家行政学院）公共管理教研部副教授。

① 中国共产党第十九届中央委员会第四次全体会议：《中共中央关于坚持和完善中国特色社会主义制度　推进国家治理体系和治理能力现代化若干重大问题的决定》，新华社 2019 年 11 月 5 日。

的地方，在提高国家治理能力上需要下更大气力。只有以提高党的执政能力为重点，尽快把我们各级干部、各方面管理者的思想政治素质、科学文化素质、工作本领都提高起来，尽快把党和国家机关、企事业单位、人民团体、社会组织等的工作能力都提高起来，国家治理体系才能更加有效运转。他强调，必须适应国家现代化总进程，提高党科学执政、民主执政、依法执政水平，提高国家机构履职能力，提高人民群众依法管理国家事务、经济社会文化事务、自身事务的能力，实现党、国家、社会各项事务治理制度化、规范化、程序化，不断提高运用中国特色社会主义制度有效治理国家的能力。

学习习近平总书记对干部治理能力的相关讲话与要求，可以说，干部治理能力是指党政干部在行使国家权力，实现国家治理体系和治理能力现代化改革目标过程中的基本政治素养、综合管理能力、专业能力与技能以及心理品质等综合素质能力的总和。

（二）提升干部治理能力的重要意义

一是 落实习近平总书记重要指示精神的需要。习近平总书记对好干部标准提出了一系列要求。构建干部治理能力框架，根据治理能力框架研究干部治理能力提升路径是落实习近平总书记重要指示精神的需要。

二是推进国家治理体系和治理能力现代化的重要内容。为政之要，唯在得人；治国理政，关键在人。党的十九届四中全会提出，要“把提高治理能力作为新时代干部队伍建设的重大任务。尊重知识、尊重人才，加快人才制度和政策创新，支持各类人才为推进国家治理体系和治理能力现代化贡献智慧和力量”。因此，及时提升党政干部治理能力水平，是推进国家治理体系和治理能力现代化的必然要求和重要内容。

三是建设高素质专业化干部队伍的重要基础。建设高素质专业化干部队伍需要明确干部队伍建设的具体标准。通过构建干部治理能力框架，建立比较明确的能力标准，针对性地加强培训、提升能力，能够更有利于“坚持党管干部原则，落实好干部标准，树立正确用人导向，把制度执行力和治理能力作为干部选拔任用、考核评价的重要依据”①，更好“通过加强思想淬炼、政治历练、实践锻炼、专业训练，推动广大干部严格按照制度履行职责、行使权力、开展工作，提高推进‘五位一体’总体布局和‘四个全面’战略布局等各项工作能力和水平”②，更好地推动分层、分类提升干部治理能力。

二、构建干部治理能力框架的主要依据

（一）政策依据

根据国家治理体系和治理能力现代化目标要求，干部治理能力框架的政策依据有两个方面：一是贯彻落实党的十八大以来习近平总书记关于好干部的标准和建设高素质专业化队伍的要求；二是根据党的十八大以来中央出台的干部队伍建设的文件。分别见表 19-1 和表 19-2。

表 19-1　党的十八大以来习近平总书记关于干部队伍建设重要讲话内容统计

时间	会议	主要内容
2013 年 6 月	全国组织工作会议	好干部：要做到信念坚定、为民服务、勤政务实、敢于担当、清正廉洁。
2015 年 1 月	中央党校第一期县委书记研修班座谈会	优秀党员、优秀县委书记：要心中有党、心中有民、心中有责、心中有戒。
2017 年 10 月	十九届中央政治局第一次集体学习	领导干部不仅要有担当的宽肩膀，还得有成事的真本领：既要大胆讲政治，又要善于讲政治；既要矢志抓发展，又要善于抓发展；既要勇于抓改革，又要善于抓改革；既要敢于直面矛盾和问题，又要善于化解矛盾和问题；既要有想干事、真干事的自觉，又要有会干事、干成事的本领。

① 《习近平谈治国理政》第三卷，外文出版社 2020 年版，第 118 页。
② 《习近平谈治国理政》第三卷，外文出版社 2020 年版，第 225 页。

续表

时间	会议	主要内容
2017年10月	中共第19次全国代表大会(党的十九大报告)	建设高素质专业化干部队伍:把好干部标准落到实处。注重培养专业能力、专业精神,增强干部队伍适应新时代中国特色社会主义发展要求的能力。
		我们党既要政治过硬,也要本领高强。要增强学习本领,增强政治领导本领,增强改革创新本领,增强科学发展本领,增强依法执政本领,增强群众工作本领,增强狠抓落实本领,增强驾驭风险本领。
2018年1月	贯彻党的十九大精神研讨班开班式	要把我们党建设好,必须抓住“关键少数”:必须做到信念过硬、政治过硬、责任过硬、能力过硬、作风过硬。
2018年6月	中共中央政治局第六次集体学习	强调党的政治建设是党的根本性建设,要把党的政治建设摆在首位,以党的政治建设为统领:党的政治建设落实到干部队伍建设上就要不断提高各级领导干部特别是高级干部把握方向、把握大势、把握全局的能力,辨别政治是非、保持政治定力、驾驭政治局面、防范政治风险的能力。
2018年11月	十九届中央政治局第十次集体学习	要严把德才标准:最重要的是政治品德要过得硬。衡量干部的第一标准:是否忠诚于党和人民,是否具有坚定理想信念,是否增强“四个意识”、坚定“四个自信”,是否坚决维护党中央权威和集中统一领导,是否全面贯彻执行党的理论和路线方针政策,要加快干部知识更新、能力培训、实践锻炼:要把那些能力突出、业绩突出,有专业能力、专业素养、专业精神的优秀干部及时用起来。
2019年1月	省部级主要领导干部坚持底线思维着力防范化解重大风险专题研讨班开班式	领导干部要加强理论修养,深入学习马克思主义基本理论,学懂弄通做实新时代中国特色社会主义思想,掌握贯穿其中的辩证唯物主义的世界观和方法论,提高战略思维、历史思维、辩证思维、创新思维、法治思维、底线思维能力,善于从纷繁复杂的矛盾中把握规律,不断积累经验、增长才干。
2020年10月	中央党校(国家行政学院)中青年干部培训班开班式	干部尤其是年轻干部要提高政治能力、调查研究能力、科学决策能力、改革攻坚能力、应急处突能力、群众工作能力、抓落实能力。

资料来源:自行整理。

表 19-2　党的十八大以来干部队伍建设主要文件

时间	文件	主要内容
2014 年 7 月	《关于在干部教育培训中加强理想信念和道德品行教育的通知》	干部的理想信念和道德品行状况关系党在人民心目中的形象,关系党的创造力、凝聚力和战斗力,关系党和国家事业的兴衰成败。
2014 年 12 月	《2014—2018 年全国党政领导班子建设规划纲要》	要把坚定理想信念作为第一位任务,扎实开展理论学习培训,大力加强党性党风教育,严明党的纪律特别是政治纪律、组织纪律,学习践行社会主义核心价值观,推动形成良好政治生态。
2015 年 10 月	《干部教育培训工作条例》	以坚定理想信念、增强执政意识、提高执政能力为重点,把“三严三实”要求贯穿干部教育培训全过程,培养造就信念坚定、为民服务、勤政务实、敢于担当、清正廉洁的好干部。 培训工作要坚持以理想信念、党性修养、政治理论、政策法规、道德品行教育培训为重点,并注重业务知识、科学人文素养等方面教育培训,全面提高干部素质和能力。
2016 年 4 月	《关于完善国家工作人员学法用法制度的意见》	切实提高运用法治思维和法治方式解决问题的能力。
2018 年 5 月	《关于进一步激励广大干部新时代新担当新作为的意见》	加强专业知识、专业能力培训,促使广大干部全面提高学习本领、政治领导本领、改革创新本领、科学发展本领、依法执政本领、群众工作本领、狠抓落实本领、驾驭风险本领。注重培养专业作风、专业精神。
2018 年 11 月	《2018—2022 全国干部教育培训规划》	复合型干部:理想信念、专业能力。 引导和帮助干部丰富专业知识、提升专业能力、锤炼专业作风、培育专业精神,不断提高适应新时代中国特色社会主义发展要求的能力。
2019 年 1 月	《中共中央关于加强党的政治建设的意见》	加强党的政治建设,目的是坚定政治信仰,强化政治领导,提高政治能力,净化政治生态,实现全党团结统一、行动一致。
2019 年 3 月	《党政领导干部选拔任用工作条例》	必须把政治标准放在首位。 党政领导干部必须信念坚定、为民服务、勤政务实、敢于担当、清正廉洁。

续表

时间	文件	主要内容
2019年4月	《党政领导干部考核工作条例》	要旗帜鲜明把政治标准贯穿干部考核工作始终。 党政领导班子考核内容包括:政治思想建设、领导能力、工作实绩、党风廉政建设、作风建设。 领导干部考核内容包括:德、能、勤、绩、廉。

从党的十八大以后习近平总书记关于干部队伍建设的相关讲话和中央出台的相关政策文件来看,主要围绕思想建设、行为要求和专业素质能力三个方面提出了一系列要求。

一是对干部思想层面对理念信念锤炼的要求。具体描述包括“坚定理想信念”“信念坚定”“政治过硬”“坚定政治信仰”“政治标准放在首位”“政治领导本领”等,在2019年《中共中央关于加强党的政治建设的意见》中提出了理想锤炼的路径,即政治建设。政治建设既是建设路径,又是能力要求,因此可以作为干部治理能力框架一级指标的政治建设能力标准。

二是从干部行为角度对综合能力的要求。包括干部的观察、实践、思维、整合和沟通交流能力和本领。具体描述包括“为民服务”“勤政务实”“抓改革”“抓发展”“化解矛盾”“会干事”“法治思维和法治方式”“学习本领”“改革创新本领”“科学发展本领”“依法执政本领”“群众工作本领”“狠抓落实本领”“驾驭风险本领”等。这些都是对干部综合能力的要求,可以参考从中选取主要要求作为干部治理能力框架一级指标中的综合能力标准。

三是对干部所应具备的专业知识素质要求。具体描述包括“专业知识”“专业能力”“专业作风”和“专业精神”等。这些主要是对干部专业素质能力的要求,可以作为干部治理能力框架一级指标中的专业能力标准。

(二)理论依据

学术界围绕认识和把握干部能力发展规律和需求,对提升干部能力的有效途径进行了大量的探索，为干部治理能力提升提供了理论依据和研究基础。

1. 治理理论

治理理论是当今国际学术界最热门的前沿理论问题之一。根据《高级汉语大辞典》解释，“治理”表示整治调理或整修改造的意思。英文中治理原意是控制、引导或操纵。① 全球治理委员会对治理做了如下界定：治理是各种公共的或私人的、个人和机构管理其共同事务的诸多方式的总和，它是使相互冲突或不同利益得以调和并且采取合作行动的持续过程。既包括有权迫使人民服从的政治制度安排和规则，也包括各种人们同意或符合其利益的非正式的制度安排。我国学者俞可平认为，治理是一种公共管理活动和公共管理过程，包括必要的公共权威、管理规则、治理机制和治理方式。② 治理理论认为，治理的理想目标是以公共利益为目标的“善治”，治理主体包括但不限于政府，还包括社会各方参与合作。善治的基本要素包括合法性、透明性、责任性、法治、回应等。

2013 年党的十八届三中全会明确提出将推进国家治理体系与治理能力现代化作为全面深化改革的总目标。国家治理体系是党领导下管理国家的制度体系，包括经济、政治、文化、社会生态文明和党的建设等各领域体制机制、法律法规安排；国家治理能力则是运用国家制度管理社会各方面的事务的能力。国家治理体系和治理能力现代化的提出，标志着治理研究已经全面拓展到中国治国理政的全过程。党的十九大报告指出，我国的国家治理体系，是在我国历史传承、文化传统、经济社会发展基础上长期发展，渐进渐行、内生性演化的结果。中国国家治理问题研究是建立在党的领导、人民当家作主和依法治国有机统一基础之上的。中国国家治理体系和治理能力的相关话语至少包括两个方面，一方面是做事的方式方法和途径，另一方面是治理国家的能力。

治理理论的相关研究和中国国家治理研究为干部治理能力模型提出了以

---

① 刘鸿翔：《论治理理论的起因、学术渊源与内涵特点》，《云梦学刊》2008 年第 2 期。

② 参见俞可平：《治理与善治引论》，《马克思主义与现实》1999 年第 5 期。

下理论参考依据。一是干部治理能力要依照中国特色社会主义制度展开，治理是在中国共产党领导人民进行的治国理政，要坚持发挥党总览全局，协调各方的领导核心地位；二是以“人民为中心”，全力解决我国新时代人民日益增长的美好生活需要和不平衡不充分发展之间的矛盾，积极回应人民群众在民主、法治、公平、正义等方面的需要和日益多样的公共服务；三是吸收借鉴各国治理理论精华，运用各种治理方式方法，协同协作，全面提升治理能力。

2. 胜任力模型

能力从宏观上讲是指认识世界、改造世界的思路。从微观上讲是指认识问题、解决问题的方法，概括地讲，就是把知识、技能、智慧变成现实生产力的本领。西方国家通常把上述组合性要素称为“胜任力”（competency）。胜任力是指与工作或工作绩效或生活中其他重要成果直接相似或相联系的知识、技能、能力、特质或动机。一般由三个部分构成：一是基础性能力，包括知识（基础知识、专业知识和实务知识）和技能技巧。二是业务能力，包括解决问题的能力（理解力、判断力、决断力）；解决问题中与人交往的能力（表达力、交涉力、协调力）；创造事物的能力（应用力、规划力、协调力）；创造事物的能力（应用力、规划力、开发力）；领导能力（指导力、监督力、统率力）。三是素质能力，包括体力素质、智力素质和性格个性。① 西方国家常用 KSAO 模型来描述高级公务员应具备的胜任能力。K 是知识的英文首字母，是指做好某一个工作所需要的专业知识或岗位知识；S 是技能的英文首字母，是工作中对各个设备或仪器的操作熟练程度；A 指的是能力，是工作中所需要的解决问题、分析问题的能力以及遇到问题后的反应速度、语言表述能力；O 指的是性格特征，如态度和个性等，KSAO 模型通过这四个因素来描述对某项工作的胜任力。② 胜任力模型的理论对干部治理能力框架体系构建有一定借鉴意义。

国外学者对胜任力的分析研究遵循了以下特点：一是分类比较科学。国

---

① 竺乾威：《国家治理现代化与领导能力提升》，《理论探讨》2016 年第 6 期。

② 宋景琪：《以胜任力为基础的人力资源管理研究》，《中国管理信息化》2015 年第 12 期。

外研究根据人员的知识能力、心理特征等特点对能力素质(胜任力)进行分类,总体符合科学规律;二是结构比较合理。把能力分为基础能力、业务能力、素质能力等结构,相对比较合理。三是指标较为可测。对能力的指标构成,无论是隐性还是显性特征,都给出了行为描述,能够被观察测量。

(三)实践依据

1. 主要发达国家实践情况

依据美国心理学家麦克利兰等专家的胜任力模型,英美等发达国家制定了适合自己国情的公务员胜任力模型,如美国以"功绩制"为基础,政府针对基层、中层和高层行政人员提出了不同的胜任特征标准,并配合各项政策和管理制度使公务员的能力得到提高。① 英国以"能力导向"为基础,包括六项胜任特征指标,包括战略性思维、提供目标与方向、创造个人影响、鼓励他人、学习和提升、关注多样性。

西方发达国家根据胜任力模型构建的能力框架,虽然由于国情不一样,但其中一些能力素质要素,可以为构建干部治理能力框架提供理论参考依据。

2. 国内部分地区和部门实践情况

根据党中央部署要求,国内一些地方和部门也先后探索了党政领导干部和公务员能力建设体系。

2002 年党的十六大报告提出,各级党委和领导干部,必须以宽广的眼界观察世界,正确把握时代发展的要求,善于进行理论思维和战略思维,不断提高科学判断形势的能力;必须坚持按照客观规律和科学规律办事,及时研究解决改革和建设中的新情况新问题,善于抓住机遇加快发展,不断提高驾驭市场经济的能力;必须正确认识和处理各种社会矛盾,善于协调不同利益关系和克服各种困难,不断提高应对复杂局面的能力;必须增强法制观念,善于把坚持

① 张晓东、舒忠飞:《国外高级公务员能力素质模型建设及其对我国领导干部继续教育工作的启示——以美、英、荷、澳为例》,《继续教育》2016 年第 8 期。

党的领导、人民当家作主和依法治国统一起来,不断提高依法执政的能力;必须立足全党全国工作大局,坚定不移地贯彻党的路线方针政策,善于结合实际创造性地开展工作,不断提高总揽全局的能力。

国家人事部2003年下发了《国家公务员通用能力标准框架》,从一般意义上对能力进行分类,提出了公务员应当具备的九项能力。这里的公务员也包含了作为领导者的公务员。包括:一是政治鉴别能力,即具有相应的政治理论功底,善于从政治上观察、思考和处理问题,贯彻执行党的路线、方针、政策等。二是依法行政能力,按照法定的职责权限和程序履行职责、执行公务等。三是公共服务能力,牢固树立宗旨观念和服务意识,诚实为民,守信立政等。四是调查研究能力,掌握科学的调查研究方法等。五是学习能力,树立终身学习观念,掌握科学学习方法等。六是沟通协调能力,有全局观念、民主作风和协作意识等。七是创新能力,具有创新精神和创新勇气,善于分析新情况,提出新思路,解决新问题等。八是应对突发事件能力,正确认识和处理各种社会矛盾,有序应对突发事件等。九是心理调适能力,有积极、乐观、向上的精神状态和爱岗敬业的热情等。

2004年党的十六届四中全会通过的《中共中央关于加强党的执政能力建设的决定》提出,加强党的执政能力建设的主要任务是:按照推动社会主义物质文明、政治文明、精神文明协调发展的要求,不断提高驾驭社会主义市场经济的能力、发展社会主义民主政治的能力、建设社会主义先进文化的能力、构建社会主义和谐社会的能力、应对国际局势和处理国际事务的能力。

青海省、山东省青岛市在推动干部能力建设方面做出了一定尝试。上海市出台了《中共上海市委关于进一步加强干部队伍建设奋力担当新时代新使命的若干意见》,研究制定了《2018—2022年上海市干部教育培训规划》,并在两者基础上推出了《上海市干部专业化能力提升计划》,但上海市没有对干部治理能力类型和具体内容进行研究,对干部治理能力提升的针对性有待提升。

三、构建干部治理能力框架的基本思路

(一)指导思想和总体要求

深入贯彻习近平总书记关于推进国家治理体系和治理能力现代化的重要指示精神,落实党的十九届四中全会提出的"把提高治理能力作为新时代干部队伍建设的重大任务"的部署。在总体要求方面,习近平总书记提出"信念坚定、为民服务、勤政务实、敢于担当、清正廉洁"的好干部标准;提出党员干部要提高"八种本领",干部尤其是年轻干部要提高"七种能力"。① 这些重要论述是构建干部治理能力框架的指导思想和总体要求。

(二)基本原则

依照新时代干部队伍特点,严格按照中央对好干部标准等要求,干部治理能力框架构建需要遵循以下原则。

一是坚持政治统领。以政治建设为统领,聚焦"两个维护",强化政治忠诚,着眼坚定信仰深化理论武装,适应时代发展需要,不断提升干部能力素质,认识到干部治理体系是国家治理体系的重要组成部分。

二是坚持管用导向。从解决实际问题出发,了解把握真实情况,防止脱离实际的空谈。明确干部应具备的治理能力,综合分析干部队伍能力现状,总结主要做法和特点,找出存在的短板和弱项,提出的对策建议应务实管用,能起到推动实践的作用。

三是坚持科学性原则。干部治理能力框架要吸收和借鉴国内外相关理论和实践研究前沿,充分体现科学性和逻辑性。

---

① 中共中央组织部公务员二局:《把提高治理能力作为新时代公务员队伍建设的重大任务》,《党建研究》2021 年第 4 期。

四是坚持差异性原则。干部公务员治理能力框架既要符合中央相关精神要求、符合干部管理部门对全国公务员治理能力的统一要求,又要结合地区差异和岗位差异,体现不同层级、不同类别干部治理能力特点。

四、干部治理能力框架的主要内容

习近平总书记指出,国家治理能力是运用国家制度管理社会各方面事务的能力,包括改革发展稳定、内政外交国防、治党治国治军等各个方面。新时代干部治理能力是国家治理能力的体现和代表,要能够充分体现改革发展等综合治理能力。因此,干部治理能力框架主要包括政治建设能力、综合能力和专业能力等方面。

(一)干部治理能力框架

干部治理能力框架一级指标由政治建设能力、综合能力和专业能力三个方面构成,见表 19-3。

表 19-3 干部治理能力框架

一级指标	二级指标	三级指标	指标设置依据
政治建设能力	坚定政治信仰	坚决维护党中央权威和集中统一领导	2012 年十八届中共中央政治局第一次集体学习 2018 年十九届中共中央政治局第十次学习 中央政治局第六次集体学习
	强化政治领导	把握方向、把握大势、把握全局的能力	
	提高政治能力	保持政治定力、驾驭政治局面、防范政治风险能力	
	净化政治生态	政治鉴别能力 (辨别政治是非)	

续表

一级指标	二级指标	三级指标	指标设置依据
综合能力	改革创新能力	学习能力 创新创优能力 敢于担当能力 运用新技术能力	党的十九大报告 2003 年公务员九大通用能力
	科学发展能力	科学推动经济发展能力 科学决策能力 落实科学发展观能力	党的十九大报告 2003 年公务员九大通用能力
	依法行政能力	法治思维能力 法制建设能力 依法执政能力	党的十九大报告
	公共服务能力	群众工作能力 提供高质量公共服务能力	执政理念 党的十九大报告 英国文官公共服务能力
	执行能力	调查研究 沟通协调与心理调适能力 狠抓落实能力 团队建设	党的十九大报告 2003 年公务员九大通用能力
	风险防控及应急管理能力	风险防控能力 应急管理能力 矛盾处理能力	地区定位 重大疫情防控、突发事件处理需要
专业能力	核心功能专业能力	突出与地区功能定位相关的能力	地区战略功能定位
	部门业务工作能力	特定行业专业 能力	根据部门专业属性所需要具备的专业能力
	岗位履职能力	具体岗位履职能力	具体岗位职责要求
	特定职务层级干部通用专业能力	厅局级、处级、处级以下通用专业能力、专业素质、专业精神、专业作风	从科级到局级所需要的不同通用专业能力

（二）指标体系构建来源

一级指标选择政治建设能力、综合能力和专业能力三个方面，主要从以下方面考虑。一是吸收借鉴国内外理论研究和实践做法，能力的构成和分类既要科学合理，又要简单可测，同时要兼顾知识、技能、专业能力、态度、素质等方面。二是结合中国国情，干部治理能力要服务于国家治理体系和治理能力现代化这个总体目标，坚持走中国特色道路，政治建设能力必须放在首位，综合能力和专业能力为干部推动经济社会发展必备能力，同时放在一级指标。

选择政治建设能力为干部治理能力第一个一级指标，原因在于，习近平总书记多次指出，政治标准要放在首位，理想信念是第一任务，是否对党忠诚、心系群众，是否坚持四个意识、四个自信，是否坚决维护党中央权威和集中统一领导，是否全面贯彻执行党的理论和路线方针政策，是所有干部必须具备的首要能力，也是好干部标准中的第一个重要标准。根据《中共中央关于加强党的政治建设的意见》，政治建设的目的是坚定政治信仰，强化政治领导，提高政治能力，净化政治生态，实现全党团结统一、行动一致。可以看出，政治建设能力是实现干部坚定理想信念的重要标准和实现途径。政治建设能力强调“讲政治”，可以具体从坚定政治信仰、强化政治领导、提高政治能力、净化政治生态四个维度开展。

选择综合能力为第二个一级指标。原因在于，综合能力考察了不同类别、不同层次干部要综合掌握的能力，并根据干部类别和级别进行能力程度区分。从党中央决策部署经济社会发展综合需求来看，该部分能力既包括了推动经济社会发展能力，又包含了干部日常工作中需要具备的决策、执行、提供公共服务和应急处理的能力。党的十九大报告和《关于进一步激励广大干部新时代新担当新作为的意见》文件中对干部八项本领的要求既能够涵盖综合能力内容，同时，高素质专业化干部要求注重培养专业能力、专业精神，增强干部队伍适应新时代中国特色社会主义发展要求的能力，八项本领与该要求吻合度高，又使用了党政干部日常使用的工作语言，通俗易懂。因此，本部分选择了除学习能力之外的干部的七项本领为一级指标。同时融合了英美国家胜任力模型中通用的战略规划能力、2003 年国家公务员通用能力标准框架的部分内容为三级指标，部分三级指标也参照了中央对干部培训、干部选拔和干部考核中的相应要求设计综合能力的主要维度。学习能力作为每个干部必备的综合能力，实际是干部在提升所有能力过程中都有的要求，不需要单独拿出来衡量，因此被放入到改革创新能力之下的三级指标之中。

综合能力包括：

①改革创新能力，“抓改革”。领导干部要保持锐意进取的精神风貌，要具有推动体制机制改革的创新创优能力、敢于担当的能力、运用新技术的能力。

②科学发展能力，“抓发展”。包括科学推动经济发展能力、科学决策能力、落实科学发展观能力。

③依法行政能力，“抓法治”。包括法治思维能力、法制建设能力和依法执政能力。

④公共服务能力，“抓服务”。因为党的宗旨就是为人民服务，必须深入贯彻以人民为中心的发展思想，树立执政为民理念。包括群众工作能力、提供高质量公共服务能力。

⑤执行能力，“抓落实”，“会干事”。包括调查研究能力，坚持实践第一的观点，实事求是，讲真话、写实情；包括沟通协调能力。有全局观念、民主作风和协作意识；语言文字表达条理清晰，用语流畅，重点突出；尊重他人，善于团结和自己意见不同的人一道工作；坚持原则性与灵活性相结合，营造宽松、和谐的工作氛围；能够建立和运用工作联系网络，有效运用各种沟通方式；包括狠抓落实能力。

⑥风险防控及应急管理能力，“化风险”。面对突发事件，头脑清醒，科学分析，敏锐把握事件潜在影响，密切掌握事态发展情况。准确判断，科学决策，果断行动，整合资源，调动各种力量，有序应对突发事件。包括风险防控能力、应急管理能力和矛盾处理能力。

⑦专业能力是各级干部根据部门和职位要求应该具备的专业能力，为突出首都战略功能定位，专业能力添加了首都核心功能专业能力。此外，根据不同层级干部履职需要，专业能力又区分为部门业务工作能力、岗位履职能力和

特定职务层级干部通用专业能力。

结　论

干部治理能力是国家治理体系和治理能力现代化的重要组成部分，展现了领导干部和公务员队伍在推进国家治理体系和治理能力现代化的综合表现，具有很强的政治性、时代性、规范性、系统性、综合性、持续性[①]，是一个系统性、整体性工程，构建和完善新时代干部治理能力框架并在实践中加以应用，构建政治意志坚定、综合能力卓越和专业能力突出的干部队伍，探索进一步提升干部治理能力的方法，能够更好地为全面建设社会主义现代化国家提供坚实的人员保障和组织保证。

---

① 《把提高治理能力作为新时代公务员队伍建设的重大任务》，《党建研究》2021 年第 4 期。

加强法治能力建设　促进国家治理现代化*

——以律师队伍建设为例

党的十八大以来,以习近平同志为核心的党中央从全局和战略高度对全面依法治国做出一系列重大决策部署,党的十八届四中全会、十九届四中全会分别就全面依法治国、推进国家治理体系和治理能力现代化做出具体安排。习近平总书记多次强调,坚持全面依法治国,是中国特色社会主义国家制度和国家治理体系的显著优势,要推进全面依法治国,发挥法治在国家治理体系和治理能力现代化中的积极作用。在法治轨道上推进国家治理体系和治理能力现代化,必须加强法治能力建设。律师是社会主义法治工作队伍的重要组成部分,是全面落实依法治国基本方略、建设社会主义法治国家的重要力量,在服务经济社会发展、保障人民群众合法权益、维护社会公平正义、推进社会主义民主法治建设过程中发挥着重要而独特作用。切实加强律师队伍建设,不断提升律师队伍思想政治素质、业务工作能力和职业道德水准,对提升法治能力、促进国家治理体系现代化具有重要意义和深远影响。

---

*　本文系中共中央党校(国家行政学院)厅局级干部进修班(第80期)"完善政府治理体系"研究专题二支部第二课题组的研究成果。课题执笔人刘建会,中央司法警官学院党委副书记、国家律师学院副院长;课题组成员王建清,住房和城乡建设部人力资源开发中心纪委书记,向曙光,湖南省市场监督管理局党组书记、局长,刘建会,中央司法警官学院党委副书记、国家律师学院副院长;指导教师:胡仙芝,中央党校(国家行政学院)公共管理教研部研究员、博士生导师。

一、律师在全面推进依法治国和国家治理现代化进程中的作用

律师制度是中国特色社会主义司法制度的重要组成部分，是国家法治文明进步的重要标志①，被形象地称为国家民主法治建设的晴雨表。律师作为中国特色社会主义法治工作者，活跃在法治中国建设最前线，在全面推进依法治国和国家治理现代化进程中发挥着至关重要的作用。“无论是基于宏观的制度层面，抑或是从一个个生动的案例中，我们都能够看到律师制度本身翻天覆地的变化，以及这一职业对于司法体制乃至整个社会所产生的巨大影响。”②

在法治国家建设方面，作为立法参与者、执法辅助者、司法保障者、守法先行者、普法宣传者，律师工作职责贯穿全面依法治国全过程各领域，在科学立法、严格执法、公正司法、全民守法过程中肩负着不可替代的职责使命，律师或以人大代表、政协委员身份积极建言献策、参与立法，或作为法律顾问为政府决策、依法行政、公司治理等提供法律咨询，或通过监督法律实施、推动程序公正捍卫司法人权、实现法律价值，或在公正仲裁、法律援助、普法宣传和法治教育中发挥示范引领作用。

在法治政府建设方面，律师作为政府法律顾问，为政府决策提供法律咨询并对政府决策进行合法性审查并提出意见建议，“有助于增强公共政策的科学性、民主性，增进社会公平与福利，夯实民主进程中的法治秩序”③。

在法治社会建设方面，律师通过法律途径和法律方式化解社会矛盾纠纷，

---

① 王俊峰：《律师制度恢复重建40年的经验与启示》，《中国司法》2019年第11期。

② 陈卫东、孟婕：《40年后再启程：改革奋进中的中国律师制度》，《中国司法》2019年第11期。

③ 肖世杰：《民主法治秩序构建中的律师政治参与》，《法学杂志》2014年第7期。

提高公民法治意识、法治观念和法律素养,为落实"六稳""六保"政策,推动法治社区(村镇)建设,为民营经济发展、脱贫攻坚、乡村振兴、依法抗疫等社会治理各领域提供了多元化多层次法律服务。此外,律师在加强国际交流合作、推动实施"一带一路"等国家重大发展战略、解决国际贸易争端等方面发挥了积极作用。

据统计,全国律师每年办理诉讼案件600多万件、法律援助案件约100万件,为近80万家党政机关、人民团体和企事业单位担任法律顾问,20多万律师以及基层法律服务工作者为全国64万个行政村(社区)提供法律服务,近5万名律师担任调解员,每年调解案件25万多件①。实践证明,律师队伍已经成为全面依法治国不可或缺的重要力量,在推进全面依法治国和国家治理现代化进程中发挥着重要作用。

二、律师队伍建设现状及存在的主要问题

党的十八大以来,习近平总书记高度重视律师在全面依法治国中的作用,多次对律师工作作出重要指示,强调律师队伍是依法治国的一支重要力量,要把拥护中国共产党领导、拥护我国社会主义法治作为从业基本要求,坚持正确政治方向,依法规范诚信执业,认真履行社会责任,满腔热忱投入社会主义法治国家建设。党的十八届三中全会、四中全会、十九届四中全会均对完善中国特色社会主义律师制度,加强律师队伍建设作出要求。2020年12月以来印发的《法治社会建设实施纲要(2020—2025年)》《法治中国建设规划(2020—2025年)》《法治政府建设实施纲要(2021—2025年)》都对发挥律师在全面依法治国中的作用提出明确要求。

---

① 邢翀:《官方:中国律师队伍已达52万人　涉外律师1.2万余人》,中新网北京3月25日电,中国新闻网2021年3月25日,http://www.chinanews.com/gn/2021/03-25/9440361.shtml。

（一）我国律师队伍建设情况

近年来，各级司法行政机关和律师协会深入学习贯彻习近平法治思想和习近平总书记对律师工作重要指示精神，坚持政治统领、党建引领，坚持抓党建带队建促发展，律师队伍思想政治素质和业务能力不断提高。

一是律师队伍不断壮大。从改革开放之初我国律师制度恢复时的几百人发展到52.2万多人，涉外律师1.2万余人，律师事务所约3.4万家，在35个国家和地区设立境外分支机构150多家①。

二是律师行业党的建设不断加强。成立全国律师行业党委，大力推进党的组织和党的工作全覆盖，深入实施党建引领发展“四大工程”。目前，党员律师人数已超过13万人，单独建立律师行业党组织1万多个、联合成立党组织3000多个，律师基层党组织的组织力、凝聚力、号召力得到有效提升。

三是律师法律制度逐步健全。出台、修订了《中华人民共和国律师法》，印发《关于深化律师制度改革的意见》《从律师和法学专家中公开选拔立法工作者、法官、检察官办法》《关于推行律师顾问制度和公职律师公司律师制度的意见》《关于发展涉外法律服务业的意见》《关于依法保障律师执业权利的规定》，修订了《律师执业管理办法》《律师事务所管理办法》等，中国特色社会主义律师制度进一步完善。

四是律师管理和惩戒逐渐加强。出台了《律师协会会员违规行为处分规则（试行）》《律师执业行为规范》《律师职业道德准则》，加大对违规律师曝光和惩戒力度。

五是律师执业权利保障迈出新步伐。最高人民法院、司法部等五部门和全国律协联合印发《关于建立健全维护律师执业权利快速联动处置机制的通知》，律师协会成立维护律师执业权利中心投诉受理查处中心，制定颁布《律

---

① 司法部信息公开网：《2020年度律师、基层法律服务工作统计分析》，2021-06-11，http://www.moj.gov.cn/pub/sfbgw/zwxxgk/fdzdgknr/fdzdgknrtjxx/202106/t20210611_427394.html。

师协会维护律师执业权利规则(试行)》,全国检察机关持续开展保障律师执业权利专项监督,对侵犯律师执业权利控告申诉案件进行审查。

六是律师教育培训持续开展。制订涉外律师领军人才培养计划,建立涉外法律人才教育培养基地,加强对涉外律师、党员律师、青年律师和西部律师培养培训力度,律师队伍专业化水平不断提高。

(二)我国律师队伍建设存在的主要问题

随着新时代我国社会主要矛盾的变化,全面依法治国和推进国家治理能力现代化以及人民群众法治服务需求对律师工作提出新的更高要求,律师队伍还不能完全适应新形势新任务。主要表现在:

第一,少数社会律师缺乏身份归属感和社会责任感。认为自己是为政府和社会提供法律服务的自由职业者,靠本事挣钱吃饭,不愿意接受政府或外力约束,公共精神缺乏。

第二,律师党建工作需要进一步深化。有的律师自由散漫,党性观念不强;有的律所基层党组织战斗堡垒作用发挥不够充分,党员政治生活流于形式;制约律师行业党建工作可持续发展的体制机制性问题仍未完全解决,党建与业务工作深度融合有待加强,党建工作针对性、实效性不强。

第三,律师教育培训亟待加强。培训工作主要由各地自行组织,所以力量分散,培训内容、培训方式、培训效果等参差不齐,尚未形成全国范围内统一规范的培训体系。国家律师学院自成立以来,虽取得了一些成绩,但由于没有独立户头、独立编制和独立办学空间,严重制约着其职能作用发挥。

第四,律师管理监督需要进一步强化。一些律所对律师管理粗放,甚至放任自流;律师协会作为广大律师的“娘家”,行业自律水平和服务意识需要进一步提升,行业自律作用发挥不充分。

第五,律师执业权利保障问题未得到根本解决。过去存在会见难、阅卷难、调查取证难“老三难”,现在又出现质证难、申请证人出庭难、非法证据排除难等“新三难”①。律师权利救济机制有待完善，司法机关及时处理律师投诉、申诉、控告等渠道需要进一步畅通。

第六，律师执业中存在不规范甚至违纪违法行为。如，有的律师私自接受委托并收取当事人费用，有的律师伪造证据干扰诉讼活动，有的律师与法官、检察官相互勾结充当司法掮客，个别律师大 V 利用自媒体平台制造公共议题，影响社会舆论和司法审判。据统计，仅 2020 年全国就有 84 家律师事务所受到行政处罚，129 家律师事务所受到行业惩戒，463 名律师受到行政处罚，594 名律师受到行业惩戒②，严重损害了律师队伍职业声誉和社会形象。

律师队伍中存在问题的原因是多方面的，既有律师行业准入、监管惩戒、教育培训等方面的因素，也有律师自身素质方面的因素，需综合施策、分类指导、标本兼治，采取针对性措施加以解决。

三、加强律师队伍建设的对策建议

律师以法为业、以律为师，具有文化水平高、法律业务精、语言能力强、对社会舆论影响较大等特点，律师的社会作用、职业特点决定了加强律师队伍建设的重要性。

（一）加强党对律师工作的全面领导

党的领导是中国特色社会主义最本质的特征，是社会主义法治最根本的保证。必须进一步加强党对律师工作全面领导，以党建为统领，健全完善符合律师行业特点的党建工作领导体制机制，切实发挥律所党组织政治核心作用，

---

① 陈卫东、孟婕：《40 年后再启程：改革奋进中的中国律师制度》，《中国司法》2019 年第 11 期。

② 司法部信息公开网：《2020 年度律师、基层法律服务工作统计分析》，http://www.moj.gov.cn/pub/sfbgw/zwxxgk/fdzdgknr/fdzdgknrtjxx/202106/t20210611_427394.html。

夯实党建工作基础，加大在优秀骨干律师中发展党员力度，选优配强律所党组织书记，压实党建工作责任，把党的领导落实在律师工作和律师队伍建设全过程各方面，把党的政治优势、组织优势、群众工作优势转化为引领律师事业健康发展的强大动力，教育引导广大律师提高政治觉悟，增强“四个意识”、坚定“四个自信”、做到“两个维护”，始终坚持中国特色社会主义法治工作者的定位，坚定不移拥护中国共产党领导、拥护我国社会主义法治，确保律师事业发展的正确方向。

（二）修订完善《律师法》及有关法规制度

法令者，民之命，为治之本。加强律师队伍建设必须进一步修改完善《律师法》。第一，从中国特色社会主义事业全局考虑，为充分发挥律师在全面依法治国战略中的重要作用，须在《律师法》中明确其“中国特色社会主义法治工作者”的政治定位，并在律师执业条件中增加“拥护中国共产党的领导，拥护社会主义法治”等内容。第二，为提升新执业律师思想政治素质和职业道德、职业技能，在律师执业条件中，应规定“申请律师执业应经过思想政治、职业道德和职业技能方面的培训”。第三，为激发律师群体职业责任感和使命感，应通过法律形式将律师宣誓制度固化。第四，为促进公职律师公司律师发展，应将公职律师公司律师纳入《律师法》调整范围。此外，为适应“一带一路”法律服务需求，可以允许港澳律所和内地律所联营，允许自贸区外国律所和中国律所联营，为律师行业健康发展提供更加健全的法制保障。

（三）切实加强律师队伍教育培训

目前，我国律师队伍总量已远超法官和检察官数量之和，加强律师教育培训、提高队伍整体素质迫在眉睫。应根据 2016 年 6 月中共中央办公厅、国务院办公厅印发的《关于深化律师制度改革的意见》要求，“加强国家律师学院和律师教育培训基地建设”，切实解决国家律师学院在办学空间、人员编制、管理体制、资金保障等方面存在的困难，真正发挥国家律师学院在律师教育培训、理论研究和对外交流等方面职能作用，把国家律师学院建设成为国内外有影响力的高水平专业化律师院校，打造成我国律师教育培训的示范基地、律师理论研究的重要阵地、律师对外交流的高层次平台，以国家律师学院为龙头，逐步建立全国律师教育培训体系。要深入开展对律协和律所领导班子成员、骨干律师、党员律师、青年律师培训，用习近平新时代中国特色社会主义思想和习近平法治思想武装律师头脑，强化律师的职业精神、职业道德和职业责任。

（四）健全律师执业权益保障机制

律师执业权利是当事人权利的延伸，维护律师合法执业权利，实际上维护的是当事人的合法权利，是维护法律秩序和权威，是维护社会公平和正义。首先，要切实维护律师职业尊严。严格规范办案人员行为，对于发表贬损律师言论、随意打断律师正当发言的行为应当予以谴责，情形严重的应当予以惩戒。其次，要保障律师人身与财产安全。特别是当律师在诉讼参与中遭到当事人及其家属、旁听人员以及无关人员谩骂、围攻时，办案人员与相关工作人员应当及时依法制止，并采取有效措施确保律师人身和财产安全。再次，必须进一步落实有关保障律师执业权利相关规定，对律师执业及作为律师执业权核心的诉讼参与权，各办案机关应有具体落实举措。最后，加强律师执业权利救济，加大检察机关对律师控告申诉案件的审查办理力度，推动律师执业保障机制顺畅有效运行。

（五）加强律师执业的管理和监督

加强对律师执业行为规制和行业自律，是律师业健康发展的必然要求。要推动完善“两结合”律师管理体制，细化司法行政机关和律师协会工作分工，弱化律师协会行政色彩，强化律师行业自治，让行政的归行政，协会的归协会。使“律协挺在前面”，切实担当起依法依章程促进行业建设、指导业务发展、维护行业权益、加强行业监督等职责。加强律协和律所对律师的管理监督，充分利用现代信息技术建立律师管理数据库，探索建立律师事务所和律师诚信及处罚记录披露制度、重大事项请示报告制度，通过严格有效的监督管理，强化红线意识，筑牢底线思维，使广大律师珍惜职业生命，珍视职业尊严，心有所戒，行有所止。

（六）深化法律职业共同体的构建

“没有法律职业共同体，就没有成熟的法治。反之，法治的不成熟，也难有发达的法律职业共同体。”①成熟、和谐法律职业共同体的建立，将维持法律职业在公权力与私权利上的平衡，有效约束法律职业之间的内在张力。建设中国特色社会主义法治国家目标的确立，全面推进依法治国，迫切需要培育与法治中国建设目标相适应的具有中国特色的法律职业共同体。要加大《从律师和法学专家中公开选拔立法工作者、法官、检察官办法》落实力度，推进从律师中公开选拔法官、检察官常态化，打破不同法律职业之间的隔阂，形成以法官、检察官、律师、法学家为核心的法律职业共同体，推动司法人员和律师构建彼此尊重、平等相待、相互支持、相互监督、正当交往、良性互动的新型关系，共同促进社会主义法治文明进步。同时，“作为以法律为职业的专业群体，律师有着强烈的参政、议政热情以及敏感的权利意识和公平正义觉悟”②，国家应当以法律性、制度化的建构方式，为律师参与政治提供多元路径，支持鼓励律师通过政治参与来为社会发展和进步贡献力量③，可在各级党代表、人大代表、政协委员中适当提高律师比例，鼓励律师积极参政议政。探索建立律师荣

---

① 徐显明：《构建法律职业共同体》，《人民日报》2014 年 9 月 23 日。

② 王俊峰：《完善律师制度，推进法治文明》，《中国法律评论》2017 年第 6 期。

③ 宋远升：《国家、社会、职业三维视角下律师的“政治人”角色及其形塑》，《山东大学学报（哲学社会科学版）》2014 年第 4 期。

誉制度，增强律师职业荣誉感和向心力，为广大律师施展才华搭建更有利平台、创造更广阔空间。

结　语

律师因法治而兴。一方面，律师作为法治建设的重要参与者，通过其具体的业务实践显示政治制度对社会成员权利的尊重，形成法治化的社会秩序；另一方面，国家法治建设的推进，为律师职业发展提供了广阔舞台。我们有理由相信，在新时代全面推进依法治国的伟大实践中，我国律师队伍建设必将取得新的成就，为国家治理体系和治理能力现代化做出更大的贡献。

优化边疆治理五策*

我国是一个历史悠久的统一的多民族国家，各民族共同开拓了祖国辽阔广袤的疆域。边疆治理同国家的兴衰紧密关联，我国历史上边疆治理的成功实践，本质上都是中华民族共同体建构并逐步巩固的过程。党的十八大以来，以习近平同志为核心的党中央从战略层面审视边疆治理，明确提出“铸牢中华民族共同体意识”“治国必治边”等重大战略思想，强调要把国家主权安全放在第一位，坚决维护边疆地区社会稳定和长治久安。

一、确保守边

人在边境在、人在边防在、人在国家在。边疆地区、边境地带要有人坚守，努力做到村屯不空心、人员不流失，这是治国安边的基础和前提。从目前看，守边驻边的形势不容乐观。随着改革开放的不断深入，资金、技术、人才、劳动力等生产要素加速向回报率高的经济发达地区，特别是中心城市集聚，形成对边疆地区人口的强大虹吸效应，边疆地区人口外流问题不容忽视，边境县（市、区、旗）人口外流问题尤为突出。据第七次全国人口普查数据，内蒙古、

---

* 本文系中共中央党校（国家行政学院）厅局级干部进修班（第 80 期）“完善政府治理体系”研究专题一支部第二课题组的研究成果。课题执笔人杜红旗，吉林省人大法制委员会副主任委员；课题组成员陈莉，中国国家博物馆纪委书记，吉宏龙佳，云南省退役军人事务厅厅长、党组书记，汪海涛，全国政协办公厅人事局副局长。指导老师宋世明，中央党校（国家行政学院）公共管理教研部副主任、教授，李梦瑶，中央党校（国家行政学院）公共管理教研部讲师。

辽宁、吉林、黑龙江、广西、云南、西藏、甘肃、新疆9个边疆省区人口占全国总人口的比例,从2010年的20.6%下降到2020年的19.44%,下降1.16个百分点。吉林省总人口从2010年的2746.23万人,减少到2020年的2407.35万人,减少12.3%,其中10个边境县人口从2010年的211.11万人,减少到2020年的161.16万人,减少23.66%,比吉林省人口平均降幅多11.3个百分点。西藏自治区总人口从2010年的300.22万人,增加到2020年的364.81万人,增加21.52%,其中18个边境县的人口从2010年的33.36万人,增加到37.65万人,仅增加12.86%,比西藏自治区人口平均增幅少8.66个百分点。内蒙古自治区总人口从2010年的2470.63万人,减少到2020年的2404.92万人,减少2.66%,其中19个边境市、旗的人口从2010年的188.85万人,减少到154.39万人,减少18.25%,比内蒙古自治区人口平均降幅多15.59个百分点。

边疆地区人口外流的状况,不仅制约当地经济发展,而且严重影响边疆安全。从历史上看,沙皇俄国之所以能够乘虚蚕食、乘危发难逼迫清王朝签订《瑷珲条约》《北京条约》,在东北地区掠走一百多万平方公里国土,与清朝时期封禁虚边、旷土寡民,有土无人、有边无防有直接关系。确保边疆巩固和边境安全,必须强化边疆地区的人口和产业支撑,着力改变边疆地区人口外流的现状。

第一,要以产业凝人聚人。新疆生产建设兵团之所以能够发挥安边固疆稳定器、凝聚各族群众大熔炉、先进生产力和先进文化示范区作用,其制度因素在于“兵团是党政军企合一的特殊组织”,产业支撑在于其在天山南北和千里边境线上形成的现代化农业体系和工业体系。有产业企业,才有创业就业,才能有效地促进人口集聚。应出台政策激励支持内地企业到边疆地区投资兴业,开发与边疆地区优势资源及国内外市场相适应的新产业,构建符合国家产业发展方向、具有区域特色的现代产业体系,为边境地区人口集聚打下坚实基础。

第二，要以公共服务惠人利人。边疆边境地处偏远，大多自然条件恶劣，往往是基础设施建设和公共服务的末梢、盲区和短板，守边驻边绝对不是田园牧歌式的体验。据新华社记者报道，“七一”勋章获得者魏德友老人驻守的位于中哈边境新疆塔城地区裕民县的萨尔布拉克草原，实际上是一片草木并不茂盛的荒滩，那里冬季风雪肆虐，夏天蚊虫猖獗。魏德友老人在地窝子里一住就是二十多年，在艰苦时期，一年都吃不到酱油和醋，米面需要翻越几十公里牧道才能送进来，喝的是门口井里打出来的盐碱水，过年就是一人三颗糖。守边 57 年，魏德友老人从地窝子搬进了土房，又从土房搬进了砖房。但从总体看，目前边疆地区的基础设施和公共服务与内地相比依然差距较大。在基础设施建设方面，云南省还有 9 个边境县、市未通高速公路，临沧清水河、西双版纳打洛等 7 个一类陆路口岸出境通道尚未实现高速化，沿边铁路还未贯通。在公共文化服务方面，截至 2019 年底，全国 31 个省区市共有博物馆 5132 个，平均每个省区市 165 个，然而博物馆的省际分布极不均衡，新疆只有 90 个，西藏仅有 7 个。改善边境地区群众生产生活条件，以优质公共服务支撑边疆地区高质量发展和广大人民群众高品质生活，是确保守边驻边亟待解决的重大问题。应从国家长远战略和核心利益出发，总结推广边境小康示范村建设的经验，着力优化边境县（旗、市、区）、乡镇街道、村屯社区的生产生活环境，努力建设符合边境管理要求、宜居宜业的边境城镇、村落，并聚焦群众普遍关注的民生问题，办好就业、教育、社保、医疗、养老、托幼、住房等民生实事，使各民族群众身在边陲也能够享受到优质的公共服务，更加坚定扎根边陲、守护国土、建设家乡的决心和信念。

第三，要以政策留人引人。生活在边境地区的各民族群众为守边驻边做出贡献，应对他们的贡献和付出给予必要的物质补贴。应继续落实边民补贴政策，对长期生活在高原高寒地区、边境一线地区的各族群众适当提高补贴标准，给予倾斜照顾和特殊支持，使其安于边境生活，主动参与边境管理，成为维护边境安定的重要力量。应借鉴我国历史上“移民实边”和新中国成立以来支边移边的成功经验，出台特殊政策激励人才支边、人口移边，创造条件吸引更多内地复转军人、大中专毕业生、各类优秀人才落户边疆，着力改变边疆地区人口向内地单向流动的状态。

二、着力富边

共同富裕是中华民族共同体各民族各区域的共同富裕。边境地区发展富裕起来，才能为安边、固边创造坚实的物质基础，也才能更好地构建起以国内大循环为主体、国内国际双循环相互促进的新发展格局。目前，边疆地区发展虽然迈上新台阶，但发展不平衡不充分问题仍然相对突出，与全国发展平均水平仍然差距较大，既面临补短板和追赶现代化步伐“双重压力”，又面临加快高质量发展和生态环境保护“双重任务”，改革发展中的矛盾问题在边疆地区表现尤为突出。以云南省为例，2020 年，云南沿边 8 个市、州人均地区生产总值 42763 元，比全国平均水平低 29237 元，仅为全国平均水平的 59. 4%。边境 25 个县、市人均地区生产总值 40394 元，比全国平均水平低 31606 元，仅为全国平均水平的 56. 1%。边境地区产业发展仍然以传统农业为主，特色产业规模小、链条短、技术水平低，群众收入渠道仍然比较单一。2020 年，云南省沿边 8 个市、州工业增加值占地区生产总值的比重为 19%，比全国低 12 个百分点，比全省低 3 个百分点。

缩小边疆与内地发展差距，是不断满足边疆地区群众日益增长的美好生活需要的迫切要求，也是增进国家认同和民族凝聚力，构建守望相助、荣辱与共的中华民族共同体的必然选择。应把边境地区的发展问题作为国家发展战略的特殊区域进行研究，制定边境地区发展战略，加大综合扶持力度，把边境地区建设成为繁荣富裕的美好家园。

第一，要找准在国家新发展格局中的定位。边疆地区要深入分析自己的优势和短板，立足资源禀赋、发展条件、比较优势等实际，进一步明确发展的重点产业和主攻方向，推动结构优化调整和产业转型升级，实现产业发展高端化、智能化、绿色化，全力以赴推动高质量发展，不断提高自我发展能力。

第二，要积极参与、深度融入共建“一带一路”。边疆地区特别是西部边疆地区正处于“一带一路”内外互通的重要连接线和重要关节点，“一带一路”建设将边疆地区从传统边缘位置转变为国家治理和国家参与全球治理的前沿阵地。要着力打造市场化、法治化、国际化营商环境，依托上海合作组织、中国—东盟自由贸易区、澜沧江—湄公河合作机制、东北亚和中韩自贸区等区域经济合作平台，发展沿边经济带，拓展开放型经济新空间，加强与周边国家、地区以及“一带一路”沿线国家的交流与合作，以高水平对外开放促进高质量发展。

第三，要加大国家转移支付和对口支援工作力度。要完善差别化区域支持政策，加大边疆地区铁路、公路、民航、水运等基础设施及新型基础设施的建设力度，加快形成对边疆地区发展起支撑作用的基础设施网络，积极推动与周边国家和地区交通、通信等基础设施的互联互通；加大对边疆地区产业结构调整的支持力度，优化经济社会发展布局，进一步畅通国内大循环，利用市场机制将边疆地区与内地连接起来，推动资金、技术、人才等生产要素的流动，推进区域优势互补、共同发展，不断提升边疆地区的整体发展水平。

三、生态美边

边疆地区多处于大江大河的上游，是中国的资源富集区、水系源头区，是我国生态环境的重要屏障和生态环境保护的主体功能区，同时又是生态环境的脆弱区。在经济社会发展水平相对滞后的情况下，边疆地区个别地方铺摊子、上项目，以牺牲环境换取经济增长的做法加剧了生态环境的脆弱性，使边疆地区的生态屏障功能趋于弱化。边疆地区的生态状况不仅关系边疆各族群众的福祉，而且关系到中华民族的永续发展。保护边疆地区的生态环境，就是保护全国各族人民共同的家园。

第一，要坚持生态绿色发展理念。保持生态文明的战略定力，发展资源节约、环境友好型产业，探索生态优先、绿色发展为导向的高质量发展新路，让青山绿水成为边疆地区的美丽容颜和精神气质。

第二，要建立完善生态补偿机制。坚持“谁开发谁保护、谁受益谁补偿”的原则，建立生态价值评价体系，选择适宜的生态补偿模式，确定体现生态价值的补偿标准，逐步形成公平有效的正向激励，努力实现生态补偿的科学化、制度化、规范化，使为国家生态安全作出重大贡献的边疆地区得到足够的激励和应有的补偿。

第三，要大力发展边境生态旅游。充分利用沿边地区自然资源、民族文化和区位优势，支持沿边地区发展边关风情游、民族特色游、跨境旅游、生态游、红色旅游等，打造一批富有边境特色的旅游品牌，把更多的边境城市、乡镇、村落打造成为旅游目的地和网红打卡地，成为各民族交往交流交融的“诗和远方”。

四、依法安边

没有边疆安全，就没有国家安全。维护边疆安全，既关系边疆地区各族群众幸福安宁，也关系祖国大家庭各族群众的幸福安宁。维护边疆安全，是全国各族人民的根本利益所在、共同责任所系。由于特殊的地理位置和地缘政治因素，我国边疆地区始终面临严峻的安全形势。

第一，敌对势力包围渗透加剧。以我国西南边疆为例，敌对势力对中国进行战略围堵，在周边国家有几十家境外敌对组织建立分支机构，目标指向中国。美国等西方国家频频插手我国周边国家事务，操纵支持周边国家反政府势力进行反华活动，并利用非政府组织和教会组织对我国开展渗透活动，“法轮功”“全能神”等邪教组织成员也成为其渗透破坏活动的“马前卒”。

第二,反分裂斗争形势错综复杂。“藏独”“东突”等民族分裂势力不断变换手法,打着“民主”“人权”“宗教自由”的幌子,骗取国际社会同情与支持,实质上是以分裂国家为目标,以宗教极端思想为指导,企图用暴力恐怖手段破坏国家统一和民族团结。我国长期处于境外敌对势力暴力恐怖链条包围圈,边疆地区滋生暴力恐怖的土壤和边境地带潜入潜出的通道尚未根绝。

第三,跨境犯罪活动屡打不绝。因边而生的“枪毒拐赌”等各类违法犯罪活动仍然比较突出,网络化、专业化、跨区域等特征明显。此外,一些边疆省区成为周边国家非法移民的目标地、过境地,非法入境、非法居留、非法就业等“三非”人员正在成为对我国边疆地区及内地带来重要影响的社会问题。

法治是治国理政的基本方式。面对边疆安全的严峻形势,必须高举维护社会主义法制的旗帜,以法治思维和法治方式维护边疆安全。

第一,要依法惩治危害国家安全的行为。目前,我国已经形成了以宪法为根本,以国家安全法为基础,包括反分裂国家法、反间谍法、反恐怖主义法等法律法规在内的国家安全法律体系。要依据国家安全法律法规,严密防范和依法严厉惩治分裂国家、煽动叛乱、颠覆或者煽动颠覆国家政权的行为,严密防范和依法严厉惩治境外非政府组织、境内外非法宗教组织、邪教组织等境外敌对势力的渗透、破坏、颠覆、分裂活动,依法取缔恐怖活动组织和严厉惩治暴力恐怖活动,依法打击跨境违法犯罪活动。

第二,要提高依法维护国家安全能力。完善维护国家安全、对敌斗争法律支撑,着力加强对宗教渗透、跨境犯罪、网络管理等政治安全、社会安全新问题的精准定性和法律适用研究,努力提高对敌斗争针对性和时效性,有效防范和依法打击危害边疆安全、国家安全的渗透破坏活动。借鉴发达国家移民管理经验,加快制定完善相关法律法规,为依法治理“三非”人员提供法律依据。

第三,要加强国家安全法治宣传教育。通过宣传教育,增强各民族群众边疆安全意识,熟悉国家安全法律法规,认真履行维护国家安全法律义务,自觉做国家安全的维护者、边疆安全的捍卫者，从而构筑起维护边疆安全的坚固人民防线。

五、思想固边

从国际上看，美国等西方国家对我国进行全方位遏制打压，民族宗教问题是他们一贯的理由和借口。一些周边国家泛民族主义思潮及其相关的民族分裂主义逆流对我国边境地区安全稳定造成巨大危害。从国内看，过去一个时期民族政策执行过程中存在偏差，固化了民族差异，助长了个别人的狭隘民族意识，导致民族意识的强化和国家认同的弱化。乌鲁木齐“7・5”事件后，内地个别地方针对特定民族群众在就业、住宿、出行等方面采取的过度盘查措施，也造成了特定民族群众的心理隔阂。长期的国内和平环境，承平日久时代物质丰裕、岁月静好的安逸，使得越来越多的人渴慕和选择中心城市的繁华，忽略甚至淡忘了边境一线干部群众“舍弃常人所拥有、放弃常人所享受”的奉献和坚守，爱国守边的意识有所淡化。人民的共识和信念，是边疆治理、边疆稳固的强大精神动力，必须铸牢中华民族共同体意识，构建起维护国家统一和民族团结的坚固思想长城。

第一，要坚定“五个认同”。中华民族共同体意识是国家安全之本、边疆稳固之基。要把铸牢中华民族共同体意识贯穿边疆治理全过程和各方面，在推广普及国家通用语言文字、全面推进中华民族共有精神家园建设中，在推动各民族共同走向社会主义现代化、增强各族群众的获得感幸福感安全感中，在促进各民族交往交流交融、促进各族群众相互学习、相互借鉴中，引导各民族树立正确的国家观、历史观、民族观、文化观、宗教观，牢固树立国家意识、公民意识、中华民族共同体意识，坚定对伟大祖国、中华民族、中华文化、中国共产党、中国特色社会主义的高度认同，构建起抵御极端思想渗透、维护国家统一和民族团结的坚固思想长城。

第二，要树立“四个与共”理念。在中华民族大家庭中，边疆与内地、少数民族与汉族，是休戚与共、荣辱与共、生死与共、命运与共的共同体，一荣俱荣、一损俱损。边疆的建设、发展和安全，不仅关系到边疆各族干部群众的现实利益，而且关系中华民族的整体利益、根本利益和长远利益。新中国成立以来，党和国家关于边疆地区的各项方针政策，出发点和归宿都是为了中华民族共同体的建构、中华民族共同体意识的强化。边疆与内地在发展质量、民生保障方面的不平衡，不仅要靠边疆地区干部群众自力更生、艰苦奋斗，也要靠全国各地的大力支援，靠中国特色社会主义集中力量办大事的制度优势。要赋予边疆建设发展以彰显中华民族共同体意识的意义，不断增进各民族群众支持、参与、投身边疆建设发展的思想自觉和行动自觉。

第三，要弘扬爱国守边精神。没有边境的安宁，就没有万家的平安。“家是玉麦、国是中国”，卓嘎、央宗姐妹朴实的话语，折射的是最深沉的家国情怀。从习近平总书记到内蒙古边防三角山哨所看望执勤官兵，到给西藏隆子县玉麦乡卓嘎央宗姐妹回信，从向陈红军、卓嘎、魏德友、王书茂四位守边护海卫士颁授党内最高荣誉“七一勋章”，到回信勉励“高原戍边模范营”全体官兵，这既是对保家卫国、守土固边的边防官兵和边疆地区干部群众的充分肯定，也是对爱国守边精神时代意义的生动彰显。要在全党全社会各民族群众中弘扬爱国守边精神，广为宣传爱国守边英模的感人事迹，广为宣传边疆地区干部群众扎根边疆、奉献边疆的默默坚守，激励引导更多的干部群众坚守边疆、投身边疆，争做神圣国土的守护者、幸福家园的建设者。

结　语

思想有多远，我们就能走多远。一个民族的发展，一个个体的命运，在很大程度上取决于其思想的高度。习近平总书记提出的“铸牢中华民族共同体意识”“治国必治边”等重大战略思想，是对古今中外治国安边丰富经验的深刻总结和理性升华，标注了我们党边疆治理思想的新高度。达到这样的思想高度，边疆治理才能更入佳境，广袤辽阔的边疆才能成为祖国最亮丽的风景。

专题六：管理方式创新

提高数字治理能力*

物联网、移动互联网、云计算、智能终端和人工智能技术的发展催生了大数据技术及其应用,经济和社会发展的数字化转型不断加速,数字技术在经济、社会发展的各个领域释放出巨大的潜能,人类社会开始步入“一切都被记录、一切都能被分析”的“大数据”时代。在“数据治国”“数据强国”理念的推动下,提升数字治理能力,加强运用大数据推动经济发展、完善社会治理、提升服务和监管水平,已经成为推进国家治理能力现代化的必然要求。

一、数据革命扑面而来

新一轮数字化浪潮来袭,人工智能、5G、大数据、物联网等数字化新技术迅猛发展,世界步入“数字化快车道”——一切皆可编程,万物均要互联,大数据驱动业务,软件定义世界。

我们将传统意义上用数字来表示的、通过测量和计算而产生的数据称作“小数据”。计算机技术产生以后,数据这一概念主要用来表示数字化的信息,即以“0”和“1”这种二进制保存的所有信息。各种数字化终端所记录、处理和保存的数据都属于“大数据”范畴,它们不仅包括传统的数字,还包括照片、文字、视频等传统意义上我们不会称为“数据”的信息。大数据又称“巨量

---

* 本文作者顾平安,中共中央党校(国家行政学院)公共管理教研部人力资源教研室主任,教授、博士生导师。

数据”或“海量数据”，是由大量结构复杂、类型众多的数据构成的数据集合，是超出了传统数据库软件工具的抓取、存储、管理和分析能力的数据群。

1. 大数据的发现

大数据出现之初，学者们主要从静态资源的视角去定义大数据，大数据被认为是“海量数据”和“大规模数据”。1998 年 4 月，美国硅图公司（SGI，Silicon Graphics）首席科学家约翰·梅斯（John R.Masey）在题为《大数据和未来基础设施压力的问题、解决方案和机会》（*Big Data and the Next Wave of Infra Stress Problems，Solutions，Opportunities*）的演讲中，首次阐述大数据的产生、价值和应用。直到 2008 年 9 月，《科学》杂志发表的《大数据：千兆字节时代的科学》（*Big Data：Science in the Petabyte Era*）一文提出，大数据正在改变我们赖以生存的资源环境、技术环境和需求环境，大数据的真正价值在于分析和挖掘海量数据中的新用途和新见解，而非数据本身，我们需要对大数据“为谁创造价值，创造什么价值，如何创造价值，如何实现价值”问题进行重新思考。2012 年 5 月，联合国“全球脉动”计划发布《大数据开发：机遇与挑战》报告，提出“大数据将成为新的财富高地，其价值堪比石油”，大数据是国家发展的重要战略资源。

根据国际数据公司发布的《2021 年全球数字化转型预测》，到 2022 年，全球 65%的 GDP 将由数字化推动，经济将走上数字化之路；到 2023 年，75%的组织将拥有全面数字化转型实施路线图（目前 27%），逐步实现业务与日常各个方面的真正转型。到 2025 年，50%的企业将实施基于以客户为中心和数据驱动的数字化转型，优化组织文化；75%的企业领导者将利用数字平台和生态系统能力来调整其价值链，以适应新的市场、行业和生态系统。

2. 大数据的内涵

关于大数据的定义，尽管业界还存在争议，但是有两点已经成为共识。首先大数据是数据“大”，一般认为，大数据的数量级应该是“太字节”（TB）。其次，大数据是指大数据技术。大数据技术的核心是指从各种各样类型的数据中,快速获得有价值信息的能力。目前,大数据关键技术主要可分为数据采集、数据存取、基础架构、数据处理、统计分析、数据挖掘、模型预测、结果呈现8种技术。

大数据与云计算的关系就像一枚硬币有两面,密不可分。大数据必然无法用单台的计算机进行处理,必须采用分布式计算架构,对海量数据进行挖掘,因此,它必须依托云计算的分布式处理、分布式数据库、云存储和虚拟化技术。

2001年,道格拉斯·兰尼提出,数据增长有三个方向的挑战和机遇:量(Volume),即数据多少;速(Velocity),即资料输入、输出的速度;类(Variety),即多样性。随后,IBM公司在此基础上提出了大数据的4V特征,并得到业界的广泛认可。第一,数量(Volume),即数据巨大,从TB级别跃升到PB级别;第二,多样性(Variety),即数据类型繁多,不仅包括传统的格式化数据,还包括来自互联网的网络日志、视频、图片、地理位置信息等;第三,速度(Velocity),即处理速度快;第四,价值(Value),大数据价值密度低,但是使用价值高。迄今为止,虽然不同学者、不同研究机构对大数据的定义不尽相同,但这四个基本特征都被广泛提及。

二、什么是数字治理能力

数字治理通常包括“对数据治理”和“用数据治理”两个方面。其中,对数据治理是涉及数据全生命周期的活动,重点关注数据质量、数据权属和数据安全等问题;用数据治理是将数据作为核心资源,运用数字技术创新性地去解决治理中存在的问题,这一活动聚焦于用数据决策、用数据管理、用数据服务。从这个意义上来说,数字治理是以治理工具的数字化转型为前提,以数字资源为核心要素,开创整体性治理、协同性治理和融合性治理的新时代。

1. 数字治理能力的内涵

数字治理能力是指政府机构、企业、社会组织等各类主体,合理运用数字资源和数字技术,履行职责、创新管理、优化服务的能力。其中,数字资源是指基于多种来源而形成的大数据,数字技术包括互联网、5G、云计算、物联网、移动互联网、区块链、人工智能等新一代信息技术。

2017 年 12 月,习近平总书记在中央政治局“实施国家大数据战略第二次集体学习”讲话中指出,“善于获取数据、分析数据、运用数据是领导干部做好工作的基本功。各级领导干部要加强学习,懂得大数据,用好大数据,增强利用数据推进各项工作的本领,不断提高对大数据发展规律的把握能力,使大数据在各项工作中发挥更大作用”。随着大数据时代的到来,信息社会正在经历一场从以 IT 为核心支撑,到以大数据为核心支撑的飞速变革。

2. 大数据分析的三个层次

大数据分析就是将数据中蕴含的价值发掘出来,转化成非专业人员可以读懂和使用的信息。目前,大数据的应用主要体现在描述性分析(descriptive analysis)、预测性分析(predictive analysis)和指导性分析(prescriptive analysis)三个层次。

(1)描述性分析关注“已经发生了什么”,通过采集、汇聚各种来源的数据,发现隐藏在大型数据集中数据之间的关联关系,以图形化方式呈现事物的发展历程。描述性分析是大数据分析最为普遍的形式,通过对历史数据的分析,多维度把握过去已经发生的情况,找出事物发展之间的联系,Palantir 是一家 2004 年在美国硅谷创立的大数据公司,主要为 CIA 等美国政府服务,为他们开发定制的软件,实现整合的信息检索和提取及分析关键信息。2008 年,Palantir 通过分析银行交易记录识破旁氏骗局,帮助多家银行追回麦道夫所隐藏的巨款。2011 年,正是得益于 Palantir 基于大数据的情报,美国奥巴马政府成功找到了本·拉登的藏身地。这些都是大数据描述性分析的典型应用。

(2)预测性分析关注“可能会发生什么”,数据分析师运用统计建模、数据挖掘、模型训练和机器学习等技术，采用类比法、时间序列法、逻辑关系法、比例法等方法，从多源、多维数据分析中获取各种因素之间的联系，把握事物发展的规律和趋势，预测事件发生的可能性。2005 年，美国国家海洋与大气管理局（NOAA）和美国陆军工程部（USACE）共同提出和合作完成了“海洋传感项目计划”——美国海浪检测系统，在全美海岸大陆架、近海、远海、深海，独立部署 296 个传感网点，扩展联网形成七大联网区域，建立了覆盖美国全海域的、准确而且持久的、高质量的海洋传感器网络，实时监测海浪情况，发布海洋灾害预警。2011 年，日本“3 · 11”地震后，美国国家海洋和大气管理局通过大数据预测分析技术，仅用了 3 分钟，就发布了海啸预警，同时根据模型算法给出本次海啸的热力图。电商企业根据客户购买商品的内容，通过预测性分析，就可以进一步预测客户的下一步购买行为，进而对商品库存和销售策略进行预测调整，是大数据预测性分析最为普遍的应用场景。

（3）指导性分析关注“可以选择做什么”，基于算法模型呈现出不同决策的后果。受主体行为不确定性和外界环境因素变化等的影响，大数据分析不可能做出精准预测，但是根据给定数据集的描述性和预测性分析，基于各种假设的情景模拟未来，为可能发生的行为提供最佳的应对建议。2016 年 3 月，谷歌 AlphaGo 以 4 ∶ 1 战胜世界冠军韩国九段棋手李世石，就是大数据指导性分析的典型应用。AlphaGo 用到的数据包括 3 万多幅人类专业棋手对局的棋谱，3000 万盘自我对弈的棋局记录，490 万盘自己和自己对弈的比赛数据。它可以基于蒙特卡洛树算法的快速搜索，针对每一步可能的走棋方案，以落子空地周围的局部特征为输入，应用线性模型，建立快速走棋策略。特斯拉的 Autopilot 系统自动驾驶汽车、谷歌无人车 Waymo，都是通过车载传感器来感知车辆周围环境，并分析获得的道路、车辆位置和障碍物数据，通过内部算法产生指导性决策，控制车辆的转向和速度，从而使车辆能够安全、可靠地在道路上行驶。

从应用层次来看，大数据描述性、预测性应用较多，指导性应用较少；从分析技术的角度来看，基于统计学习的应用较多，基于知识推理的应用较少；基于关联分析的应用较多，基于因果分析的应用较少；从数据源的角度看，基于单一数据源的应用较多，基于多源多态数据的应用较少。上述特点表明，全球大数据应用尚处于初级阶段。

3. 数据成为新的生产要素

大数据颠覆性地改变了全球经济形态、国际安全态势、国家治理和资源配置模式，引发了巨大的经济社会变革，推动着人类社会走向数据经济时代。随着数据的迅猛增加，以及大数据处理技术的发展，“用数据决策”“用数据管理”“用数据创新”“数据驱动发展”成为大数据时代政府和各类社会主体创新发展的新趋势。

信息是一种权力，数据是信息的载体。IT（lnternet Technology）和 DT（Data Technology）的区别，不仅仅是技术差异，更重要的是人们思考问题的方式和看待世界的方式的不同。IT 时代是方便管理主体自己控制和管理，DT 时代是一个数据更充分流动，更加注重透明、利他、责任和体验的时代。

2019 年 11 月，党的十九届四中全会首次将数据纳入生产要素，提出“健全劳动、资本、土地、知识、技术、管理和数据等生产要素由市场评价贡献、按贡献决定报酬的机制”，反映了数字经济正在成为国民经济发展重要的支柱。

2020 年 4 月，中共中央国务院公布《关于构建更加完善的要素市场化配置体制机制的意见》将数据与土地、劳动力、资本和技术等传统经济要素并列，成为一种新型生产要素，强调加快培育数据要素市场，提出“推进政府数据开放共享”“提升社会数据资源价值”“加强数据资源整合和安全保护”三项重要举措。

2020 年 5 月，中共中央国务院发布《关于新时代加快完善社会主义市场经济体制的意见》，再次提出“加快培育发展数据要素市场，建立数据资源清单管理机制，完善数据权属界定、开放共享、交易流通等标准和措施，发挥社会数据资源价值。推进数字政府建设，加强数据有序共享，依法保护个人信息”。

4. 数字治理成为新趋势

无数据，不智能。大数据技术是国家治理的“赋能者”、变革的“诱导者”、创新的“引领者”，需要我们重新思考治理方式和手段，以及我们如何为人民服务。

2015 年 9 月，国务院公布《促进大数据发展行动纲要》，规划了大数据在我国社会治理、经济运行、民生服务、创新驱动、产业发展等多方面的应用。同时，将坚持创新驱动发展，加快大数据部署，深化大数据应用，视其为稳增长、促改革、调结构、惠民生和推动政府治理能力现代化的内在需要和必然选择。2015 年 10 月，党的十八届五中全会首次明确将大数据提升为国家战略。十九届四中全会《关于坚持和完善中国特色社会主义制度　推进国家治理体系和治理能力现代化的若干重大问题的决定》指出，“建立健全运用互联网、大数据、人工智能等技术手段进行行政管理的制度规则”“更加重视运用人工智能、互联网、大数据等现代信息技术手段提升治理能力和治理现代化水平”。2021 年 11 月，中央网络安全和信息化委员会印发的《提升全民数字素养与技能行动纲要》提出，把提高党员领导干部数字治理能力作为各级党校（行政学院）的重要教学培训内容。

运用大数据提升国家治理现代化水平，推进政府管理和社会治理模式的创新，提高数字治理能力，已经成为各级领导干部必须高度重视的时代课题。

三、提高数字治理能力的主要路径

现阶段，提高数字治理能力，要立足我国国情，从“强数基、开数源、增数商、定数权、扩数用、保数安”六个方面入手，补短板、强弱项，全面推进国家治理能力现代化。

（一）强数基

“问渠那得清如许？为有源头活水来。”夯实数据基础，提升数字治理能力才能迈开坚实的步伐。就政务数据而言，数据的体量、质量和流动性是数字治理的基础。我国政务数据体量大、质量低，纵强横弱，数据烟囱、数据孤岛制约和影响数据流动性，政务数据治理欠账较多，《中华人民共和国国民经济和社会发展第十四个五年规划和2035年远景目标纲要》对围绕提升数字治理能力，对“加快数字化发展，建设数字中国”做出了明确的部署。

首先，要加快政府数字化转型。政府掌握着大部分公共数据，是最大的数据拥有者，同时也是最大的数据生产者。加快政府数字化转型是建设数字政府和数字社会的重要引擎。为此，要在国家层面确立更为清晰的政府“数字化转型”战略和更为有力的政府“数字化转型”推进机制。借鉴发达国家政府数字化转型的成功经验，将数字服务明确为政府默认选项，建立高效完备的数字政府推进和管理机制，倒逼政府业务全流程网上办理，为基于政务大数据的智慧政务建设打下坚实的基础。

其次，要加强政务基础设施的云端治理。政府信息化基础设施云端化是现代信息技术发展的必然结果。政务云就是充分利用云计算虚拟化、高可靠性、高通用性、高可扩展性及快速、按需、弹性服务等特征，统筹利用机房、计算、存储、网络、安全、应用支撑、信息资源等，为政府及部门提供基础设施、支撑软件、应用系统、信息资源、运行保障和信息安全等综合服务平台。建设政务云就是要从源头上打破条块分割的政务数据孤岛，但是，由于缺乏国家层面政务云的“顶层设计”，各地在政务云建设中，出现互联网服务商跑马圈地，政务云“野蛮生长”的态势。因此，构建和谐、稳定的政务云生态体系，建设韧性的政务云技术架构，成为政务基础设施治理的重要目标。

最后，加快推进跨部门数据共享。数据是国家的战略性核心资源。从“数据大国”迈向“数据强国”，关键在于加强数据“跨层级、跨部门、跨地区”

共享，更好地发挥数据的作用。现阶段，我国政府部门间数据共享难、系统对接难的状况没有得到根本改变，国家和省级层面与地方数据共享机制尚不完善，数据属地返还难，专网数据管理权限上收，限制了地方政府数据获取及业务开展。国家层面应加快健全完善数据流通应用相关的法律法规，促进数据规范有效流通，将相应数据管理权限按需下放基层，加快推动垂直管理信息系统数据资源的属地返还。

（二）开数源

大数据时代，数据越来越成为促进经济发展和技术创新不可或缺的资源。政府掌握着整个社会最多最有价值的数据，依法有序开放政务数据，不仅能为经济发展提供丰富的土壤，也为智慧城市和创新社会治理提供更多的便利。政府数据开放是指"主动在网上公开政府信息，使任何人都不受限制地获取、再利用和再分发"（《2016 联合国电子政务调查报告》）。数据越使用越能创造价值，政务数据的公共性决定了政务数据必须保持一定程度的开放性，方便公众和社会组织接近、获取和使用经过充分匿名化后的政务大数据。加快推进政府从信息公开走向数据开放，才能更加充分地发挥大数据在数字治理中的作用。

截至 2020 年 4 月底，我国已有 130 个省级、副省级和地级政府上线了数据开放平台，其中省级平台 17 个，副省级和地级平台 113 个。省级政府中，浙江、上海、山东和贵州成为数据开放的"优等生"，地级（含副省级）排名中，深圳、温州、青岛和贵阳综合表现最优，开放数据量位列第一等级。总体来看，我国政务数据开放刚刚起步，开放主体覆盖范围有限，政务数据开放质量和深度参差不齐，有一半地级市政府数据开放还停留在政策倡导、计划准备阶段，县级政府开展政务数据开放的数量更少。

从国际范围来看，有效的政府数据开放需要遵循八大原则：数据必须是完整的、数据必须是原始的、数据必须是及时的、数据必须是可读取的、数据必须是机器可处理的、数据的获取必须是无歧视的、数据格式必须是通用而非专有的、数据必须是不需要许可证的。就我国来说，要加快制定政务数据开放目录，构建统一规范、互联互通、安全可控的政务数据开放平台，推动政务数据开放利用。

（三）增数商

“商”是对人类具有某种特定能力的量度，数商是对大数据时代人们用数据思考和行动，并在竞争中胜出能力的度量。数商是新的时代一种新的能力，需要被认识和掌握。数商首先形塑我们的思维方式，进而直接影响我们思考问题、解决问题的路径。在大数据时代，数商的高低决定了各级领导干部“用数据说话”“用数据管理”“用数据决策”“用数据创新”的能力。

与数商直接相关的就是互联网思维。互联网思维就是指立足于互联网技术去思考和解决问题的思维方式。具体来说，就是面对管理问题，以重视、适应、利用互联网为思维指向，能用互联网相关技术解决的，就不要依赖传统的人力方式解决；要重视收集数据、分析数据，用大数据思考、决策；要适应互联网“开放、平等、互动、协作、共享”的特点，坚持“用户至上”的理念，用好、管好以大数据为代表的新一代信息技术。

互联网已经深入社会生产生活的每个角落，领导干部没有互联网思维，就会落后于时代，提高数字治理能力也就无从谈起。

（四）扩数用

“循数而治”是数字治理能力的集中体现。管理学家爱德华·戴明有句名言：“我们相信上帝。除了上帝，任何人都必须用数据来说话。”相对于长期以来我们不够注重数据的文化——定性的多，量化的少；笼统的多，具体的少；估算的多，实证的少，“用数据说话”是一种社会进步，更是治理能力的提升。

大数据技术提高了人类驾驭数据的能力，正在改变我们的生活以及理解世界的方式,成为发明和创新的源泉。互联网企业提供的高效、便捷、优质的在线服务,正在通过商业的力量推动数字社会加速发展,塑造人们对数字服务的体验感和获得感。提高数字治理能力,要求各级领导干部在“用数据”上下工夫,切实提高“用数据决策”“用数据监管”“用数据服务”的能力,充分利用大数据技术,促进决策科学化,创新服务场景和监管方式,提高监管的针对性、有效性,服务的高效、便捷性,提升整体治理的效能,改变公共管理的方式,实现以往很难实现的公共服务目标。

(五)定数权

政务数据治理既是技术问题,更是管理问题。经过多年发展,各级政府建设了大量纵向、横向业务系统,系统异构、数据异构等技术问题直接导致数据割据。政务数据权属不明,为政府部门衍生出数据保护主义提供土壤。因此,数据确权是加强政务数据治理的重要内容,是打造数据维度上的“整体性”政府、推进政务数据共享的必然要求,也是提升政务数据质量的根本保证。

2017 年 12 月,习近平总书记在中央政治局“实施国家大数据战略第二次集体学习”讲话中指出,“要制定数据资源确权、开放、流通、交易相关制度,完善数据产权保护制度”。就政务数据治理而言,需要从制度层面明确政务数据的创制权、所有权、管理权、使用权和交易权,才能进一步释放数据红利。

政务数据创制权是指享有定义一个或一组数据的政府部门,依法依规创制一个或一组特定数据的权力,包括直接创制权和间接创制权。政府管理的权威性和整体性决定了政务数据的创制必须遵循“一数一源”的原则,避免“一数多源”。

政务数据的所有权是指对数据享有的支配权,包括原始数据所有权与大数据所有权。原始数据是政务数据物理存在的最初形态,衍生数据是指原始数据被记录、存储后,经过算法加工、计算、聚合而成的系统的、可读取、有新的使用价值的数据。两者来源不同,所有权也不相同。

政务数据的管理权是指对数据全生命周期的管理。原始政务数据是由不同层级的政府部门采集完成的,相关职能部门承担原始政务数据的管理权。汇聚到政府大数据中心后,经过算法加工,产生新价值的政务数据集,管理权属于政府大数据中心。

政务数据的使用权是对数据使用主体和使用范围的管理。数据具有非物质性、非消耗性。政务数据的生命力在于使用,最大限度地保证数据使用的便利性,不给用户“添堵”。在政府内部,政务数据的使用,要坚持“以共享为原则,不共享为例外”,不能设置本部门政务数据排他性的使用权。政府数据管理部门按照“合法、正当和必要”原则,向使用部门及时提供数据共享服务,保障政务数据在不同部门之间交换和共享。另外,政务数据的公共性决定其不能排斥公众和社会组织对政务数据的使用。政府有义务进行数据匿名化和隐私处理,实行政务数据开放,让公众能够更方便地获取有用的政府数据。

政务数据的交易权是指政务数据按照市场化在不同主体之间进行合法交易并获得收益的权力。政府部门采集的原始政务数据,只能用于政府内部基于管理合法性需要,进行交换共享,任何部门不得对原始政务数据进行交易。大数据企业基于政府开放的数据集,经过加工处理,进而形成新的数据产品,大数据企业享有所有权和交易权。

(六)保数安

在信息时代,每个人都会在各种各样的信息系统中留下“数据脚印”。要加强个人数据保护,无论是政府或是企业,收集和处理个人数据应当具有明确、合理的目的,并遵循最小必要和合理期限原则。“危险不再是隐私的泄露,而是被预知的可能性”。互联网巨头及大型科技企业拥有掌握“全民”数据可能,不仅容易导致公民数据滥用,实施大数据杀熟,剥夺消费者剩余,甚至造成数据对外泄漏,造成非传统领域的国家安全风险。

已经颁布实施的《中华人民共和国网络安全法》《中华人民共和国数据安

全法》《中华人民共和国个人信息保护法》三部基础性法律，为国家网络空间安全和数据安全奠定了坚实的基础，但是，法律的进一步适用还需要完整的法律法规和政策体系作为支撑。在数字治理的实践中，要赋予个人充分权利、强化个人信息处理者义务、赋予大型网络平台特别义务、规范个人信息跨境流动、健全个人信息保护工作机制。要坚持总体国家安全观，应对数据这一非传统领域的国家安全风险，实行数据分类分级保护制度，建立数据安全审查制度，加强明确风险评估、监测预警、应急处置。强化落实各类型数据处理活动主体数据安全保护义务与责任。

从发达国家的经验看，数据安全投入占信息化建设总投入的9%—15%，数据安全和信息化建设必须同步发展。安全风险存在于政务大数据的采集、传输、存储、应用等整个生命周期。除了基础设施安全，还包括系统漏洞和后门、外部攻击和窃密、数据资产泄露、内部非授权访问、违规交易等。给大数据“守门”“上锁”，需要技术、法律和管理同步发力。做好顶层立法和安全战略规划，将安全基因，内置于网络系统、数据处理平台系统、应用系统，对大数据实施全生命周期的动态防护，保护个人隐私和国家安全。

网络时代政府治理新模式*

从整个宏观的人类历史来看,当前人类正在经历一场前所未有的新的变革。这就是,人类即将整体迈入一个新的时代——网络社会时代。在迈入新时代的过程中,作为人类社会整体,无论是从宏观社会架构还是微观个体,都在由于网络的出现而经历着彻底的变革。在这一变革中,从个体的个人行为方式到整个人类社会的宏观政治、经济、社会、文化等各种社会性活动乃至人类社会存在本身,都因为网络的出现而颠覆原有的基本模式。

目前来看,网络社会的出现对于个体的影响,对于商业的影响,乃至更广泛的政治参与的影响已经被广为讨论,然而网络社会的出现对于人类所创造的最大的公共组织——政府而言,到底会产生哪些本质的影响,还并未被充分的研究,大多数的研究仅是从信息公开、反腐败、公共服务等政府的具体行为来描述这种变化的,而并没有涉及网络社会对政府影响的实质。

本文正是从这一角度出发去探索网络社会的出现对政府产生的影响,并试图回答三个问题:第一,网络社会出现的实质和其核心特性是什么?第二,网络社会的新的结构特性对政府的影响有哪些?第三,在人类整体迈入网络时代的阶段,政府应该如何实现自身的转型?

---

* 本文作者何哲,中共中央党校(国家行政学院)公共管理教研部教授。

一、网络社会的实质

对于网络社会,已有的研究已经有大量的界定,无论哪种界定,总是从网络的技术维度与社会维度两个层面进行,仅有的区别是各自的维度不同。从技术维度讲,将网络社会界定为由互联网技术连接而创造的虚拟数字社会;从社会维度来讲,将网络社会界定为以网络为核心纽带而塑造的整个人类社会新的形态。随着网络社会不断呈现出越来越多的社会属性和在整个人类社会各个层面所发挥的作用,网络社会的社会属性越来越被研究者所认同,乃至于趋向认为,网络社会是整合了人类的虚拟数字存在与现实存在,以网络为核心生产、交易、生活方式的人类社会现实与虚拟存在的连续统一体。

然而,无论如何从概念上去界定网络社会,都需要认真去探究网络社会背后的实质,网络社会与传统社会实质性的差异,体现在以下层面。

(一)网络社会是人类社会前所未有的强连接形态

从人类历史的角度来看,人类历史的进步,就是人类不断改进社会内部连接方式的历程。而人类社会之所以称为社会,也就在于作为个体之间形成了稳固的社会连接和社会组成,而正是这种社会连接和关系也塑造了人类本身。所以马克思认为,“人的本质是社会关系的总和”。

从原始社会结绳记事、象形文字以及其他原始的信息记录与交流工具起,一直到工业社会的电报、电话、汽车、飞机等现代化的连接方式,整个人类社会一直都在持续的改进自身的连接方式的进程中。而这一不断改进的进程,在网络时代,终于达到了极致,可以通过极低的成本,构建出整个人类社会个体与个体之间全向连接。即任何一个个体可以与任何一个遥远的个体形成直接的即时连接而不需要任何中介方并付出额外太多的成本。这种改变促使一种人类社会前所未有的强连接形态的形成,根据研究显示,网络社会整体上服从六度空间理论的约束，即整个社会人与人之间的距离不超过六个个体，因此，世界上的几十亿人被约束和限定在六个个体的密集距离的小世界中，形成了人类社会前所未有的强连接形态。

当整个社会的连接距离被严重缩短后，世界的面貌和运行方式都被彻底改变。连接意味着信息的交换，人类通过信息的交换才指导着整个社会的分工，物质资料的重新分配、物质资料形态的改变、价值的重新分配和使用，等等。因此，信息交换存在于人类社会运转的全过程。传统社会为了保障信息交换的有效性，防备风险等建立了种种制度，例如信息收集制度、信用制度等，而当任何个体与任何个体可以直接建立信息交换时并在这种基础上形成物质交换时，很多传统制度存在的基础就随之消失。因此，人与人之间建立直接的连接这一事实的意义，看似轻微，实际上影响深远。

（二）网络社会是人类社会新的存在方式

除了强连接外，网络社会还重新提供了人类社会的存在和运作方式。这种存在和运作方式的改变不只是传统社会那种社会组合形态的改变，例如农业社会的分散式个体存在到工业社会的集约式存在的改变，网络社会的存在改变是根植于个体的意识基础之上的存在改变，其直接作用于个体意识的存在感知，通过创造“真实”而实现个体的新的存在。

从个体的存在而言，人类个体的存在感由两个层面构成，一是社会存在感，一是感知存在感，从社会存在来说，网络技术的出现极大扩大了人类的交际范围，并且可以形成传统社会关系的网络再现，通过网络社会群落形成个体的社会存在感。从感知存在而言，新的计算机虚拟仿真技术，通过作用于个体的感官形成个体新的极具真实的时间感与空间感。这就重构了人类个体的感知存在。并且，人类还能够以人工智能技术创造新的智能体，并且以人类形象出现。这就进一步重新界定了什么是真实，什么是人类存在。也正是网络社会的出现，人类第一次系统地颠覆了对存在和真实的认知，重新思索什么是存在。

在创造新的个体存在形态的基础上，整个人类社会都将被网络虚拟存在所重新界定。无论是经济、社会、政治、文化乃至所有的社会活动，都将产生网络存在的形态。也就是整个人类社会都将以网络空间为基础形成新的存在形式。这种存在形式，彻底颠覆了传统人类社会受“真实”的物理空间的制约，将产生出种种难以想象的奇特的社会结构。

二、传统时代政府治理的基本模式

回到传统时代，也就是在网络社会到来以前的人类社会。在长达上万年的人类文明历史中，人类所有的行政组织结构，都大体具有相似的功能和结构。从功能而言，就是社会组织的功能，从结构而言，就是金字塔形结构。

（一）传统时代上下相似的政府职能

政府到底要做什么，这是当我们今天面对网络时代的政府职能问题时始终要面对的问题。在长期以来的人类社会中，政府最重要的职能就是将一个人类群体的社会有效组织起来。

人之所以为人，重要的就是人与人之间的社会组织关系。所以马克思说，人的本质就是社会关系的总和。而形成有效的社会组织，在传统时代，则就需要形成专业的人员和相应的组织机构。根据诺斯的观点①，大约在一万年前，人类经历了第一次农业革命。农业的发展使得社会具有了复杂分工的剩余农产品基础。社会开始分化出专业的暴力集团和组织体系。用于对外实现征伐和保护，对内实现社会秩序的控制和组织。由于整个社会处于相对分散的形态，社会缺乏大规模组织的技术手段。因此，从底层来看，在一个个最基本的

① ［美］道格拉斯·诺思：《经济史中的结构与变迁》，上海人民出版社 1994 年版，第 80—97 页。

社会组织单元层面，例如部落或者村庄，其基本的功能和结构是相同的。包括对外防御、征伐，对内的组织生产、公共事务，如教育、水利、婚丧嫁娶等。在基本的结构之上，则逐层形成了社会结构，最后形成了国家。而从上向下来看，农业时代的国家就是一个范围内的大家族，君主就是一个国家的家长，国家承担这个国土范围内的对外与对内职能，并实现对下层组织单元的控制与管理。这种模式，在农业时代，称为封建组织。

进入工业时代以后，政府的功能有了极大的扩展，然而，其实质并没有根本性的改变。资本主义扩大了通过市场和资本组织生产的体系，自此以后，国家就拥有两种组织体系。一种是通过市场的模式，也就是通过利益交换和经济组织的方式来实现基本的产品的生产和公共事务的组织。另一种则是通过行政的方式，通过上下级命令调度的形式来实现生产和公共事务的组织。然而，对于政府而言，上下级政府的职能依然是相似的。对于国家政府而言，其只比地方政府多了外交和军事职能。在其他的职能方面，各级政府依然是相似的。主要就是税收的征集、大规模的公共事务的决策，公共秩序的维护、社会制度的建立、公共服务体系的建立、救灾、突发事件的救助等。尽管社会的进一步发展，法治体系的完善，构建了通过法律来实现社会最基本行为的约束和政府职能的范围，社会体系的完善则形成了以公益性为目的的另一种社会组织形式。然而，最终，各级政府都起到了一个关键的同样的职能，就是在其职权范围内实现社会的有效组织和运作。由于传统社会是上下同构的形态，因此，各级政府只是在发挥作用的范围上有所区别，而在除却外交和军事等只能由国家政府承担的职能以外，各级政府的职能都是相似的。

（二）传统时代上下级同构的政府结构

由于职能的相同性，因此，传统时代上下级政府的结构也是相同的。一般来说，政府是由一个政府主官，一个核心政务委员会，若干个专业行政部门和若干个事务性的协调委员会组成的。这对于东西古今的政府结构，都是如此。

也就是,在一个区域性的范围,地方政府构筑了一个稳固的行政金字塔。这一行政金字塔负责这个区域大大小小的公共事务和个体的权利保护。

在一个更大的国家范围内,则是由具有复杂多个层级的区域构成。每一区域在自己的金字塔的基础上。则互相堆叠,形成更为复杂的多层金字塔。在水平结构中,各个金字塔的基本结构是完全相同的。例如观察县级政府的结构,会发现所有的县级政府的机构职能几乎是相同的。而在垂直结构而言,上下级政府的结构也几乎是相同的。例如省政府和市政府的结构相似,而市政府与县政府也是相似的。上级行政金字塔所具有的专业部门,同样要求下级进行一一对应。从而导致了上下高度同构相似的结构体系。

如果去观察历史和现实,会发现,这种结构在网络社会出现以前的长期人类历史都是相似的。这是因为上下高度同构相似的结构具有其特殊的优势。首先是结构上的稳固性,组织金字塔具有非常强烈的稳固性。每一个人都只需要服从于特定的上级,然后只专注完成自身的专业任务,就可以发挥自己的作用,这种结构很难被外部破坏。其次是结构的简单,不需要复杂的组织规则,只需要服从与被服从就可以形成这种结构。对于每一个金字塔内的个体而言,即便在晋升之后,也很容易适应新的组织环境。因为,上下的结构环境和任务都是相同的,学习适应的成本很低。最后则是极高的组织效率,无论多大的组织规模,只需要严格遵循这一组织金字塔的上下级规则,就可以高效标准地完成大规模社会活动。在古代的西亚、中东、北非等地,可以完成巨大的城市、运河和金字塔的建设。在东方,两千多年前的秦朝时就可以组织几十万军队之间的战争和修建金字塔。这都体现了庞大的上下同构的组织所具有的强大能力。

然而,这种金字塔同样具有明显的缺陷。这就是容易陷入僵化、易于发生腐败和难以进行变革。因为上下级始终遵循严格的命令与服从关系。因此,所有的行动都需要来自更高的授权。来自于基层的信息,则需要漫长的行政管道向上传输。一旦发生新的管理问题,则很难在一线进行解决。并且,由于下级和社会公民相对缺乏监督上级的能力，一旦上级发生了违反组织意图的腐败问题则很难被发现。只能根据下级更为勇敢的反映问题和更上级的发现和处罚。而当遇到需要变革的时候，也很难进行变革。在封建时代，一旦管理金字塔发生严重的腐败和僵化等体制问题，最后的解决办法则是通过改朝换代来进行的。西方资本主义所建立的政党轮换制度试图解决这种问题，但同样也是无效的，因为轮换的政治领导同样面对庞大僵化的官僚金字塔无能为力。

（三）上下同构结构的政治、经济与信息能力分析

想知道人类历史长期产生同样的上下同构的治理金字塔的原因，就必须从主观和客观两个角度来分析。所谓主观，主要指行政体制最高领导的政治意图或者权力意志。而客观角度，则要从当时的社会环境和技术条件进行分析。根据马克思的历史唯物主义的基本原理，生产关系始终要适应生产力的要求。因此，在人类历史上长期出现的同构结构，是由复杂的客观原因所约束的。主要从政治（包括暴力、秩序与法律）、经济、信息能力角度分析。

从政治角度，包括统治者的主观意志和客观的政治条件。由于传统行政体制的最高首脑，如封建君王，具有强大的权力意志。从主观角度，封建君王往往要求全体国民对其无条件服从。所谓“普天之下，莫非王土”。中国历史上第一个大一统的封建王朝——秦建立后，则要求实现天下范围内的车同轨、书同文、统一度量衡、统一法律等要求。这首先是一种主观上的统一权力意志的体现。然而，从客观来看，传统时期落后的技术能力，使得最高政府很难对全社会公民进行直接的统治。因此，虽然在意志上实现了完整的上下统一。但是在现实上，却很难实现有效的统筹指挥，只能通过层级委托的方式。这既包括通过分封诸侯的方式，也包括通过建立直接管辖的郡县进行管理。然而无论是诸侯制，还是郡县制度，都形成的是一种上下同构的委托管理机制。差别则是自由度略有不同。诸侯制是对皇室的直接复制，诸侯可以建立类似的

小家天下，包括自己的征税、军队和祭祀体系。郡县制则是对最高行政组织的复制，同时地方长官则具有一定的独立处置权。在中央皇权缺乏足够的约束时，地方长官则会形成分立的诸侯或者军阀。例如汉末的地方郡守的独立和混战，唐末的节度使的割据等，在中国历史上，分久必合，合久必分成为一种历史的周期律。在强大的统一皇权面前，形成形式的统一。而一旦中央权力下降，地方很快形成稳固的地方政权。强大的地方政权，则有可能战胜其他地方政权成为统一的政权。这种上下的互相替代性和周期性，也显示了上下同构的金字塔组织结构的历史政治必然。

从经济角度，政府的职能受制于两个方面的制约。在农业时代，农业是主要的经济部门。农业的生产主要依赖于自给自足的家庭活动。因此，不依赖于大市场的形成。对于封建时代的政府而言，则制约大市场的形成，而保障农民固定在自己劳动的土地上，避免流动人口的形成。因此，农业时代，并不存在一个全国范围的大市场。市场主要存在于区域以交换必要的劳动工具和生活用品。在资本主义时代，大资本迫切需要形成统一的市场和充分的劳动力供给，因此需要打破封建时代的区域格局。从而进一步加速资本的累积和生产的循环。在这种模式下，由于税收主要来自于工商业活动而不是农产品，国家支持统一大市场的形成，同时制约地方政府的经济职能。因为一旦地方政府主要精力在于培植地方资本，则很容易产生地方保护主义而阻碍大市场的形成。国家则通过分税制来保障地方政府获得合理的税收。因此，在工商业资本主义后，政府的经济职能逐渐让渡给市场，正如洛克认为，政府最重要的作用则是制定法律和保护产权。19 世纪以来，社会主义思想深刻改变了整个资本主义面貌，即便是资本主义国家也极大加强了国家对经济的调控和对公民的公共服务保障。所以，在农业时代，政府的一个核心职能是上下同构以保障农业生产。在资本主义早期时代，核心职能在于保障市场统一和法律的执行。在资本主义后期，则增加了统一的上下执行的公共服务和社会保障等作用，例如教育、医疗、交通等。

以上是从政治和经济角度阐述,然而,最终的社会结构的实现则要受社会治理技术的约束。在互联网出现以前,社会缺乏足够有效的信息交换技术。国家通过建立庞大的驿站来实现全国范围内的信息交换,确保中央政府的政令在全国范围的通行。各级政府也建立相应的信息机制。工业时代晚期,电话、电报的出现加大了信息能力,这依然是远远不够的。落后的社会信息能力,限制了中央政府对地方具体事务的及时了解和处置。因此,就必须赋予地方政府相同的治权。这就是形成层层委托的同构的政府职能和结构。所以,从历史上来看,在网络出现以前的上万年的人类文明史所形成的同构政府结构,其根本原因在于落后的社会信息能力所形成的。这种结构,直到网络出现后,才产生了改变的可能。网络、大数据、人工智能的出现第一次改变了这种社会相对落后的信息能力,使得政府摆脱了必须自己出面组织社会的必要职能,从而使得政府可以专注于其他方面,如必要的能力的加强和增长。

三、网络时代形成的社会结构变革

在网络时代,整个社会文明体系产生了深刻的变革,这种变革包括从经济、社会、政治等各个方面。在经济方面,传统的经济体系逐渐与新信息技术融合。网络改变了传统必须通过异地专业分工的方式,传统的区域分工市场,成为更为统一的网络市场。柔性制造等先进制造技术和工业互联网、物联网等技术,进一步加快了物质生产体系的革新。人的劳动强度越来越减少而物质产出能力越来越强大。互联网对资源的聚合和生产方式的变革,逐渐取代来自政府的投资,成为经济发展的最强有力的动力。这就使得政府在通过调度资源直接加快经济发展的这一重要职能逐渐被网络所替代。

从社会角度,网络等新技术也加快了社会的整合和形成更为统一的社会。传统上个体必须形成小范围的聚合例如城乡社区和社会组织,再形成大的群落,并最终通过政府和政治架构来实现国家范围内的社会组织。然而,网络则通过将所有个体的直接连接在线，形成了一个覆盖所有网民的网络社会。并且随着网民群体的扩大而逐渐囊括整个国家范围内的公民群体。这种网络组织，赋予了每个个体均等的信息权和表达权，并使得每个网民可以自由加入整个网络范围内的各种社区。网络社会的形成也加快了传统线下方式完成的很多社会功能，例如教育、娱乐、交际乃至社会救助。传统必须由政府、慈善组织或者商业保险来完成的保障机制，可以通过网络方式的互相救济来完成。网络更大程度上调动了整个社会的闲置资源和互相支撑。

从政治角度，公民信息能力的提高和权利意识的提高①。在两方面产生了对传统政治的压力，一方面，公民具有了解政府活动的信息能力，并且同样具有传统时代只有政府所拥有的全局信息能力。这使得公民不仅有参与政府公共决策的意愿，还具有基本的能力。而这在传统时代是不可想象的。公民通过大量的网络社区平台对公共事务发表意见从而直接或者间接的影响政府决策。另一方面，公民在横向的国际比较和纵向的历史和时代比较中，也不断加强自身的权利诉求。这就加强了政府提供更为个性的公共服务的要求。政府有必要通过掌握更为详细的公民个体信息，提供更为个性化的服务。从而使得其真切地感受到更好的公共服务，满足其各种层面的需求。

从政府的角度，在网络时代，政府同样具有极大的能力提高。在信息能力方面，政府第一次具有了跨越层级的信息能力的可能。传统时代必须通过逐级传递的方式形成的信息体系，现在可以通过遍布社会的信息传感器和大数据体系，使得中央政府不需要逐级传输就可以实现对全局信息的把握。这种把握将产生三个方面的影响。

第一，中央政府的全局信息更为强大和精准。中央政府可以不再只通过各级政府的信息管道，而是通过多元的大数据体系，就可以掌握最为精确的基层一线信息，并且通过智能系统可以进行相应的信息处理和分析，从而直接服

① 王振海：《网络公共领域对公民意识培育的影响》，《人民论坛》2013 年第 29 期。

务于公共决策。传统时代,中央政府通过建立遍布社会的信息统计体系和各种信息报送渠道来掌握社会信息。并且这种信息获取得到的国家数据状态,依然是间接的。中央政府不得不通过间接模糊的信息来进行决策,对政策的执行效果也只能事后掌握。而网络时代中央政府信息能力的增强,同时也极大加强了中央政府对于整个政务资源体系的全局性掌握和调控能力,从而使得中央政府可以第一次建立一个内部全局性高度清晰和调控的整体政府体系。

第二,中央政府具有了直接指挥一线政府的能力。在传统时代,各级政府的管理与指挥幅度是有限的。上一级政府不能管理过多的下级政府。因此,需要划分为多层次政府来实现对管理幅度的压缩。然而,网络时代改变了这一点。对于数据处理体系而言,管理几十个单元的数据和几万个单元的数据,并没有太大的区别。同样,直接的数据采集与展示体系,也使得遥远的上级政府可以直接掌握一线的情况。这在军事领域已经很常见了,最高指挥部可以直接掌握全局战争信息,并直接指挥最前沿的战斗小组。这在传统时代也是不可思议的。

第三,中央政府具有了掌握每个公民公共服务需求的能力。传统时代,中央政府完全不具有对每个公民信息和公共服务的掌握能力。户籍、人口数和田地数,是农业时代中央政府能够掌握的最大的公民信息。在工业时代,则增加了对大型工商业企业的信息。然而,对于公民的具体信息和公共服务诉求,依然是高度模糊的,只能通过间接的统计体系和指标,进行大体的推测。因此,难以对公民进行精准的公共服务推送。同时,根据间接信息决策也会造成相当大的公共决策浪费。当然,这里暂不考虑公民为了保护自身隐私的拒绝政府收集信息,这是另外的权利问题。而网络时代则第一次赋予了政府这种能力。长期以来理想政府所追求的能够给每个公民以差异化的服务,第一次在信息层面得到了技术能力的支撑,至少政府具有识别不同用户的需求的能力。在这一基础上,政府首先可以进行大公共服务需求群落的划分,然后再逐渐缩小具体的公共服务精准范围。最终实现对每一个个体的精准公共服务能力，一些国家将其称为政府 3.0①。

在中央政府加强全局能力的同时，网络时代也加强了对一线政府的能力要求。对于公民而言，无论政府自身有多少体系。公民所面对的则是最基层的政府机关。因此，越来越高的公民政治参与和公共服务诉求，最终是要通过一线政府的能力提升来实现的。

对于基层政府而言，网络、大数据、人工智能技术同样加强了基层政府的能力。基层政府能够在落实上级政府公共政策的过程中，通过高效的技术体系实现对治理范围内公民信息的有效获取和分析，并在第一线给予公共服务精准的支持，并实时评估政策的准确程度。

相比中央政府而言，一线基层政府具有三个优势。第一是对地域情况和民情社情的掌握要优于中央政府。在数据屏幕上的了解毕竟是间接的，能够做出有效的公共决策，并不意味着可以对每一个区域的具体社情、民情、文化进行充分的理解和掌握。在这一点上，一线政府具有绝对优势。第二是公共资源的一线化配置，基层政府掌握了直接面对普通公民的公共服务资源配置，因此，可以直接对公民进行公共服务支持，并通过这种直接服务和交流，加强对公民更深刻的理解和增强信任。第三是公共政治参与的优势，公民尽管可以通过网络渠道间接对国家范围内的事务进行讨论和参与，然而公民更具有对于身边切身利益的公共事务参与决策的动机，而一线政府则通过直接的信息手段，通过各种方式有序吸纳公民的政治参与，建立更加民主参与的政治形态。

从以上这些因素，可以看出中央地方关系在网络时代产生了新的职能差异化的必要和相应的强化方向，下面进一步讨论。

---

① 王猛：《政府 3.0 与治理变革：韩国的经验及其对中国的启示》，《云南社会科学》2016 年第 4 期。

四、网络时代中央—地方职能的划分趋势探析

在网络时代，中央地方政府的职能产生了新的划分，简而言之，这种划分就是在中央层面强化宏观全局统筹能力和制度、基础设施与社会保障体系建设。在一线政府强化公共服务总体供给和精细化能力。

（一）中央政府将进一步强化统筹决策和社会基础保障体系建设

在国家层面，中央政府的核心职能一般包括三大类。一是对外职能，包括主权保护和外交等。二是宏观统筹能力，包括整体宏观政治、经济、社会、文化、生态建设，以及教育、民生等领域的决策与建设，以及为了保障以上决策形成的统筹的数据资源体系。三是建立整个社会的秩序和基础设施以及社会保障体系，包括法律体系的建立，全国范围内公路、交通、水利、通信、网络等基础设施的建设和社会保障体系的建设。

在网络时代，以上的几个方面会得到不同程度的加强。特别是在宏观统筹能力和社会秩序与保障能力方面，将会得到根本性的改变。对整个社会全局性信息的直接掌握，和对每一社会个体信息的精准把握，将会赋予中央政府更为有效的公共决策能力。中央政府可以更高效、更精准的做出公共决策。并且这种决策不仅是针对全国范围的，也可以针对某一具体区域。因为中央政府同样掌握某一大范围区域的具体信息。而以前是由相对高级别的地方政府掌握。因此，中央政府将会在精准制定公共政策方面，产生实质性的加强和能力提升。并很大程度上替代原先由高级别地方政府做出决策的职能。

在社会秩序和保障方面，中央政府将更有效调动内部资源，建立国家范围内的更坚实的制度基础和社会保障体系。这包括更加完善的法律体系，进一步构建全国统一的制度体系，打破区域保护主义，构建统一的政府公共行政服务供给体系。利用更有效的信息收集系统，预测公共安全危机，打击犯罪，建

立更为安全的社会秩序。利用更大程度上的全域资源，负责国家骨干基础设施的进一步完善，包括高速公路、铁路、网络体系等。同时，社会保障体系也将进一步由中央政府统一规划，打破原先的区域不平衡。利用互联网体系，打破原先基于户籍基础上的社会保障属地化管理机制。从而实现全域范围内的社会保障均等化①。

为了保障以上的实现，中央政府应致力于建立全国统一的数据管理体系和人工智能体系，从而实现整个社会基于公共利益目的的数据共享和可达利用，实现内外部透明，当前正在建设的全国统一的政务服务平台就体现了这样一种发展趋势②。

（二）一线政府将进一步加强政策执行与精准化公共服务供给能力

对于一线基层政府而言，将改变原先小而全的架构，致力于实现三个主要功能。

第一个功能是强化对中央政策的执行能力。由于中央政府将加强全局性的政策制定，因此，一线政府将主要精力放在落实上。这就需要构建一个面向执行的、有效的一线政府。例如，利用信息技术加强内部的运作效率。加强一线执法人员的比重和力量，减少行政官僚人员。加强执行部门的力量和资源供给，减少决策性、文牍性部门的规模和资源。

第二个主要功能则是强化针对每一区域范围内公民的精准公共服务能力。利用大数据体系，建立针对域内每一公民的公共服务档案和公共服务精准供给系统③。这一档案的目的不是原先公安系统处于治安考虑的管理需

---

① 杨燕绥、妥宏武：《基本养老保险全国统筹需统一社会保险公共服务平台》，《中国人力资源社会保障》2017 年第 11 期。

② 尚丹：《关于加快推进全国一体化在线政务服务平台建设的指导意见解读》，《信息系统工程》2018 年第 10 期。

③ 李雪松：《大数据推进城市公共服务精细化的逻辑解构》，《电子政务》2018 年第 5 期。

要，而是如同各种服务部门的客户关系管理系统（CRM）所建立的客户需求分析和服务档案。这种档案建立在全国统一的数据平台的基础上。然而，在使用上有所区别，中央政府使用是基于十几亿数据基础上的统筹决策。而地方政府则是基于数万乃至百千万级别上的精准公共服务。所有的一线公共服务软硬件资源，如学校、医院、公交、图书、运动场馆等都要以此为建设依据。

第三个主要功能则是逐渐加强公民对一线政府的政治参与。这种政治参与既是改进公共服务精准化的需要，也是加强民主建设的历史趋势。这种参与应该从最基层的自治性组织开始，逐层上升，逐渐引导公民参与到一线政府的政治建设之中。

可以看出，在网络时代，中央地方关系由于信息能力的强化，将真正逐渐形成一种中央统筹和保障，地方落实和精准化的、有效的分工体系。减少了传统时代由于信息能力低下导致的综合性功能的层层重叠。

五、网络时代国家纵向行政结构的优化

从结构来看，中央—地方职能的优化，势必形成纵向结构的优化。具体而言，一种可能的趋势是将由传统的稳固的逐层放大的金字塔结构，逐渐变为两头强，中间支撑的哑铃型结构（图 23-1）。

在上层，形成了一个通过国家范围内统筹的数据信息体系支撑的强有力的中央政府，能够基于落实到个体的精确数据，做出高效的精准宏观政策。并利用强大的全域范围内的各种资源，构建国家范围内的有效的制度、基础设施和保障体系。

在基层，则形成了利用数据体系，加强执行力量和公共服务精准供给的有效的一线政府。一线政府成为中央政策的最终执行者，并通过吸纳基层民主参与的方式，形成稳固的基层政权。具体而言，就是强化县（市）、乡镇一层。

而在中间层面，原来中间层面政府的各项职能将由于上下两端政府的做

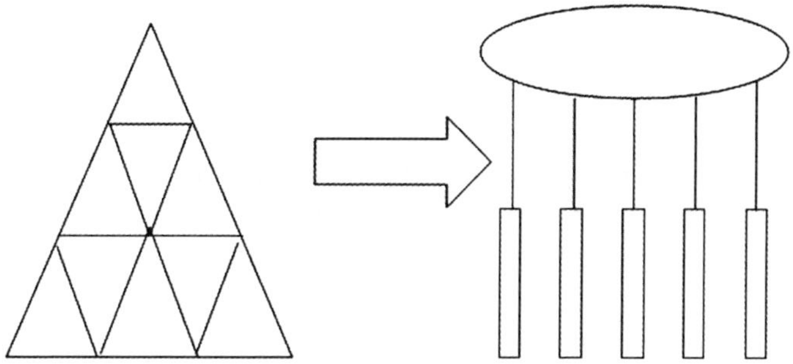

图 23-1　各级同构堆叠的金字塔群型结构转变为两头强的精简组织结构

大做强而逐渐调整，形成一个主要以信息传递和较大范围内的政治与政策监督为主要任务的功能组织，为两端政府提供有效的支撑，实现上下政府的有效连接和政策传递、执行。

结　论

网络、大数据、人工智能等新信息技术的出现，提供了在新时代建立避免功能和结构堆叠的高效、精简、清晰的政府职能与结构分布的可能。本节对这一趋势进行的分析，认为总体的态势是从逐层堆叠的金字塔群结构形成两头强的高效结构。中央政府侧重于加强宏观统筹和精准决策并建设完备的法律、基础设施和社会保障体系。而一线地方政府则加强政策执行能力，精准公共服务能力和促进政治参与。中间层面的政府将逐渐减少其以上职能而侧重于信息传递和政治与政策监督。最终，通过信息体系的建设形成理想的政府职能分布。当然，这只是在宏观结构上，对于具体领域的政府职能内容，则需要进一步分析和在实践中探索。

推进政务服务标准化

党的十八大以来，标准化工作已经逐步纳入推进国家治理体系和治理能力现代化的顶层设计，也成为提升政府治理现代化的基础性制度安排。行政管理和政务服务标准化作为标准化工作的重要内容，是深入推进“放管服”改革、建设服务型政府的关键举措。特别是随着“互联网+政务服务平台”的全面建设，随着各地政府管理和服务领域对物联网、大数据、区块链等信息技术的广泛运，全国政务服务一体化正在有力推进并取得了明显成效，但当前来看，政府行政管理和服务标准化的推进以及协同化运作仍存在一些问题，跨部门、跨地域事项办理仍不顺畅，导致行政的高成本和低效率，也为企业和居民办事造成了不便。

为了解行政管理和服务标准化建设现状和问题，作者赴多个省市区各级政府，并深入北京西城区等多地基层街道进行走访调研，了解了不同地方和层级的政府在行政管理和服务方面，尤其是政务服务标准化方面的经验、做法，问题及所面临的困难。并对推进政务服务标准化建设有了以下思考和建议。

一、什么是政务服务标准化

“政务服务标准化”不同于“政务服务标准”，后者是指为实现政务服务的科学和效率，以及增进相对人的权益，所制定的包括政务服务行为、环境、过程等各方面要素在内的，供在一定范围内共同使用和重复使用的一系列规范性文件。标准化则是"为在一定范围内获得最佳秩序，对现实问题或潜在问题制定共同使用和重复使用的条款的活动"。因此政务服务标准化不仅包括一整套标准体系，还包括制定标准、树立理念并将标准付诸实施的全过程。是指将标准化的理念、原理、原则、方法等引入到政务服务领域，制定出一套适合行政部门特征及改革发展需要的服务标准体系，树立注重公共服务质量和标准化管理的理念，通过规范、细化和优化工作标准，实现政务服务的持续改进，从而达到提高政务服务质量的一系列科学活动。政务服务标准化具有先进性、实践性、动态性等特征，先进性指标准体系，是在现有基础上提出的更高的工作要求和政务服务质量标准；实践性是指必须将标准落地和落到实处才能真正发挥有效作用；动态性则是指政务服务标准化是一个持续改进和不断提升质量的过程。

而在当前，所谓"政务服务标准化"则是"数字政府"和"智慧政府"等的政府信息化建设背景下的特殊概念。信息技术在公共管理领域的广泛使用使政府在管理和服务中不仅能够大大缩短时间、提高效率，而且能够跨越地理空间上的限制，将原本因为政府职能分割而导致的时间和空间上彼此割裂的环节整合起来，向社会和民众提供一体化的政务服务，也即所谓的"一站式服务"，这是各国电子政府建设的共同方向和趋势，也是信息社会中各国政府管理和服务模式创新的必然选择。"一站式政务服务"要求政府各部门在提供公共服务，尤其是借助一体化信息系统平台提供公共服务时能够实现充分的政务协同，即相关部门在具体事项上能一一对应、在办理要求上能彼此一致、在前后流程上能无缝衔接、在职能交叉处能权责清晰。这就要求在政府职能体系内部，甚至在政府和提供相关服务的其他社会组织之间，打破职能分工的局限，对政务服务流程进行再造，并以此为基础对政府组织结构甚至职能进行相应的调整。而我国除上述原因外，城镇化快速发展带来人口流动性不断增强，对公共服务跨省跨区通办提出了更为迫切的要求。各级各地政府在办事要求、流程等方面的差异为一站式服务和跨区域通办困难重重。而“标准化”是解决这一问题的必然选择，因为“标准”就在一定范围内共同使用和重复使用的规范体系，标准化管理中对标准“共同使用”的限定要求这个范围内不同政府部门都采用共同的标准，即在公共服务事项、服务流程、服务标准等各方面都能够相同或彼此衔接并符合规范。政府一站式服务和跨区通办的实现，行政体制改革、政务流程再造、政府信息立法、政务标准统一缺一不可，其中政府信息立法是前提，政务流程再造是过程，政府管理体制变革是保障，而政务和技术的标准统一则是基础中的基础，也是政府管理和服务信息化前期最主要的抓手。

因此，所谓“政府管理和服务标准化”在当前是政务服务信息化建设背景下的特定概念，指为实现和完善以信息技术为基础的政务服务一站式办理，以业务协同为目标而对政务服务相关事项、数据、流程、甚至环境等进行标准化管理的活动过程。它主要包括如下几方面内容：

服务事项对应，是指不同部门、不同层级、不同区域范围内同一政务服务事项的名称相同、或虽然名称不同，但能彼此一一对应，且同一事项的外延一致。鉴于我国地区差异较大，政务服务的内容也有差异，因此政务服务事项的协同主要指高频事项对应。

数据标准一致，对于服务事项所涉及的各项数据标准，例如办理要件、数据来源、数据颗粒等标准实现一致。

政务流程衔接，是指政务服务过程中，不同职能部门之间，以及上下级部门之间就相关事项能够顺利衔接，不会因职能交叉和重叠而导致政务服务缺位或推诿扯皮现象。

服务质量达标，是指在一定行政区域范围内对政务质量建立统一标准，以提升政务服务中公民的直观体验，政务服务质量一般包括工作人员的服务态度、行为规范、办结时间、空间环境等。

二、各地推进政务服务标准化的共同经验

为提升政务服务信息化水平和质量、提高公众对政务服务的满意度,很多地方政府都做了有益探索,并形成了各自经验。如浙江的“最多跑一次”改革,广东“粤省事”,上海“一网一云一体”,长三角政务“一网通办”,山东“一次就办好”等。改革中,各地为解决因数据不一致而导致的系统难以互通互联互操作的问题,不约而同地选择了以政务服务标准化为抓手和突破口,以实现系统对数据唯一性的要求,其政务服务标准化工作主要集中在几个方面:①事项名称的标准化,对同一事项统一名称;②事项要件的标准化,办理要求和流程一致;③数据标准的标准化,数据颗粒度要细到什么程度;④数据来源的一源化,即在多个不同采集和提供的同一数据项,应该采用谁的数据;⑤为降低数据共享成本,确保数据一源性,开发基础信息数据库;⑥事项描述的清晰化,为了将每一个审批环节都置于可控可预测的状态,对审批和服务的死角进行清理,佛山市就要求使用清晰的语言对审批事项进行定性定量描述,不得使用类似于“法律法规规定的其他条件”“其他有关材料”等兜底条款,并对隐含在508个事项申请条件及申请材料中的“兜底条款”“模糊条款”进行全面清理;从而将政府部门“抽屉”“口袋”“脑袋”里的标准和要求放到“桌面”上,形成统一标准和流程,从而实现真正无差别化审批;⑦实体场所标准,对办事大厅从硬件建设到服务人员管理、事项清单管理、办事流程等,都以标准化来规范,例如贵州就出台了《贵州省实体政务大厅建设与服务标准》。

从各地实践看,比较成功的政务服务信息化实践在政务服务标准化建设方面大致有几个共同经验。

一是清晰完善的顶层设计,以及自上而下的整体推动。京津冀签订行政审批改革协同战略发展合作共识,对重要问题进行一揽子整体规划。广州市

禅城区采用区块链技术的方式，类似搭积木，一个领域做成一块积木，然后由点到面循序渐进、逐步完善。而浙江则是整体规划、注重配套的系统工程，全省在“一张网（布在浙江政务网上）两个目录五个配套”的总体框架下，改革以打破孤岛，系统对接为重点，上下一体、有序推进。在对全省包括市、县（市、区）在内的全部政务信息系统进行了普查，全面掌握市县两级政务信息系统数量、名称、功能、使用范围、经费来源等信息的基础上，加快市、县级政务数据资源梳理，建立全省统一的政务信息资源目录；建立了统一的数据库加快数据资源按需归集；并通过统一公共支付平台来实现政务服务的在线支付。现业务系统与一窗受理平台对接基本完成，市、县一窗受理平台也基本打通。以此为基础，浙江省先期梳理了省级100项高频办事事项，对数据需求统一进行整理，分解数据，确认数源，在合法框架下，从省级层面整体性地对这些办事事项涉及的政府行政审批和政务服务事项进行优化和流程再造，取得了显著成效。

二是统一标准，为协同整合提供对话基础。标准化是跨部门、跨区域行政审批和政务服务协同的基本前提，只有同一或者相关事项流程中的各部门采用一致的概念、理解、流程，数据互操作才能实现，协同才有可能实现。做法主要有两个，其一是对不同部门和来源的数据建立统一的标准，其二是建立数据库，为各部门提供同源数据。在数据方面，浙江省建立了“1253数据共享体系”：“1”是一个大数据中心；“2”是省公共数据交换平台和共享平台两个平台；“5”是人口综合库、法人综合库、公共信用库、电子证照库等五个数据库，各市、县（市、区）原则上不再单独建设相关数据库；“3”是数据安全保障体系、运维体系、数据绩效评估体系等三大支持体系。这一公共数据共享技术体系建设为浙江省实现跨部门跨区域行政审批和政务服务协同提供了最重要的基础。在实现了数据共享互联的基础上，浙江省推行了一证通办，办事人拿身份证到行政服务中心的前台，该政务部门提供的数据都由系统直接调取，有的还可以直接刷脸，大部分民生事项都可实现一证通办。

三是转换视角，从群众和企业的角度出发定义事项和服务。政府原来的改革是建立在有限政府的前提之下的，无论是梳理权力清单，还是事项清单，目的都是减少政府对市场和社会的过多干预，因此改革更关注政府自身运转方式，但是随着向服务型政府的迈进，政府首先要做的就是转变视角，改革不再是政府自身改革，而是要倒过来，要从方便企业群众办事的角度出发，打乱原来从政府角度思考问题的方式，站在企业和群众的角度来看政府，而这对政府的职能、运行方式就会产生比较大的变化。最直接的变化就是，在企业和群众那儿，他们理解的事项肯定不是职能部门的职能事项，而是具体的一个个事件，这既是服务型政府理念下政府观念的转变，也是信息技术进步后社会对政府改革的倒逼。

三、政务服务标准化的主要障碍及原因

（一）主要障碍

尽管各级各地政府做了大量探索，但当前政务服务标准化方面仍存在不少障碍，主要体现在以下几方面。

1. 信息系统从“条块化”变为“碎片化”，导致工作复杂程度不减反增

以行业为主的政府信息化建设使我国政务信息系统“条块分割”，“信息孤岛”问题突出。随着我国电子政务和政务服务建设的深入发展，尤其是国务院 2015 年印发《关于推进“互联网+”行动的指导意见》，并于次年提出“互联网+政务服务”建设目标之后，中国政府“互联网+”行动全面铺开和提速。中央各部门都致力于建立自己纵向到底的政务信息系统，但往往是一项业务、一个系统且彼此并不通联，同时，各级各地政府又开发了大量综合性审批和服务系统，以及适用于地方自身特点和需求的专业审批系统。以某直辖市为例，仅在街道和社区层面运行的系统就有 20 多个，例如民政资金统发系统跟各类民政业务的子系统并不完全通联，老积极分子、老党员等的退养要在单独的民

政系统上办理,这套体系跟医疗并不兼容,甚至跟民政自己统发平台的低保也不兼容,民政系统为实现不同子系统间的互操作,还要特地配一个秘钥。而低保网的台账是通过系统接口连接到统发平台的,工作人员每个月还要跨越系统两边对账,不仅给办事群众带来了不便,也大大增加了一线工作人员的工作压力。

正因为如此,大范围全面的政务服务信息系统建设,以及与之相伴的审批和服务职能下沉改革,虽然提高了政务服务质量,但对工作人员来说,有时候不仅没有提升工作效率,反而把原来烦琐的组织结构和流程用信息系统的方式固化了下来,更有甚者还变得更复杂。例如社保职能部门为实现行政审批和政务服务的下沉,将系统的操作和资料初审职能下放到街道,但同时为加强监管,又建立了新的监督制度和机制,包括为加强监督和数据安全建立了秘钥当日发放、回收制度,但其实秘钥本身就是工作人员操作责任的许可和背书,使工作人员在系统的操作都有迹可查,根本无须天天回收。还有,很多系统都不允许前台操作人员修改数据和结果,一旦发生数据录入错误,必须向上级职能部门层层申请,职能部门再向从事系统维护的信息技术公司提出需求,由技术公司进行修改,一个流程下来有时候需要两周,而社保等一些事项的申请是有时间要求和周期的,这种因修改数据所消耗的时间给办事人带来了极大不便。更有甚者,部分信息系统的使用还导致机构膨胀和管理层次的增加,组织层级结构变得更加复杂。例如街道办事处的社保所没有审批权,只有信息初审权,跟人社部门职能上不对口,所以在街道层级还要单独设人社部门,社保所采集数据后转交给街道人社部门,由他们上报,并将上级反馈再转给社保所,街道的人社部门事实上只是过了一道手,远没有社保所了解业务。信息系统的建立不仅没有使组织扁平化和更加精简,反而增加了管理层级和环节,使管理链条变得更为复杂。这是典型的穿新鞋走老路,甚至走回头路的现象,与政务服务信息化建设的目标背道而驰。

2. 事项标准不一,协同对接困难

政务服务事项标准化是政务服务标准化协同的主要内容、前提和基础,是各级各地政府进行一窗一网建设的立足点之一。但事项标准建设绝非易事,国务院办公厅2018年对全国政务服务高频事项梳理的结果显示,各地差异非常之大,有的地方甚至同一个城市的不同区之间的高频事项都很不一致,这从源头上就阻滞了后续的政务服务标准化建设。

实践中政务服务事项标准不一致主要体现在以下几方面:

(1)要件。不同部门之间以及同一城市的不同区之间对同一事项的要件要求往往不一样,办事人如果在不了解的情况下跨区办理事务往往需要来回折腾好几次。

(2)证明。同一个城市,一个区已经取消或不需要出示的一些证明,在其他区却是必备的;有些A市不再开具的证明B市还在开,导致居民异地办理相关事项时反而因无法提供证明而难以办理。

(3)数据标准。同一事项的申请表格,不同部门、不同地区之间在要件、数据项和数据项的具体要求上可能都不一样,例如服务事项的"申请人地址"一栏,这个地址是写户籍地址还是常住地址?要具体到什么程度,是写到社区就可以还是要详细到门牌号?不同事项和业务系统对这个概念的理解和界定不一样,同一事项在不同地区之间理解可能也不一样,因此在跨部门跨区域协同中,在具体数据项上采用谁的数据为标准就成了必须要解决的问题。

(4)政策口径。例如,同为某直辖市户籍居民申请住房补贴标准差异很大,A、B两个城市核心区的标准是不能有房,有1平方米都不能申请,但是在这两区以外,15平方米以下就能申请,这种区域之间政策标准的不一致也是政务服务协同的过程中需要考虑的问题。

3."奇葩证明"屡禁难止,基层左右为难

"证明"是调研中基层政府,尤其是街道普遍反映比较强烈的问题。中央三令五申要求治理"奇葩证明",并公布了禁止开列的证明清单,但另一边办事群众因为开不到证明又办不成事。现在需要证明的不仅有政府部门,还有银行、企业等社会组织,他们需要办事群众开列证明是因为他们自己不能通过可靠、正当、简便的途径获取必要的信息,为了降低风险只能让办事主体自己提供。所以对于“奇葩证明”的问题,其根源不在于取消证明,而是有关部门要考虑如何在确保信息安全的基础上进一步扩大数据开放。

4. 职能部门与系统集成企业存在利益捆绑

全国为政府提供信息系统开发和维护的企业数量众多,由于系统开发维护工作的长期性和稳定性,企业一旦中标政府信息项目就会形成比较长期的合作关系,这容易导致两个后果:一是部分技术公司为增强自身与政府合作中的对话能力,进一步稳固合作关系,力图强化自身在业务流程中的话语权,以数据安全等理由垄断数据修改权,致使行政审批或政务服务变得更加复杂;二是技术对组织结构的分割,与信息技术企业的利益甚至生存紧紧捆绑在一起,导致后续系统协同中,无论是要改变系统还是改用其他系统都变得极其困难,因此在职能转变和大部制改革中,有些职能从一个部门划转到另一个部门,往往会启用一套新的信息系统而不会用原先的系统,导致了巨大的浪费。

5. “例外”现象普遍存在,标准化如何兼顾现实差异

公共服务领域由于主体、对象、地域等各种因素的差异,经常会存在各种“例外”。例如一些特殊区域的特殊要求对辖区内行政审批和政务服务都带来了很大的限制,还有部分涉及国家安全的或有保密要求的,产生诸多的例外。如“危险品运输”,有部分区域是不能有这项审批的,这种例外在做标准化的时候怎么处理?这也是在做政务服务标准化过程中需要考虑的因素。

(二)原因分析

导致上述问题的原因,作者认为主要有以下几个方面:

1. 某些规定掣肘

一是数据共享,政务服务中的一些信息可能涉及保密或其他特殊因素不

能开放，或者只能在一定范围内共享；二是主体限制，某项或某一段公共服务依法只能由政府某一个职能部门或某一层级的政府提供，从而导致有些不同主体的事项无法合并；三是流程及要件限制，对政务服务流程、逻辑顺序或者其中的要件有具体要求规定，从而导致事项下沉或精简难以突破法律限制。

2. 财政分列

财政资金出处不同会导致跨部门，尤其是跨区域联审联办事项难以对接和协同。由区或地方财政支持的政务服务项目在跨区域标准协同中常会面临因资金来源不同，以及由此衍生的补贴或支付标准不同，从而导致标准协同困难。

3. 职能分割

政府职能分割对“一窗一网”建设的直接影响主要有三点。

一是官僚职能制下，各职能部门将政府行政审批和政务服务流程切割细化而导致的碎片化，部门缺乏全局视野，而中央或一级政府又缺乏发现问题的契机，也缺乏强有力的机构对流程进行整合优化。以广州市“投资项目审批万里长征图”改革为例，这一问题至少存在了十多年，企业深受困扰，各职能部门也必然不会不知情，缘何一拖再拖？最根本的原因还是政府缺乏强有力的、能够凌驾于各职能部门之上对项目流程进行有效整合的常态力量。

二是在政务服务协同中，尤其是信息共享中责权利的不清晰、不明确、不匹配。调研中发现，作为数据壁垒的共同受害者，政府各部门事实上是有比较强的信息协同意愿的，但一方面我国《保密法》《信息公开条例》的规定较为偏向原则，《保密法》对“机密”“秘密”的内容和范围只有概念论述和原则规则，未采取列举方式排除非机密事项，这种外延的模糊性会使政府部门作为公共信息生产者和持有者更容易陷入是否泄密的争议甚至问责。因此政府和职能部门往往倾向于采取保守策略，都想更多地从其他业务相关部门获取数据支持，而在共享自己的信息时则颇多顾虑，这使那些提供数据更多的部门会因为感觉到责任不对等而不愿共享。

4. 职能本位

政府难以真正换位思考，提供群众真实需要的服务。中央反复强调改革要以人民为中心，坚持问题导向，要做到百姓点菜、政府端菜，但从各地“一窗一网”实践看，政府的自我评价仍高于社会评价，离群众所期望的高效和便利还有相当的差距。其中最重要的原因就是政府口中的“换位思考”没有真正到位。例如以行政审批和事项分类为例，现在很多地方从群众角度出发提出以“事件”为逻辑的分类，这早已不是新鲜的概念，多地政府早已实践，浙江“最多跑一次改革”在窗口和网上也都以事件作为政务服务提供界面的入口，但从实践看，包括浙江省在内，各地的“事件入口”要么空有一个框架，后台难以支持，要么跟群众理解的“一件事”有差距，难以让办事群众体验到真正的“一窗或一网式服务”。例如几乎每个人人生中都会经历的怀孕生产、孩子上学、出国、租房、买房等一系列大事情，在政府的事件序列中，依然被分割成了一块块的碎片，每个人在经历这些事情时面临复杂的政府职能部门、事业单位和社会机构，几乎都是一头雾水地走一步、问一步、探一步，难以有完全意义上的满意的体验。

另外，各地高频事项的梳理差异巨大问题也有此原因，当然，其中固然有地区差异的因素，还有各地在事项主体、事项分割和归属方面的差异，但调研中也同样发现，跟政府摸底中表现出来的差异性不同，群众和社会从总体上对政务服务的需求是大致相同的，尤其是面向居民个人的服务，发生频率最高、涉及面最广的大部分都集中在社会保障这一块；涉企的则主要集中在注册登记、许可办理。既然如此，为什么政府摸底得出的结果却会出现这种差异？主要原因也在于未能真正做到“转变观念”。政府对高频事项的梳理和摸底工作作为行政任务下达到各级各地政府后，各地基本上沿袭了原本梳理“权力清单”“审批目录”的既有成果和思路，可以说是前一阶段工作的延续和延伸。此外，这项工作大都依托行政审批大厅或政务服务中心来完成的，政务服务中心基本上是以现有能够实现物理集中的政务服务事项的办理频次为依据梳理出来的，而各地进入大厅的事项往往有很大差异，所以会导致不同地方高频事项的差异；再加上前面所说的事项分割和界定的不同，导致差异更加明显。所以，怎样才能把老百姓的事项和政府的职能事项对接起来？政府应该转变思路，不是从被职能部门分割了的政务服务事项去梳理需求，而是要真正体现“互联网+政务服务”的原则，以人民的需求为导向，从群众经常要办的事件中梳理办事需求。

5. 权不配责

基层政府权能不足以支撑上级政府对基层政务服务标准化协同的期望。在各级政府及其派出机构中，街道等基层政府与居民的直接接触最多，无论从办事人数量还是服务事项发生量上来看，都是最主要的政务服务主体之一。因此在行政审批制度和政务服务改革中，上级政府将越来越多的事项和责任下沉到基层，希望通过加强基层政府在政务服务方面的自主性来提升政务服务的效率和质量。很多地方在整合信息系统和办事流程的时候，经常让基层提需求，理由是基层最了解人民群众的需要，事实上，由于基层政府，尤其是作为派出机构的街道办事处的权力非常有限，在政务服务中更多的只根据上级部门要求和政务服务信息系统设定承担信息录入及初审功能，并不具备服务协同和整合能力。政务服务跨部门跨区域协同，本质上是利用信息技术手段实现政务数据信息的共享和互操作来破除组织分工导致的壁垒，我们调研中发现，越是基层对数据的一源性反而没什么要求，因为他们都是按照部门各自的系统要求录入数据，并不涉及事项整合与协同，基层政府只是信息系统的使用者，并没有这些信息的所有权甚至使用权，而且位于信息系统的末端的位置也决定了它们很难具有全局的视角，也很难说清楚资源可以怎么整合，所以不太可能跨越职能和地域的界限从整体视角提出政务服务协同和优化的需求和方案。在这个政务服务关系链条中，上级政府、基层政府和公民三者的关系类似于厨师、服务员和用餐顾客，厨师可以通过服务员了解顾客的饮食偏好、对菜品的评价，但不可能让服务员告诉厨师菜品应该怎么改良创新，因为他既不具备这种能力也没有这个责任。所以在一定程度上，上级政府的这种要求事实上是一种懒政。

四、关于推动政务服务标准化建设的建议

总体而言，随着“互联网+政务服务”建设目标的逐渐逼近，我国政务服务标准化协同取得了长足进展，一些地方政府在改革中也做了很多大胆尝试和突破，并取得了令人满意的成效。例如，广东省 2019 年再做体制突破，腾讯和三大运营商组建数字广东公司，取消基层单位信息中心，打破数据孤岛，实现政企分开，管办分离，省直部门之间实现互联互通数据项，以及高频服务政务事项减少的材料均大大减少，广东省正逐步“让政务服务像网购一样方便”。此外，跨区域政务服务事项，尤其是一些涉及服务对象人数最多的医保、社保、护照办理等业务都基本实现了全国通办和异地结转。但是，从整体上看，我国政务服务标准化程度仍然较低，协同程度也比较低。要加强跨部门、跨区域政务服务标准化协同，从中央到地方各级政府都需进一步加强以下几方面工作。

（一）完善信息公开和信息安全立法

数据共享是政务服务标准化的应有之义，但我国对立法中关于信息公开和安全的法律责任模糊不清，亟待完善。政务信息应以公开为原则，以不公开为例外，因此，保密法应该是基于信息公开立法而制定或包含于信息公开立法之内的，否则必然存在政务信息在保密性质认定上的随意和泛化现象。建议完善信息公开立法，明确界定不能公开的范围，同时，加快信息安全立法，明确信息共享及交换的方式、标准、媒介、保密责任及问责方式等，为信息共享行为划定明确的边界。

（二）尽快对可通办的政务服务高频事项制定标准

跨部门、跨区域政务服务标准化协同有两种形式，一是求同存异式对接，即有协同需求的双方或多方梳理出所有差异的标准，互相承认对接，从而实现数据的互操作；二是一致性对接，标准一致，即双方采用相同的标准，如果可以实现，后者显然是更高效也更经济的方式。现在各地方政府，尤其是政务服务信息化建设走在前列的省市，例如浙江、广东、江苏等，都在这两个方向上做了很多努力。但同一件事在各地从名称到办理流程到数据标准等各方面差异极大，各地对接不仅难度大而且工作量也大，所以这个标准最好由国家制定，各地向中央制定的标准看齐，会省去很多扯皮协同的消耗。因此，中央应对可实现全国联网通办的政务服务高频事项进行梳理，即使现阶段还不能实现全国联网通办，也要对名称、办理要件、数据标准、数据来源、信息使用行为和责任等制定统一标准，推行全国建议或强制使用，不仅可以减少地方标准化协同的消耗，而且可以为后期实现联网通办奠定基础。

（三）较为复杂的跨部门政务服务标准和协同一定要为相关部门提供协商对话的平台与机制

跨部门政务服务事项的协同在信息时代的本质并不仅仅是实体政务服务的在线化，而是利用信息系统对政务服务流程进行优化再造并取得服务效率和质量的显著改善，因此标准化之前的一项重要工作是利用信息技术对现有政务流程的优化和再造，在技术的推动下，这是一项迟早要做的工作，晚做不如早做，尤其是对一些可以全国通办的审批和服务项目的信息化建设工作，如果先做标准化在做优化再造，后期要重新改系统会带来巨大的成本和浪费。但是流程再造必然会涉及相关职能部门权力、利益、工作流程等各方面的调整，改革各方出于难度大、怕麻烦、难协调、路径依赖等各种原因都不愿意改变，因此越是复杂的事项就越难纳入改革议程，或者即使提上改革议程也会扯皮不断久决不下。所以必须有一个强有力的机构来推动并协调改革过程。而且一定要改变行政审批改革过程中由中央定目标，牵头部门分解目标，建立职能部门自己提方案的职能制改革模式，建立相关部门面对面的沟通和协商机制。因为随着管理的专业化，负责统筹协调的综合部门往往在改革的必要性和内容方面很难与在和专业部门的对话博弈中占据优势，而业务相关部门却是最了解各自相关业务情况的，把他们面对面放在一个对话平台之上彼此掣肘与协商才能有一个比较合理的结果。

（四）建立信息安全风险防范机制

政务服务信息系统建设要防范两种风险。一是碎片化风险，导致改革穿新鞋走老路甚至走回头路；二是单一化风险，给政府和公共领域带来可预见的或未知的信息和政治安全风险。

碎片化风险，指政府各职能部门的信息系统建设被分散的信息技术公司瓜分并绑架而导致碎片化。纵向为主的模式是导致我国电子政务“条强快弱”问题突出的重要原因，“互联网+政府”和“互联网+政务服务”建设的全面铺开进一步使我国信息系统变得碎片化，系统林立且彼此不能兼容。这种现状对于政府行政体制改革亦带来不利影响。

首先，信息系统会把原本的横向职能分割用信息系统固定下来，更为固化也更难改变。信息技术的应用原本为政府结构扁平化带来了改革契机。美国的迈克尔哈默和詹姆斯钱皮认为信息技术是克服官僚制层级固化和沟通不畅等弊端的有利工具，并以此为基础提出流程再造的理论，论证了信息技术作为新技术的代表对传统官僚制组织结构模式的巨大冲击和改变。按照这个逻辑，我们在信息技术提供的技术基础和可能性之上应该建立一种新型的、更为简洁和扁平化的政务服务组织架构。例如随着政务服务网络建设的成熟、政务服务门户网站和一体机的普及，将来可以根据人口密度在社区等地方，像银行设分支机构一样设立政务服务中心，作为市甚至省一级政务服务中心的服务点，实现组织扁平化，而街道和乡镇一级提供政务服务的职能可能会逐步淡化和取消，转而专注于提供个性化服务及政治功能。同样，随着政务服务系统一体化建设，以及电子印章、电子签名等技术的政务服务领域的普及，原本的行政审批局也可以逐渐取消，变成省或市政务服务中心的办事点。但是，从实际情况看，现在我们不少地方和部门的信息化建设，不仅没有对原有的组织结构和运行方式带来积极的改变，反而把原有的组织结构和流程用系统的方式固化了下来，甚至增加了政府的职能和层级。

其次，为了实施新的信息系统，使原有机构变得更加复杂。由于组织惯性，很多部门的组织结构改革往往不是以信息系统为基础做减法，而是做加法，为适应信息系统运行在原有组织结构之外又另加新的职能和结构，以致信息系统的建立不仅没有使组织扁平化和更加精简，反而增加了管理层级和环节，管理链条变得更为复杂。这是典型的穿新鞋走老路、甚至走回头路的现象，与政务服务信息化建设的目标背道而驰。

最后，有被信息技术公司绑架的风险。政府信息系统开发和维护外包已成为一种比较普遍的选择，事实上我国的政府信息化催生并养活了一大批中小信息技术企业。鉴于信息系统存在运行的长期性，这些企业和政府的合作一旦形成，其既得利益就很难打破，而公司也会通过合同等各种方式维护自己的系统不被取消或替代，这事实上反而成为妨碍政务服务协同的力量。

单一化风险是指我国政务信息化建设过程中与大型数据公司的合作，可能引发公共数据安全风险和一定的政治风险。

政务服务跨部门和跨区域协同的一个重要特征是会产生海量的公共数据信息，以及发生海量的公共数据交换，需要从技术上对这些数据进行加工和维护，而能够提供这种海量计算的数据公司在国内比较有限，当前我国省、市政府、包括中央政府部门在内的主要合作对象主要是腾讯和阿里巴巴两家数据公司，客观上，政府借助于大型专业化数据公司提供的算法，在城市交通、安全等公共管理领域确实大大提高了政务服务的质量，并使得政务服务得以向精细化和纵深发展。但与此同时,海量公共数据在少数寡头数据公司面前处于防护薄弱的半开放状态,虽然无论是腾讯还是阿里巴巴都一再强调他们只是提供算法,他们并不拥有这些数据甚至也不会去了解每个具体的数据,只是出于公共目的利用这些数据。但根据信息学的理论,数据本身是没有意义和价值的,只有对他们进行加工变成信息才具有了意义和价值,而现在,数据公司一方面手握着最重要的资源也就是海量的公共数据,另一方面掌握着赋予这些数据以意义和价值的点金棒也就是算法。阿里巴巴从电商平台起家,现在已经声称自己是一个数据企业,并开始在全国范围内谋求和省市甚至中央政府越来越多的合作,腾讯也将与政府合作作为自身战略布局的重中之重的一环,这些数据寡头已经在瓜分政务数据服务这块巨大的蛋糕,而我们一些地方政府甚至中央一些部门在尝到一些甜头后所表现出来的技术迷信,在一定程度上使公众数据安全及相关利益处于危险之中。这种事关公民权利的行为本来是应该慎之又慎的,因此黑名单制度本身的合法性现在法律界依然有不少异议。所以,在和这些寡头数据公司合作中,政府要向最好的方向努力,同时做最坏的打算。因为,无论企业怎么强调它的社会责任感,它从本质上还是以营利为目标的,因此,我们不能只依赖于这些企业的社会责任感和道德来保证他们不会利用这些数据来不当牟利甚至影响社会判断和方向。面对轰轰烈烈的大数据时代的来临,政府迫切需要从法律和政策层面加强规制。否则可能不仅对中国的公共数据安全有风险,甚至政治上也可能存在风险。

因此,国家有关部门应建立相关机制,逐步建立各级政府的信息系统风险防范机制,对业务信息系统及其开发企业进行梳理汇总,对可能出现的数据垄断、利益捆绑、信息安全问题进行了解和摸底,防患于未然。

运用数字技术增强政府治理效能研究*

历史唯物主义认为，生产力决定生产关系，生产关系反作用于生产力。先进的生产关系对生产力发展具有促进作用，落后的生产关系对生产力发展具有阻碍作用。当生产力的发展要求受阻于陈旧的生产关系，生产关系以及建立其上的上层建筑就必须做出相应的调整和变革，生产关系的变革又为生产力的发展开辟道路、扫清障碍。生产关系和生产力就是这样由适合到不适合，再到新的基础上的适合，是一个循环往复的无限的前进运动过程。人类社会在刀耕火种——铁犁牛耕——机器生产的漫长发展进程中，生产力的发展总是推动着生产方式、管理方式的变革，进而引发上层建筑的变化，其中科技进步起着关键作用。马克思指出："劳动生产力是随着科学和技术的不断进步而不断发展的。"新中国成立以来，我国社会主义生产关系是基本适应生产力状况的。但21世纪以来，随着人类社会进入大数据时代，第四次工业革命如火如荼，大数据、区块链、人工智能等数字技术革新引发数字化浪潮，正在深刻地改变着人们的生产生活方式，对人类经济社会的基本面貌和全球治理秩序带来巨大影响。如何适应新一代信息技术发展和应用的要求，用数字技术提

* 本文系中共中央党校（国家行政学院）厅局级干部进修班（第80期）"完善政府治理体系"研究专题一支部第四课题组的研究成果。课题执笔人钟旋辉，广东省政府发展研究中心党组书记、主任；课题组成员张仲启，公安部办公厅警务技术二级总监，钟杰，上海市民防办主任、党组书记，孙剑波，中国建设银行国际业务部总经理，吕艳芳，中航集团（国航股份）法律部总经理。指导教师顾平安，中共中央党校（国家行政学院）公共管理教研部教授，金竹青，中共中央党校（国家行政学院）公共管理教研部教授。

升政府治理效能,成为我国各级政府加快推进治理能力现代化的迫切任务。习近平总书记指出:“近年来,互联网、大数据、云计算、人工智能、区块链等技术加速创新,日益融入经济社会发展各领域全过程,数字经济发展速度之快、辐射范围之广、影响程度之深前所未有,正在成为重组全球要素资源、重塑全球经济结构、改变全球竞争格局的关键力量。”要“顺应信息化、数字化、网络化、智能化发展趋势,抓住机遇,应对挑战。”“激发数字经济活力,增强数字政府效能,优化数字社会环境。”①这深刻阐释了生产力与生产关系矛盾运动规律在当代社会的运动状况,是马克思主义原理与时代相结合的科学论断,为我们探讨和运用数字技术增强政府治理效能指明了前进方向。

一、数字技术的迅猛发展对增强政府治理效能提出了新要求

数字技术的发展和应用带来的变化,不是单一的而是多维的;不是某个领域某个环节的,而是全方位全过程的,影响深刻而重大。数字技术的这种神秘力量与大数据相伴而来。IBM 公司曾经提出大数据的 4V 特征,即数量(Volume)、多样性(Variety)、速度(Velocity)、价值(Value),得到业界的广泛认可。数字技术的魔力就在于对具有这些特征的海量数据进行收集、储存、加工、处理,并在互联网空间进行运用,推动经济社会呈多元化、扁平化、个性化、泛在化、即时化态势发展。这就倒逼政府治理要对这些状况作出适应性调整,进行数字化改革创新。我们的数字化改革,不是要将传统政府治理模式进行简单的数字化技术替代,而是要切实树立大数据观念、互联网思维,把数字技术深入运用到政务服务、政府决策和社会治理的方方面面,通过构建大数据驱动的政务新机制、新平台、新渠道,形成“用数据说话、用数据决策、用数据服务、用

① 习近平:《不断做强做优做大我国数字经济》,《求是》2022 年第 2 期。

数据创新”的现代化治理模式，全面提升政府在政治、经济、社会、文化和生态环境等领域的治理效能。具体来说，就是要促进政府治理实现“五个转变”：

一是由“个体”向“整体”转变。多元化不是孤立化，更不是各自为政，而与此相反，在互联网上表现为既多元又互联，人人相关、万物互联。这对政府治理来说，必然要对治理对象进行及时动态感知和综合分析、判断、处置，形成整体效能。因此，要切实解决好传统模式中存在的部门“各自为政”、以单个部门为中心的施政弊端，打破部门界限，由单向转向双向、单维转向多维，发挥整体协同效应，形成治理合力。切实健全部门协调配合机制，防止政出多门、政策效应相互抵消。

二是由“纵向”向“横向”转变。扁平化，要求政府治理更加注重横向协同，加强块状配合。在互联网空间，平台展现万事万物，多姿多彩。政府治理要在纵向施政的同时，更加注重横向联系、沟通、协调，实现上下联动、横向贯通的有机统一，最大限度地放大治理效应。

三是由“普适”向“精准”转变。个性化，必然带来需求的差异化。与此相适应，政府治理也不能只限于一份文件、一个措施放之四海而皆准，而是要通过深入挖掘分析数据、准确掌握真实情况，针对企业、群众个性化需求，提供“一对一”的精准服务，提高政策实施和服务的针对性、有效性，真正让党和政府的阳光雨露惠及每个企业和群众。

四是由“供给”向“共治”转变。泛在化，体现的是无处不在、无所不存。政府的治理和服务要照顾到方方面面，需要了解各个群体乃至不同个人的诉求。作为政府治理和服务的对象，企业和群众渴望与政府对话，寻求政府的认同和理解，希望参与治理。这就要求政府改变以往单方面提供服务（治理）产品模式，更多地以协商、共议的形式开展治理，切实增强双向互动、多方联动，形成政府、组织、社会、个人多主体共商共治的和谐局面。

五是由“见面”向“见屏”转变。即时化带来便利化，体现的是速度和效率。适应互联网空间生产生活的需要，要求政府治理改变由政府机关工作人员个体直接面对面为企业、群众办事的方式，转变到企业和群众在网上面对终端屏幕办事，让“群众少跑腿”，“数据多跑路”，让企业和群众真正体验到数字化带来及时、简洁、便利和公正、公平。

二、大数据时代影响政府治理效能存在的问题

新世纪以来，我国在推进政府治理数字化改革创新方面，进行了一系列积极的探索、实践并取得了成效。党的十八届三中全会提出全面推进“国家治理体系和治理能力现代化”，十九届四中全会对“国家治理体系和治理能力现代化”作出了全面部署，特别是明确提出“坚持和完善中国特色社会主义行政体制，构建职责明确、依法行政的政府治理体系”的目标要求，要“建立健全运用互联网、大数据、人工智能等技术手段进行行政管理的制度规则。推进数字政府建设，加强数据有序共享，依法保护个人信息”。“十四五”规划纲要提出，要提高数字政府建设水平，提升数字化政务服务效能。作为转变政府职能的重大举措，我国持续推进“放管服”改革，广泛运用大数据、物联网、人工智能、云计算和5G等信息技术，大力推进“互联网+政务服务”改革。根据《2020联合国电子政务调查报告》，我国电子政务发展指数国际排名从2018年的第65位上升到2020年的第45位。全国一体化在线政务服务平台基本建成，省、市、县、乡、村五级网上政务服务体系不断完善。从总体上看，我国已基本建立起适合新时代生产力发展要求的政府治理体系，治理效能不断增强，为我们下一步的工作打下了良好基础。

以问题为导向是习近平总书记教给我们的科学方法。我们在看到成绩的同时，更要清醒地看到，我国的政府治理还存在与数字技术发展不适应、不配套的状况，对照“五个转变”仍有很大的提升空间。这主要体现在思维、治理、协同、应用、规则方面的“五个不适应”：

（一）“数字化转型”“数字孪生”的发展趋势，凸显了固有思维方式的不适应

大数据时代呼唤数字思维，特别是互联网的普及和运用，离开数据寸步难行。在互联网、大数据、人工智能等同产业深度融合、“数字化转型”快速推进，以及海量数据与丰富应用场景共同构成经济社会、政府治理“数字孪生空间”的趋势下，政府只做简单加减法、单凭经验办事等一些传统思维已经不能适应。据统计，截至 2021 年 6 月，我国网民规模达 10.11 亿，手机网民规模达 10.07 亿。手机支付、网上挂号、APP 打车、在线学习、网络订餐、协同办公逐渐成为人们生活、工作的常态。在这一背景下，仍有不少政府工作人员对互联网不熟悉、不会用，不能通过互联网与企业、与群众交流，更不会运用互联网办事情、做服务，仍然停留在凭感觉、凭经验的行事方式。有的政府工作人员面对互联网上出现的新情况新问题，不知所措、束手无策。还有的政府工作人员口头上天天喊运用互联网，实际操作中又自觉不自觉回到传统思维，对大数据分析运用视而不见。如此种种，说到底就是观念陈旧、思维落后。

（二）“单向管理”“经验误区”的现实存在，反映出治理手段方法的不适应

从“互联网+政务服务”到数字政府，使得“单向管理”“凭经验办事”的效能递减。但在不少情况下，政府治理主体仍存在“管控意识强、治理意识弱”“管理意识强、服务意识弱”等通病，重经验轻数据，重感性轻理性，重定性轻定量，重“以我为主”、轻对象感受，重事后处置、轻事前积累与研判，很大程度上阻碍了数据的价值挖掘和运用，影响了政府效能。不同区域、不同社会群体在信息的挖掘、采集、保存和使用能力方面差异较大，逐步出现了“数字鸿沟”现象。由此，亟须推动政府治理“由人力密集型向人机交互型转变，由经验判断型向数据分析型转变，由被动处置型向主动发现型转变”。

（三）“数据壁垒”“信息孤岛”的掣肘制约，暴露出数字协同管理的不适应

近年来，我国数字政府建设如火如荼，网络技术的运用，把不同政府部门的服务业务办理从线下转至线上，但部门数据与运行程序还未实现进一步融合，部门之间协同性不足，尚未完全由“物理变化”到“化学反应”。政府治理运用数字技术加以系统性优化升级尚未完成，不同政府部门之间流程重塑与打通还未完全实现。许多创新、探索没有打破部门藩篱，仍是内部“单打独斗”、缺乏统筹，海量的公共数据资源依然滞留于各部门、各地方的信息孤岛中。涵盖信息网络基础设施、感知基础设施、服务应用场景的融合基础设施以及数字安全基础设施的“数字底座”建设尚不平衡。公共数据清洗、确权、分级分类、脱敏脱密、关联交换不足，难以完全符合开放共享要求。尤其是跨系统、跨组织、跨业务、跨应用、跨层级、跨地域的数据协同管理和共享共用机制尚未建立，数据共享的基础薄弱掣肘社会治理服务的优化和应急公共事件的处置。同时，各条线、各部门对基层的数据赋能不足，基层无法顺畅获得相应公共数据用于防疫、人口管理、社区活动等事务。

（四）发展需求与管理流程的对接不紧密，导致“应用场景”与实用效能的不适应

很多区域就打造应用场景作了有益尝试，如浙江“最多跑一次”改革、广东“粤省事、粤商通、粤政易”、上海“一网通办”“一网统管”等。习近平总书记曾对上海的数字场景应用作出指示，要做到“实战中管用、基层干部爱用、群众感到受用”。对照这一根本检验标准，坚持“应用为要、管用为王”的价值取向，在基础设施建设、场景应用开发、业务流程再造上还有很大提升空间。如在事件的高效处置方面，有如何让技术围绕业务、服务业务的问题，派单、协调、处置、监督的管理流程有待进一步理顺，对城市生命体征掌握还不够，“神

经元”感知系统建设急需加强，一些“反复管、管反复”“看得见的管不了、管得了的看不见”情形时有发生。在防范化解重大风险方面，包括公共卫生事件风险、安全生产风险、重大活动风险、自然灾害风险等，还有待聚焦最难啃的骨头、最突出的隐患、最明显的短板，还需加快建设务实管用的应用。在跨部门、跨层级的协同联动方面，对标“整体政府”需求，还存在推诿扯皮现象，尚未切实做到为基层减负增能。

（五）数据要素粗放管理、安全防护滞后，凸显了标准规则体系的不适应

数字化转型、数字治理相关标准规则体系较为滞后，重点领域特别是跨层级、跨领域、跨系统的标准规则欠缺，急需强化技术协同、加大有效供给。主要包括贯穿数据采集、归集、治理、应用、运营的全流程，覆盖政府、社会、企业三大主体的数据资产管理、数据共享协同、互联互通技术、数据开发利用等全方位的数据管理规范和技术规范，以及包含数据标准化、数据质量、数据安全、数据治理能力等全要素的标准应用实施评价体系。当前我国数据要素规则体系尚处于起步阶段，管理仍然粗放，影响了数据价值的释放、数字治理的效能。

对此，我们必须高度重视，坚持以数字的思维、改革的办法不断创新政府治理，加快构建适合数字技术发展要求的行之有效的模式和方法。

三、运用数字技术增强政府治理效能的对策与建议

解决好“五个不适应”问题，运用数字技术既是捷径也是必然选择。因为数字技术是以数据为基本要素，通过综合运用信息通信技术、计算技术进行数字化转型的技术，将其运用于政府治理能够实现具体问题与治理主体、解决方案的智能匹配，达到精准精细高效治理的目的。但是，运用数字技术增强政府治理效能是一个循序渐进的过程。必须始终坚持正确的政治方向，朝着党的

十九届四中全会确定的“构建职责明确、依法行政的政府治理体系”目标坚定前行。

第一,坚持党的领导,切实加强对数字技术运用的统筹协调。坚持以习近平新时代中国特色社会主义思想为指导,深入贯彻习近平总书记关于网络强国、数字中国、智慧社会的战略部署及一系列具有开创意义的新思想新观点新论断,统筹推进政府治理体系和治理能力现代化。要运用数字技术大胆改革、调整政府治理中不适应生产力发展的因素和环节。可借鉴和吸收西方国家的好经验好做法,并与我国实际情况相结合,积极探索运用数字技术增强政府治理效能的“中国方案”。为此,要加强顶层设计,进一步完善相关领导体制机制、统一管理协调国家数字化建设工作。建议在国家层面一体化部署、成立由领导挂帅的独立机构,专门管理数字技术运用的规划、指导、监管、服务职责。

第二,坚持以人民为中心,全面推进数字政府建设改革。必须坚持一切行政机关为人民服务、对人民负责、受人民监督,创新行政方式,提高行政效能,建设人民满意的服务型政府。要全面推进全国一体化政务服务平台和各地方各层级各部门的数字政府建设,形成全国数字政府一张网布局。继续鼓励和支持各地各部门大胆探索、因地施策、创新引领,深化“数字政府改革”,完善“最多跑一次”“不见面审批”“一网通办”等做法。要将数字政府建设融入实现人民对美好生活向往的过程中,以人民需不需要、满不满意作为建设的出发点和落脚点。将数字政府评价权力交由群众,推动落实政务服务“好差评”机制,有序纳入群众对其他维度建设成效的评价。

第三,加强数字基础建设,优化数字运用环境。要客观、辩证地看待和运用数字技术。在政府治理中,既要树立以协同共治、公共服务为导向的政府治理理念,又要加强对数字技术运用的管控,始终置其于为党和人民服务的框架内,防止滥用。一是要持续发力完善数字基础设施。着力加大 5G 基站、光纤光缆、数据中心等新基建建设,既扩规模又抓优化。二是大力推动数据要素法规制度和标准建设。目前,我国《民法典》已将数据和网络虚拟财产纳入保护范围,赋予数据一定的财产属性,在数据保护方面也出台实施了《数据安全法》《个人信息保护法》《关键信息基础设施安全保护条例》等法律法规。要在此基础上,继续加快立法立规步伐,尽快制定政府数据开放规则、推动算法公开透明的规章制度,加强数据安全保护,防范算法滥用,同时加强数据标准的制修订,推动形成数据权利与交易、数据保护、数据开放、数据标准制度体系。三是培育和发展数字文化。推动数字文化进社区、进企业、进学校,引导形成全社会学数字、懂数字、用数字的理念和氛围。

第四,大力培育互联网思维,提高数字治理能力。政府机关和政府工作人员必须尽快转变观念,树立互联网思维。要自觉立足互联网技术思考和解决问题,以重视、适应、利用互联网为思维指向,能用互联网相关技术解决的,就不用传统人力方式解决。要重视收集数据、分析数据,用大数据思考和决策。要坚持"用户至上"的理念,用好、管好以大数据为代表的新一代信息技术。各级政府及其各部门要切实树立整体政府的观念,加强沟通协调,强化双向互动,推进数据协同,促进数据公开共享。要进一步细化部门间的职责分工和数据共享机制,建立数据目录,实现一数一源,消除信息孤岛和数字鸿沟。要加快建立数据共享交换平台,实现各级政府之间、各部门之间数据协同共享。建立相应的考核机制,促进跨部门的行政协同。要积极创新大数据时代的社会治理模式,增强政府、组织、社会、个人多主体的互动,形成共商共治格局。

第五,加强开放合作,推动构建数字治理国际机制。开展运用数字技术推动政府治理理论研究和技术、做法的跨国交流。密切关注国际数字技术的发展进步,注重运用前沿技术不断增强政府治理效能。深化与国际社会的对话与合作,积极参与数字治理国际规则制定,积极探索与各国建立双边—多边数据执法调取协议,增强话语权和影响力,共同构建和平、安全、开放、合作、有序的网络空间命运共同体。

结　语

运用数字技术增强政府治理效能是时代进步的必然要求,更是坚持以人民为中心的客观需要。要坚持以习近平新时代中国特色社会主义思想为指导,全面推动数字技术在政府治理中的运用,依法促进政府治理更科学、更民主,以最优的政府治理效能让人民群众共享数字技术发展红利,不断增强人民群众的获得感、幸福感、安全感。

责任编辑:王怡石
封面设计:木　辛

图书在版编目(CIP)数据

面向"十四五"的政府治理创新论集/中共中央党校(国家行政学院)公共管理教研部 组织编写. —北京:人民出版社,2022.12
ISBN 978-7-01-025002-1

Ⅰ.①面…　Ⅱ.①中…　Ⅲ.①国家行政机关-行政管理-中国-文集
Ⅳ.①D630.1-53

中国版本图书馆 CIP 数据核字(2022)第 152275 号

面向"十四五"的政府治理创新论集
MIANXIANG SHISIWU DE ZHENGFU ZHILI CHUANGXIN LUNJI

中共中央党校(国家行政学院)公共管理教研部　组织编写

人民出版社 出版发行
(100706　北京市东城区隆福寺街 99 号)

北京盛通印刷股份有限公司印刷　新华书店经销

2022 年 12 月第 1 版　2022 年 12 月北京第 1 次印刷
开本:710 毫米×1000 毫米 1/16　印张:20.75
字数:320 千字

ISBN 978-7-01-025002-1　定价:88.00 元

邮购地址 100706　北京市东城区隆福寺街 99 号
人民东方图书销售中心　电话 (010)65250042　65289539